Ida Fink · Die Reise

Ida Fink · Die Reise

Ida Fink

Die Reise

Roman

Aus dem Polnischen von
Klaus Staemmler

Piper
München Zürich

Die Originalausgabe erschien auf polnisch 1990 unter dem Titel »Podróż« im Aneks Verlag, London.

Von der Autorin autorisierte Übersetzung.

Für Miri und Helena

ISBN 3-492-03457-8

Gesetzt aus der Sabon-Antiqua
Satz: Uhl + Massopust, Aalen
Druck und Bindung: Wiener Verlag, Himberg
Printed in Austria

I

Am Fenster stehend dachte sie: Wenn doch ein Stern fiele! Sie war abergläubisch, alle waren damals abergläubisch, jeder auf seine, nur ihm bekannte Weise. Sie besaß einen erheblichen Vorrat an abergläubischen Vorstellungen, aber Sternschnuppen gehörten nicht dazu, das wäre ein zu romantischer, zu schwer erfüllbarer Aberglaube gewesen. Dennoch dachte sie an diesem Abend: Wenn doch ein Stern fiele, obgleich bereits Spätherbst war und Sternschnuppen bekanntlich nur im Sommer fallen. Trotzdem schaute sie hartnäckig zum Himmel auf und bemerkte plötzlich einen Schein am Horizont, der sofort wieder erlosch – da hatte ein Unvorsichtiger daheim das Licht eingeschaltet, ohne vorher die Fenster verdunkelt zu haben. Dieser Lichtschein in der Dunkelheit war nicht der Stern, auf den sie wartete, aber er hätte es sein können, und sie nahm das Zeichen als gutes Omen.

In ihrem gepackten Koffer lag ein Hufeisen, eigentlich nur die Hälfte eines Hufeisens, was, dem Aberglauben zufolge, seine Wirkung zunichte macht. Das störte sie nicht. Sie hatte das zerbrochene Hufeisen in dem Augenblick gefunden, als der Vater ihr den Weg zur Kate des Bauern zeigte, bei dem sie zusammen mit ihrer Schwester übernachten sollte. Das genügte. Sie glaubte an das halbe Hufeisen und an die Sternschnuppe, die es nicht gab.

Während dieses Spätherbstes herrschte im Ghetto Totenstille. Die schmalen, steilen, mit Katzenkopfsteinen gepflasterten Gassen des armseligsten Stadtteils blieben tagsüber völlig leer und hallten erst gegen Abend unter den müden Schritten der heimkehrenden Steinbrucharbeiter. Die Zahl derjenigen, die zur Nacht ins Ghetto heimkehrten, verringerte sich rapide, und alle wußten genau, daß der nächste Transport – die Lastwagenkolonne, die den Platz vor dem Bad verläßt – zahlenmäßig der kleinste und zugleich der letzte sein würde. Es war also spät, und Eile geboten. Man konnte sagen, die Papiere seien im letzten Moment gekommen, als sie nach monatelangem Warten die Hoffnung, welche zu erhalten, bereits aufgegeben hatten.

Abends stahlen sie sich mit dem Vater aus dem Ghetto. Sie warteten in der Klostergasse, die das Städtchen in zwei Welten teilte. Als Schutz dienten ihnen die dicken Stämme der Kastanien. Die Vertrauensperson, die die Papiere mitgebracht hatte, händigte ihnen eine Kennkarte und zwei nagelneue, noch druckfrische Geburtsurkunden aus. »Und die zweite *Kennkarte*? Für meine jüngere Tochter?« rief der Vater. Die Vertrauensperson erklärte, auf dem Foto von Elżbieta hätte man das linke Ohr nicht sehen können, wie das die Behörden verlangen, das habe über das Schicksal des Ausweises entschieden, der ohne vorschriftsmäßig sichtbares linkes Gehörorgan nur Verdacht geweckt hätte. »Lieber keine *Kennkarte* als eine schlampig gefälschte«, fügte sie hinzu. Das klang vernünftig, war aber in höchstem Maße beunruhigend. Elżbieta hatte dunkles Haar und einen dunklen Teint. Vor dem Krieg hatte es geheißen, sie sehe aus wie eine Italienerin.

Sie wußten nicht, was sie der Vertrauensperson antworten sollten, die zudem behauptete, die Beschaffung der Papiere habe nicht nur viel Geld und Zeit, sondern auch viel Mühe und Mut gekostet, man müsse zufrieden sein mit dem Erhaltenen.

Im Kloster rief das Glöckchen zum Abendgebet. Dieses feine, silbrige Glöckchen war ihnen wohlvertraut, sie hatten es früher in ihrem Haus am Fluß, das unweit der Klostergasse stand, jeden Abend gehört. Jetzt aber schien die Distanz, die sie von ihrem Haus, von Fluß und Garten trennte, riesengroß. Sie wußten auch, gleich nach dem Glöckchen würde die Orgel erschallen.

»Nun ja«, sagte der Vater. »Aber auch diese Geburtsurkunden ... die sind so neu, so unecht ... Meinen Sie, daß man sie benutzen kann?«

»Herr Doktor«, entgegnete die Vertrauensperson, »die Geburtsurkunden sind nicht dazu da, vorgezeigt zu werden. Kommt es erst zum Vorzeigen, so steht es bereits sehr schlecht.«

Der Vater antwortete nicht und zog den Umschlag mit dem Geld aus der Tasche. Im Kloster spielte schon die Orgel. Die Vertrauensperson bekreuzigte sich, nahm dann aus ihrer Handtasche zwei Blechmedaillen mit der Muttergottes und hängte sie ihnen um den Hals.

*

Niemand von uns dachte damals an eine Reise, doch der Augenblick ihres eigentlichen Anfangs wurde begleitet vom dumpfen Dröhnen der Räder eines Zuges, und der Pfiff der Lokomotive zerschnitt die Stille der Nacht. Bis vor kurzem hatte niemand von uns gewußt, daß man die Geräusche der drei Kilometer entfernt liegenden Bahnstation im Städtchen so gut hören konnte, weil alle Züge bei Tage ankamen und abfuhren. Doch die neue Zeit hatte nächtliche, von keinem Fahrplan erfaßte Abfahrten mit sich gebracht, und die Stille der Nacht verstärkte jene Pfiffe und das gedämpfte, gewissermaßen unterirdische Räderrollen.

Jedesmal standen wir auf der Veranda und harrten der Signale. Zum ersten Mal war das im zeitigen Frühjahr gewesen, wir hatten im lauten Rauschen des angeschwollenen Wassers gestanden, denn gerade in dieser Nacht war das Eis des Flusses aufgebrochen, unsere Mäntel waren naß, weil wir unter Sträuchern gelegen hatten; wir hatten auf der Veranda gestanden, denn uns fehlte der Mut, das Haus zu betreten, uns an den Tisch zu setzen oder ins Bett zu legen, zu den gewohnten Alltagstätigkeiten zurückzukehren.

Damals überraschte uns der Pfiff. Wir vernahmen ihn schweigend, er verhallte und verstummte, und zusammen mit ihm verhallte und verstummte das Dröhnen der Erde.

Als wieder Stille eingekehrt war, wußten wir, der Zug hatte Fahrt aufgenommen und den Wald erreicht. In dieser Nacht hatten sie die Alten, die Kranken und die Krüppel geholt.

Später warteten wir jedesmal bewußt auf den Pfiff und das Dröhnen, wir standen immer auf der Veranda auf der Seite zum Fluß hin, den man nicht mehr hörte, weil das Jahr voranschritt, spätes Frühjahr, Frühsommer, dann Hochsommer, und der Fluß floß träge und schweigend. Man hörte nur die Frösche quaken und die Pappeln am Ufer rauschen.

Gegen Ende des Sommers standen wir dort zum letzten Mal. In der Fliederlaube klapperte das Türchen zum Taubenschlag im Wind, leuchtete weiß die an der Wand lehnende Leiter, die unsere Tante vergessen hatte hochzuziehen oder zu Boden zu stoßen. In unserem Versteck hockend, hörten wir das laute »Raus« und »Los« und die schweren, hallenden Schritte, dazwischen das Trippeln von Tante Sabina und ihrer Tochter Berta. Sie holten sie am frühen Morgen. Warum sie, die mit uns zusammen über den Hof gelaufen waren, plötzlich zur Fliederlaube mit dem in ihrem lila Schatten verborgenen Taubenschlag ohne Tauben abgebogen waren?

Auf diese Frage weiß niemand eine Antwort. Auch ich weiß nicht, warum ich nicht mit Natan zur Ostbahn lief, ich ergriff die Schaufel, unser Arbeitsgerät, warf sie aber sogleich in die Ecke und lief nicht zur Ostbahn, sondern folgte dem Ruf: »In den Schweinestall, in den Schweinestall«, obwohl ich wußte, daß dieser Schweinestall, nur dem Namen nach ein Schweinestall, keine Tür besaß, für jedermann offenstand und folglich als Versteck denkbar ungeeignet war. Im Laufen sah ich, wie mein Onkel aus dem Garten das halbvertrocknete Apfelbäumchen holte und mit diesem Baumskelett den Eingang verdeckte. Ehe ich ins Innere kroch, blickte ich zurück: Der Garten stand in Glanz und Schatten, taunaß und leuchtend.

Diesmal hatten sie die Stadt in aller Stille umzingelt und eine andere Angriffstaktik angewandt – sie waren durch die Felder, Wiesen und Gärten gekommen, schlau und unberechenbar, sie hatten uns den Fluchtweg aufs Land und in die Wälder abgeschnitten.

Vater erzählte später, Hundegebell habe ihn geweckt, er sei aufgestanden und ans Fenster getreten. Der Hund stand vor seiner Hütte, den Kopf hochgereckt, und stieß kurze, warnende Bellaute aus.

Das Gelände vor dem Fenster war still und ruhig, genau wie immer; der Hof eben, ohne Geheimnisse, schon in erstes Morgenlicht getaucht, der Obstgarten weiter unten noch im Schatten, und über dem Garten der schroffe Hang des Burghügels. Der Hund hörte auf zu bellen, kroch in seine Hütte, und nichts trübte mehr die Stille. Doch Vater rührte sich nicht von der Stelle, er stand wie angewurzelt, so erzählte er später, die Unruhe in ihm wuchs, scheinbar grundlos, er sagte, er habe Angst gehabt, vom Fenster fortzugehen, um den Augenblick nicht zu verpassen, in dem sich die Ursache seiner Unruhe plötzlich enthüllen würde, sein Blick glitt über die Umgebung, er suchte. Es war die Stunde des ersten Vogelgesangs, der Himmel rötete sich. Nachdem er den Hof abgesucht hatte, glitt sein Blick hinunter zwischen die Obstbäume, sie standen reglos wie gemalt im hohen Gras, keine Warnung, kein Zeichen, nichts ... höchstens, erzählte er später, der krumme Zweig des Kirschbaums, der am Pfad wuchs, er allein vielleicht ... denn plötzlich dachte er, der sieht ja aus wie ein Arm, der Unbefugten den Weg versperrt. Und so hat er nie ausgesehen. Dann erreichte sein Blick durch die kleine Johannisbeerallee das Flußufer, sprang hinauf zum Burghügel und entdeckte, daß große, bewegliche Ameisen auf ihm krochen. Die Schützenkette des Einsatzkommandos schob sich den Steilhang hinab zum Fluß und zu den Gärten. Da schrie er, und sein Schrei weckte uns alle.

Sie näherten sich lautlos, das Gras dämpfte ihre Schritte, erst beim Betreten des Hofes dröhnten sie auf dem festgetretenen Boden, später auf den Stufen zur Veranda, dann verstummten sie. Zwei spitze Schreie erreichten uns aus dem Hausinneren, das Klirren zerbrochenen Glases und das Zuschlagen einer Tür. Wir dachten, sie hätten das Haus durchsucht und seien weitergegangen, aber nein, ihre Schritte kehrten zurück auf den Hof, ihre Stimmen befahlen Agafia, den Holzstall und die Kammer zu öffnen, sie näherten sich uns, die nur ein halbvertrockneter Baum verdeckte, und als sie die letzte Kammer betraten, hatten wir sie direkt über dem Kopf, ein Blick auf den Fußboden mit seinen nicht dicht schließenden Brettern hätte genügt, uns auf dem Stroh hocken zu sehen.

Einer sprang die hohe Stufe hinunter und blieb vor dem halbvertrockneten Apfelbaum stehen, ein zweiter fragte: »Was ist denn dort?«, durch die Zweige schob sich eine weiße, schmale Hand und ein Stück uniformierter Arm.

Tante Stefania legte den Finger auf die Lippen aus Angst, jemand von uns könnte schreien, in dieser Geste verharrte sie noch, als sie längst fort waren.

Im Weggehen bemerkten sie die Leiter am Taubenschlag.

Wir wußten nichts über Natans Schicksal, wir dachten, er arbeite ungefährdet beim Gleisbau, mittags aber kam Agafia, beugte sich über einen Spalt im Fußboden der Kammer und erzählte es uns. Er hatte es gerade noch geschafft, unsere friedliche kleine Straße hinter sich zu bringen, und wurde danach auf sanfte Weise, mit sanften Worten geschnappt. *»Komm, komm, du Kleiner«*, sagte der SS-Mann, während er hinter der Hausecke hervortrat, und Agafia, die nicht Deutsch konnte, wiederholte es genau, *»Komm, komm, du Kleiner«*, so wie ihr das ein Augenzeuge berichtet hatte.

Über Vater war nichts bekannt. Er hatte morgens als letzter das Haus verlassen und, während er in heftiger Bewegung die Armbinde mit der Aufschrift ARZT überstreifte, gerufen, er gehe in die Ambulanz, sein Gesicht war erregt, ich erinnere mich, nicht Angst, sondern Zorn stand darin.

Die Zeit verging in großer Stille, ohne Schritte, ohne Stimmen, nur die gedämpfte, durch den Spalt dringende Stimme Agafias, die uns berichtete, was in der Stadt vorging. Ihre Informationen betrafen allein das Ausmaß der Geschehnisse; sie, die mit so viel Genuß jede Nachricht durch Einzelheiten auszuschmücken pflegte, beschränkte sich auf ein Wort, als hätte das, was sie gesehen oder gehört hatte, die erzählerischen Fähigkeiten in ihr zerstört. »Menschengewühl«, flüsterte sie durch den Spalt und ging fort, um nach einer Stunde wiederzukommen und dasselbe Wort zu wiederholen.

So verging jener Tag der längsten und schrecklichsten

Aktion in aller Stille. Einmal nur, schon gegen Abend, hallte die Stimme unserer Nachbarin herüber, die nach ihrem Bruder Wojtek rief: »Wo steckst du?«, und seine Antwort aus der Ferne, von jenseits des Flußes: »Gleich, ich komme gleich.« Er lag dort vermutlich unter der Pappel, wie wir es früher auch getan hatten. Nur diese beiden Stimmen.

Wir dachten, nach Sonnenuntergang würde uns Agafia aus dem Schweinestall befreien, doch tat sie es nicht, die im Morgengrauen begonnene Aktion dauerte immer noch an. Es war dunkel, als wir das Versteck verließen. Der Hof, morgens weiß von der aufgehenden Sonne, war jetzt weiß vom Mondlicht. Auf der Veranda wartete mit empörtem, zornigem Gesicht unser Vater. Später, mitten in der Nacht, würde er erzählen, wie er überlebt hatte. Wie sie ihn schnappten und wie er entfloh. Wie die Frau seines Freundes mit vielsagender, wortloser Geste die Arme gegen den Türrahmen streckte und ihm den Eintritt verwehrte. Wie ein altes Patientenehepaar ihn auf dem Dachboden versteckte. Das alles würde er mitten in der Nacht erzählen.

Wir stehen auf der Veranda. Die Gasse erschallt von den atemlosen Schritten der Geretteten, aber die Laufschritte halten nicht ein vor unserem Haus. Wir wissen, Tante Sabina und ihre Tochter Berta kommen nicht wieder, Vetter Natan kommt nicht wieder. Nicht auf sie warten wir, sondern auf das letzte Zeichen, das sie uns geben werden, auf den Pfiff und das Dröhnen, das uns in Kürze aus der Dunkelheit erreichen wird.

»Menschengewühl«, wiederholt Agafia und betet die Litanei der Namen.

Mitten in der Nacht kam Vater in unser Zimmer, wo wir angezogen auf den gemachten Betten lagen. Die Nacht war windig, vor dem Fenster, in der Fliederlaube klapperte die Tür des Taubenschlags.

»Kinder«, sagte er, »wir müssen fliehen. Schnell.«

Von Flucht war schon oft die Rede gewesen, aber eben nur die Rede. Jetzt, das spürte ich deutlich, war die Entscheidung gefallen.

*

Als sich ebenso unerwartet wie zufällig die Möglichkeit einer weiten Reise bot, hörte Vater auf, ein Versteck bei den Bauern auf dem Dorfe zu suchen, und wandte sich an Frau Kasińska mit der Bitte um Hilfe bei der Beschaffung arischer Papiere. Frau Kasińska, eine energische Person mit weitläufigen Beziehungen, kam an einem schönen Frühherbsttag zu uns. Im Nachbargarten wurden gerade die Äpfel gepflückt. Vater schloß sich mit ihr in sein Arbeitszimmer ein, wir warteten, bis das Eröffnungsgespräch mit dem Gast beendet war, und schauten der uns wohlvertrauten Gartenarbeit zu, die uns jetzt aber seltsam, um nicht zu sagen: komisch vorkam. Trotzdem schauten wir gierig zu, mit Neid im Herzen, und rissen uns nur mit Bedauern los, als die Stimme ertönte, die uns in unsere Welt und zu unseren Angelegenheiten zurückrief.

Wir erhoben uns ungern von den Stufen der Veranda, von wo aus man die grünen Gärten, die roten Äpfel, die bunten Beete in voller Schönheit und in goldenen Sonnenschein getaucht sehen konnte. Vaters Arbeitszimmer war zwar auch voller Sonne, doch das war eine andere Sonne, eine erloschene und graue. Im Lichtstreifen, der das Zimmer durchschnitt, schwebten kleine Stäubchen, das jetzt unbenutzte Zimmer war schon lange nicht mehr gründlich gereinigt worden, nur der Geruch von Äther und Medikamenten war noch wie früher. Die Sonne lag auf dem breiten Bücherregal und den Büchern, aus denen wir einst das Wissen der Eingeweihten geschöpft hatten, und auf

Frau Kasińska, die mit ihren goldenen Locken und in einem Kleid, blumenreicher als die Wiese, im Sessel saß und eine Zigarette rauchte.

»Aber die sehen ja großartig aus, ganz großartig«, rief sie bei unserem Anblick, »einfach phantastisch!«

Vater schien die Begeisterung seines Gastes nicht zu teilen. Er saß aufgerichtet, den grauen Kopf hoch erhoben, hinter seinem Schreibtisch, die Beine übereinandergeschlagen, in bequemer Haltung, als wäre nicht er der Hilfesuchende. Doch ich spürte sofort, daß es eine nur scheinbar und nicht wirklich bequeme Haltung war, genau wie das höfliche Lächeln in seinem Gesicht ein nur scheinbar höfliches Lächeln. Sein Gesicht wirkte gespannt, gerötet, der Blick blauer als gewöhnlich.

»Die Dame ist bereit, sich um Geburtsurkunden und *Kennkarten* zu kümmern«, wandte er sich mit fremder, leicht heiserer Stimme an uns.

In der rosafarbenen Muschel türmten sich Zigarettenstummel. Als wir Kinder waren, hatten wir diese Muschel oft ans Ohr gelegt, um dem Rauschen des südlichen Meeres, von wo sie stammte, zu lauschen.

»Sie sehen großartig aus«, wiederholte Frau Kasińska ihren Ausruf, was seltsam war, weil sie uns seit Jahren kannte und genau wußte, wie wir aussahen. Doch kaum hatte ich mich gewundert, da verstand ich auch schon: Die Blicke von früher und von heute waren verschieden. Frau Kasińska hatte uns nie so betrachtet wie heute, und ich hatte das Obstpflücken nie so betrachtet wie eben.

»Das Wichtigste ist jetzt Schnelligkeit«, sagte mein Vater, »Sie müssen verstehen, die Zeit ist unser Feind. Wir müssen uns beeilen, wir haben ohnehin schon zuviel Zeit verloren.«

»Das verstehe ich sehr gut«, stimmte sie lächelnd zu, aber es war klar, sie verstand das auf ihre und nicht auf unsere Weise. Denn wie sollte sie wissen, um welche Zeit es sich hier handelte?

»Nun, Kinder, sucht euch jetzt Namen aus«, sagte Vater zu uns. Er sagte es im gleichen Ton wie früher in der Konditorei: Dann sucht euch jetzt ein Stück Kuchen aus. Seine Finger trommelten auf das grüne Tuch des Schreibtisches, sein Wangenmuskel zuckte immer wieder.

Wir standen am braunen Kachelofen, gegenüber dem Fenster, durch das man die schmale Allee sah; wir nannten sie Ärztefliederallee, weil sie von einer Wand von Büschen gesäumt war, die wegen der Bitterkeit ihrer Blätter im Volksmund Ärzteflieder hießen.

Gleich hinter der zugewachsenen und ungepflegten Allee stand das Haus der anderen Nachbarn – seit der großen Aktion leer und ausgestorben. Die offenen Fenster enthüllten schwarze, schweigende Räume. Plötzlich fiel mir das schöne dunkle Mädchen ein, das dort gewohnt hatte. Ich wandte mich vom Fenster ab, um mich auf die Wahl eines Namens zu konzentrieren, aber ich konnte mich an keinen erinnern, obwohl ich so viele kannte und alle zur Auswahl standen. Und als ich mir mit Mühe einige ins Gedächtnis gerufen hatte, erwies sich, daß nicht jeder zu mir und ich nicht zu jedem paßte, manche sogar aus unerfindlichen Gründen Widerstand in mir weckten und das Gefühl, sie könnten mir schaden.

Vater räusperte sich ungeduldig, er verstand unser Zögern nicht, denn auch Elżbieta zauderte, wahrscheinlich aus demselben Grund wie ich. Dennoch entschied sie sich als erste und sagte: »Elżbieta Stefańska.«

»Großartig!« rief Frau Kasińska erfreut. Vater hielt ihr eilig das Zigarettenetui hin und gab ihr Feuer. Er blickte mich streng an. »Und du?«

Noch einmal zog die lange Kette der Namen gleichgültig an mir vorüber, bis schließlich einer anhielt und bei mir stehenblieb. »Katarzyna Majewska«, sagte ich und erblickte alsbald diese Katarzyna. Sie hatte helles, glattes Haar und einen glänzenden, frischen Teint. Mein Haar war hell, aber dicht gelockt, mein Gesicht blaß.

Frau Kasińska erhob sich. Sie stand nun den schweigenden Fenstern unserer Nachbarn gegenüber, die sie offensichtlich kannte, denn sie erkundigte sich, wie es ihnen ging. Vater antwortete.

»Und die dunkle, schöne Tochter auch?«

»Ja.«

»Am Strand sah sie aus wie eine ägyptische Statue.«

Da hörte ich hinter den Ärztefliederbüschen noch einmal den Ausruf ihrer Mutter: »Was hat sie davon, daß sie so schön ist? Was hat sie davon? Das ist eine verfluchte Schönheit. Wenn sie pockennarbig und bucklig wäre, aber hell und mit gerader Nase...«

Wir brachten Frau Kasińska zur Pforte. Die Gasse lag bereits im Schatten. Die Sonne war untergegangen, die Gärten dufteten. Im Hause der Nachbarn, die vorhin Äpfel gepflückt hatten, brannte schon Licht. Mit ruhigen, runden Bewegungen wusch die Nachbarin in der Küche Teller ab. Ich betrachtete sie lange.

*

Am nächsten Morgen gingen wir zum Fotografen, um die Aufnahmen für die Kennkarte machen zu lassen. Dies war der erste und unerläßliche Schritt, denn ohne die besonderen Aufnahmen, bei denen laut Frau Kasińska der Kopf ein bißchen nach rechts gewandt sein mußte, damit das linke Ohr sichtbar wurde, konnte man die Bemühungen um die Papiere nicht beginnen.

Nur ein Fotograf kam in Frage, derjenige, der uns schon immer fotografiert hatte, anderen vertrauten wir nicht. Sie hätten unsere Absichten melden oder bekanntmachen können.

Wir zogen weiße Blusen an, um fröhlich auszusehen, und streiften alte Pullover über, um diese Fröhlichkeit zu dämpfen, denn wir schämten uns, in fröhlicher Kleidung herumzulaufen. Um den Stadtkern zu umgehen, benutzten wir unseren geliebten Uferpfad. Am Fluß wuchsen Weiden. Der Pfad hatte nichts von seinem Zauber verloren, was uns ein wenig schmerzte. Elżbieta sprach es aus: »Sieh mal, hier ist es immer noch so schön.«

Im Gras zirpten Grillen, an den Weiden hingen lange, weiche Kätzchen. Unter einer der Trauerweiden saß eine Gruppe Mädchen, unsere Schulkameradinnen. Sie lasen irgendwelche Briefe. Als sie uns sahen, hoben sie die Köpfe und fragten: »Wo geht ihr hin, spazieren?« Aber keine von ihnen sagte, wir sollten uns zu ihnen setzen. Schämten sie sich vielleicht? War es ihnen vielleicht unangenehm? Hatten sie vielleicht nichts mit uns zu reden? Sicher dachten sie: Wie schade, daß man sie bald umbringen wird.

Das Häuschen des Fotografen war verschlossen und verriegelt, die Hausmauern dicht mit Winden bewachsen, der Hof mit Gras. Hier schien niemand mehr zu wohnen. Doch als wir anklopften, öffnete sich die Tür sofort, auf der Schwelle stand die Frau des Fotografen, hager, mit offenem Haar. Sie schaute uns an wie Gespenster. Auf die Frage, ob wir eintreten dürften, nickte sie, immer noch mit diesem Ausdruck großen Erstaunens in den Augen. Die fotografischen Apparate standen in einer Ecke des leeren Zimmers; mit Wachstuch bedeckt und verstaubt, erinnerten sie an alte krepierende Gäule. Auf dem Fußboden saß ein kleines Kind. Der Fotograf, seine Frau und das kleine Kind ließen uns nicht aus den Augen. Elżbieta sagte flüsternd: »Ich kann nicht ...« und wollte fortgehen, aber ich hielt sie fest. Der Fotograf sagte nichts, stellte seinen Apparat auf, ich setzte mich so, daß mein linkes Ohr zu sehen war, und öffnete die Lippen zu einem Lächeln, während die Frau des Fotografen, mit ihren langen Haaren spielend, sagte: »Meine Schwiegermutter haben sie unterwegs umgebracht, sie wollte fliehen. Ich denke, für sie ist es besser so. Was meinen Sie?«

Der Fotograf knipste und sagte: »Viel Glück.« »Wir danken Ihnen«, antworteten wir höflich, er aber wiederholte noch einmal: »Viel Glück«, damit wir verstanden, welches Glück er uns wünschte.

*

Ich stehe am Fenster. Vor mir das leere Ghetto, die gewundenen Gassen, steinig wie ausgetrocknete Gebirgsbachbetten, die krummen Buckel des Katzenkopfpflasters, die einstöckigen, weißgetünchten Häuser, die kleinen quadratischen Fenster dicht über dem Boden. Die Mehrzahl der Häuser versiegelt, die Türen mit Brettern vernagelt. Hinter dem Stacheldraht, der das Ghetto umzingelt, erheben sich die Hügel des städtischen Müllplatzes, und weiter weg erstrecken sich die verschilften toten Arme des Flusses. Das in der Oberstadt so üppige Grün endet auf dem kleinen Platz vor dem früheren Altersheim, heute Sitz des Judenrats, wo nur drei kümmerliche Bäume wachsen.

In diesem ärmsten Stadtteil pulsierte früher ein fiebriges Leben, hinter den quadratischen Fenstern ratterten die Maschinen der Schneiderinnen und Spitzenklöpplerinnen, klopften die Hämmer der Schuhmacher und Tischler. Von den ehemaligen Bewohnern ist keine Spur übriggeblieben. Sie sind schon im zeitigen Frühjahr gegangen – so bezeichnete man das damals – bei der ersten Aktion. Die Häuser haben viele Monate lang leergestanden. Zu Beginn des Herbstes haben Menschenhände die umgeworfenen Tische und Stühle aufgestellt, das am Boden herumliegende Bettzeug weggeräumt. Sie haben den letzten in ihren Wohnungen erstarrten Augenblick derer, die gehen mußten, um kurze Zeit verlängert.

An einem Herbstmorgen verließen wir das Haus am Fluß. Die Gardinen in den Fenstern der Gasse bebten – heimlich schaute man unserem Fortgehen zu. Der Handwagen ratterte unter den Kastanien. Er schaffte unsere gesamte Habe fort, die grünen Möbel des Kinderzimmers. Sie waren leicht und schlicht und gut zu transportieren. Ihre Nutzlosigkeit kümmerte uns nicht. Wir wußten, sie würden uns nur kurze Zeit dienen, denn für den Fall, daß die von uns geplante Reise nicht zustande käme und Vater sich nicht bei dem Imker verstecken könnte, erwartete uns nichts anderes als diese andere, kürzere Reise ohne Wiederkehr.

Jeden, der über die Schwelle unseres Zimmers im Ghetto trat, verblüffte der Anblick der kleinen grünen Möbel. Auch mir selbst schien es manchmal, wenn ich von der Arbeit zurückkam und die Zimmertür öffnete, eine Bühne zu sein, auf der jeden Augenblick der letzte Akt des Dramas beginnen würde.

Die Sonne ist schon untergegangen, die kurze herbstliche Dämmerung angebrochen. Ich wende mich noch nicht ab, gehe noch nicht fort vom Fenster. Ich schiebe den Moment des Abschieds hinaus. Hinter meinem Rücken erklingen die Schritte meines Vaters, der, in Machorkawolken gehüllt, seine Wanderung durch das Zimmer nicht einstellt, und man hört das leise Klirren der Stricknadeln von Tante Julia, die etwas strickt – man weiß nicht, was, aber man weiß, warum. In regelmäßigen Abständen räuspert sich der Onkel. Ich spüre sie hinter mir in diesem fremden Wartezimmer, ich spüre ihr Schweigen; es schwillt an, von unausgesprochenen Worten, die sie sich selbst verbieten. Nur Elżbieta spüre ich nicht, weil ich mich von ihr nicht verabschieden werde. Sie sitzt an dem grünen Tischchen und wartet, ähnlich wie ich. Das Zimmer ist abgeschlossen, niemand wagt, uns zu überraschen, niemand wagt zu wissen, daß wir fliehen werden. Der Vorsitzende des Judenrats, ein fremder Mensch, nicht von hier, der in Anzug und Lebensweise die Herrschenden nachahmt, hat zu meinem Vater gesagt: »Wenn Ihre Töchter fliehen, gebe ich Sie in die Hände der Gestapo.« Man darf sich nicht täuschen, leere Drohungen sind das nicht. Wie hat er von unseren sorgsam geheimgehaltenen Plänen erfahren? Sicher hat er es vermutet, weil er weiß, daß das Bleiben im Ghetto dem sicheren Verderben gleichkommt. Die Nachrichten von jüdischen Mädchen, die man in Kopftüchern und Lammfelljacken außerhalb der Stadt gesehen hatte, häuften sich.

Wir besaßen keine Lammfelljacken, nur alte Wintermäntel, Lederriemen lassen uns bäuerlich aussehen. Kopftücher dagegen hatten wir sehr schöne, authentische, von Agafia auf dem Land gekauft. Sie waren das wichtigste Detail, der wichtigste Bestandteil unserer Reisekleidung – wollene Kopftücher mit langen Seidenfransen und einem in unserer Gegend sehr beliebten Muster: zwischen grünen Blättern aufblühende Rosenknospen.

Am Abreisetag standen wir lange vor dem kleinen, am Fenstergriff hängenden Spiegel. Ich sah mein Gesicht zwischen Rosen und Blättern vor dem Hintergrund des Ghettos. Die Rosen blühten auf den Dächern der leeren Häuser, die Zweige grünten in den schmalen, ausgestorbenen Gassen. Ich verzog die Lippen zu einem künstlichen Lächeln, ich band den Knoten unter dem Kinn mal fester, mal lockerer, ich holte eine Haarsträhne unter dem Tuch hervor und schob sie wieder unter die roten Blumen. Mit Hilfe dieser kleinen Änderungen kam mir das Gesicht im Spiegel immer wieder anders vor. Ich musterte es aufmerksam. Es gehörte einem neuen Mädchen, und während ich es betrachtete, dieses lächelnde, buntgekleidete Mädchen, fragte ich mich: Wie ist es besser, Haare auf der Stirn oder nicht? Wie sehe ich arischer aus?

In Köfferchen und Bündel ein wenig Kleidung, in der Handtasche die Papiere: die Geburtsurkunden, nagelneu und frisch, die, obwohl wir sie zerknittert und mit Asche bestreut hatten, nichts von ihrer Frische verloren hatten, eine Kennkarte und das wichtigste Papier, »Namentliche Anforderung« genannt, mit der Feststellung, daß wir uns freiwillig zur Arbeit nach Deutschland begaben. Elżbieta ist von einem Gärtner angefordert, ich vom Restaurator einer kleinen Stadt in Hessen. Dieses Papier hat der Chef des örtlichen *Arbeitsamtes* ausgestellt, ein Ukrainer. Man weiß nicht, wovon er sich hat leiten lassen, vom Wunsch nach gutem Verdienst, von der Rückversicherung für die Zukunft, vom Willen zu helfen? Wir waren nicht die einzigen, denen er die Flucht erleichtert hatte.

Im Gegensatz zu den bei Straßenrazzien Aufgegriffenen oder zwangsweise Angeforderten kannten die Freiwilligen den Ort und die Arbeit, die auf sie wartete, und ein roter Schrägstrich zierte ihre Papiere. Die »Namentliche Anforderung« mußte man im *Kreisarbeitsamt* bestätigen lassen, was nach den Versicherungen des Ukrainers lediglich eine Formsache war. Die persönlichen Papiere, die *Arbeitsamts*papiere, ein Gebetbuch und das halbe Hufeisen. Keinerlei Geld. Geld hätte uns verraten können.

*

Der Anfang des Weges ist meinem Gedächtnis entfallen. Es herrschte Dunkelheit, Herbstnacht, ein böiger Wind, das Rauschen der Bäume in der Klostergasse, aber es fehlt der

Weg durch die Stadt und über die Brücke, die wir überschreiten mußten (seltsam, denn alles, was mit dem Fluß in Verbindung steht, hat sich meiner Erinnerung dauerhaft eingeprägt). Erst der Moment, da sich die Steppenebene vor uns öffnete, ist deutlich. Ich zeige Elżbieta einen Lichtpunkt und sage: »Dort.« Es ist dieselbe Stelle, an der ich tags zuvor das Hufeisen gefunden habe. Vater hatte mir den schwachen Lichtpunkt gezeigt und gesagt: »Dort«, ich aber war im gleichen Augenblick auf etwas Hartes getreten, das am Boden lag, hatte mich gebückt, das Hufeisen aufgehoben und in die Tasche gesteckt. »Das bringt Glück, nicht wahr?« sagte ich zu Vater. Er beachtete meine Worte nicht, zeigte noch einmal hin: »Dort«, und fügte hinzu: »Ihr dürft euch nicht verirren.«

Wir laufen den Spazierweg unserer Kindheits- und Schuljahre über die grenzenlose Hochebene, den festgetretenen Rasen der Weiden, die im Sommer nach Thymian duften, jenen Weg, der in unserer Familiensprache »zum Anger« genannt wird und der noch einen anderen, faszinierenden und wilden Namen hat: Tatarenbahn.

Wir laufen auf der Tatarenbahn zu der lichtblinzelnden Kate. Ich klopfte ans Fenster, die Tür knarrt. Im Flur der Geruch von Sauerkohl und getrockneten Kräutern. Das Flüstern des Bauern: »Leise. Im Haus sind Leute. Auf den Boden. Morgens wecke ich euch.« Wir liegen im duftenden Heu, vom Dachstuhl hängen Maiskolben herab. Durch das kleine Fenster gleitet einmal der weiße Mond, verschwindet aber gleich hinter einer Wolke und kommt nicht mehr wieder. Wir schlafen nicht. Morgen wird der Bauer unseren Vater benachrichtigen, daß er uns in die Stadt gebracht habe, dann wird Vater in den Keller des Imkers gehen, wo die Bienen in ihren Stöcken überwintern. Der Imker hat zwei Stöcke herausgenommen, den leer gewordenen Platz hat Vater gekauft. Wenn wir die

Wojewodschaftsstadt erst einmal erreicht haben, wird das noch nichts besagen, Vater muß doch mit uns zusammen verschwinden. Wir dürfen nicht an Vater im Ghetto denken, nicht an Mutter, die es nicht mehr gibt, oder an Marek, der sich durch die Front geschlichen hat. Dagegen müssen wir uns seine Worte ständig wiederholen: »Die irrsinnigsten Pläne haben die größten Chancen zur Verwirklichung«, ich wiederhole den Satz in Gedanken einmal und noch einmal, verstehe aber nicht, was ich sage. Neben mir Elżbietas Atem. Wir schwiegen die ganze Nacht. Noch weiß ich nicht, daß es von nun an immer so sein wird; in schwierigen, entscheidenden Augenblicken werden wir schweigen. Erst beim Morgengrauen fragt Elżbieta: »Was denkst du?«, und ich antworte ihr: »Ich denke, es wird schon irgendwie werden.« Noch weiß ich nicht, daß sie mich das in schwierigen Augenblicken immer fragen wird, daß sie mit dieser Frage, die schüchterne Hoffnung auf Trost in sich birgt, unser gemeinsames Schweigen brechen wird, und daß ich eine Antwort geben werde, die ihr die Hoffnung nicht nimmt, aber abergläubisch vorsichtig ist: »Es wird schon irgendwie werden ...«

*

Unter dem dunklen Himmel, unter den blasser werdenden Sternen spannt der Bauer die Pferde an. Weite Schafpelze sind ein sicheres Versteck vor fremden Blicken. Der Wind preßt uns Tränen aus den Augen, zwei Pferdekruppen tanzen vor uns, Reif überzieht die Felder. Nach zwei Stunden werden wir in der Wojewodschaftsstadt T. sein, angewiesen nur noch auf uns selbst, unsere Schlauheit, unser Glück ...

*

Im *Arbeitsamt*, wo man die Papiere abstempeln lassen muß, damit man sie, nach den Worten des Ukrainers, als Bahnfahrkarte benutzen konnte, wartet zu dieser frühen Stunde noch niemand. Der Korridor ist leer, hinter den Türen klappern die Schreibmaschinen. Ich hole mein helles Haar unter dem Kopftuch hervor und reibe meine Wangen, damit sie rot werden. Auf meinem Gesicht erscheint ein dümmliches Lächeln. Katarzyna entpuppt sich plötzlich als beschränktes Dorfmädchen, was sie eigentlich gar nicht sein sollte. Diese Dümmlichkeit ist ganz von selbst zum Vorschein gekommen und hat sie in den Panzer dumpfer Schläfrigkeit gehüllt. »Stempel«, sagt sie, reicht ihre Papiere hin und blickt die junge Deutsche gedankenlos an, und Elżbieta, die daneben steht, sagt auch »Stempel«, sie spricht das Wort im gleichen Ton aus und schaut mit dem gleichen gedankenlosen Blick vor sich hin. Auch sie schien plötzlich und ungewollt dümmlich. Die Deutsche in rotem Pullover, mit rotlackierten Fingernägeln und kleinen ondulierten Wellen (das alles bemerkt mein zweiter, scharfer Blick) lächelt uns Dümmliche an, sie lächelt, weil sie zwei Mädchen vor sich hat, die aus eigenem Antrieb zur Arbeit nach Deutschland fahren; ihre Papiere mit dem roten Schrägstrich belegen diese Tatsache wirkungsvoller, als das in einer der Rubriken stehende Wort »freiwillig«. Schon greift sie nach den Stempeln, schon drückt sie sie auf, ohne jede Frage, alles in Ordnung, so schnell geht das, so glatt.

»Auf den Transport wartet ihr im Lager«, sagt sie.

Die gedankenlose, schläfrige Katarzyna ist wie weggeblasen. In meiner Stimme schwingt Empörung.

»*Lager?*« rufe ich. »*Transport? Uns gesagt, alleine fahren, nix Transport.*«

»*Nix allein*«, antwortet sie, »*Sammellager, Transport, alle zusammen.*«

»Freiwillig alleine, nix Transport!«

»Schweig!«

Ein junger Mann betritt das Zimmer und sagt auf polnisch:

»Kommt, kommt, Krach machen hilft nichts, so sind die Vorschriften ...«

Unterwegs zum Sammellager verbirgt er sein Erstaunen nicht: »Warum haben Sie Krach geschlagen? Zusammen mit anderen wird die Fahrt doch lustiger.«

Aber ich wußte, *Sammellager* und *Transport* waren ungute Wörter. Eine ungute, unvorhergesehene Wendung war eingetreten.

*

Ein Schulgebäude mit Wachbude am Eingang zum Schulhof. Aus den Klassenräumen sind die Bänke entfernt, auf dem schmutzigen Fußboden lagern die Dorfmädchen, es riecht nach Reiseproviant, geräuchertem Speck und Käse.

Gestern ist ein Transport abgegangen, fünfzig Mädchen sind nach Deutschland gebracht worden, aber morgen geht sicher der nächste, denn jetzt holen sie aus den Dörfern das Zwangskontingent und machen scharfe Razzien auf den Straßen.

»Sie fahren also freiwillig?« fragt der Leiter des Sammellagers. Er sitzt hinter seinem Schreibtisch, ein blasses Fuchsgesicht, und mustert die vor ihm stehende Katarzyna, die kein dümmliches Dorfmädchen mehr ist, niemand weiß, wann und warum sie sich plötzlich in eine wohlerzogene, höfliche, zurückhaltend lächelnde Person verwandelt hat.

Achtung, sagt sie sich, ein raffinierter Fuchs.

»Aber warum reisen Sie fort? Geht es Ihnen hier schlecht?«

Er hat nikotingelbe Finger, auf seinem Schreibtisch liegt eine Schachtel *Juno*. Ich gäbe viel für eine Zigarette.

»Eine Freundin hat mich überredet. Man hat sie vor einem Jahr abtransportiert, sie ist sehr zufrieden und lobt ihre Arbeit, sie hat mich überredet. Na, und wissen Sie, man sieht ein Stück von der Welt ...«

Das Fuchsgesicht lächelt, ohne den Blick von mir zu lösen. Ich lächle auch. Man kann sagen, zwei wohlerzogene Personen tauschen ein unverbindliches Lächeln aus.

»Ich verstehe«, sagt er höflich. »Sie können zurückgehen in den Saal.«

»Wann fährt der Transport ab?« Die unschuldigen, aber Eile und Ungeduld verratenden Worte kann man nicht zurücknehmen. Solche Fragen darf man nicht stellen.

Doch der Leiter des *Sammellagers* sieht darin nichts Abwegiges.

»Morgen oder übermorgen«, antwortet er höflich. »Wir warten auf das Eintreffen neuer Arbeitskräfte.«

»Dann könnte ich vielleicht nach Hause gehen und morgen wiederkommen?«

»Ausgeschlossen. Bitte gehen Sie zurück in den Saal.«

In der Tür begegne ich Elżbieta und höre noch die erste Frage: »Sie auch freiwillig?«

Elżbieta kommt bald nach mir in den Saal zurück. Flüsternd sagt sie: »Der hat uns wohl erkannt.« Die Nähe der anderen erlaubt kein Gespräch.

Abends ist der Saal beinahe voll. Die Mädchen beten, sie singen Kirchenlieder. Ich sitze an die Wand gelehnt, halte ein Gebetbuch in der Hand, meine Lippen bewegen sich lautlos: es soll gelingen, es soll gelingen. Diese Worte werde ich immer dann beten, wenn andere Lippen das Vaterunser oder das Ave Maria flüstern.

Elżbieta kniet, die Hände vor dem Gesicht.

Noch am selben Abend wurde die Abfahrt des Transports angekündigt. Zwei Männer betraten den Saal, ein ältlicher, knochiger in Lederjacke, mit einer Motorradmütze auf dem kleinen, runden Kopf, und ein ganz junger mit freundlichem Kindergesicht, in elegantem blauen Mantel und hellen Handschuhen aus Sämischleder. Sie schritten mitten durch den Saal und zählten die am Boden Lagernden, worauf der Ältere sagte: »Morgen abend Abreise.«

*

Morgens wurde Elżbieta geholt. Sie stand gerade nach Kaffee an, als jemand aus dem Männersaal laut sagte: »Das ist bestimmt eine Jüdin, seht mal, die haben eine Methode gefunden... Man muß sie abliefern, wo sie hingehört.« Elżbieta trank ruhig ihren Kaffee und kehrte in den Saal zurück. Nach einer Stunde wurde ihr Name ausgerufen.

Als sie ging, legte ich mich mit dem Gesicht nach unten auf den Fußboden und barg den Kopf in den Armen, meine Muskeln wurden steif, ich lag gespannt wie eine Saite, so hatte ich schon einmal gelegen, in derselben Position, genauso erstarrt, und hatte auf meinen Vater gewartet. Das war lange her, in den ersten Tagen nach dem Einmarsch der Deutschen in die Stadt, in der uns der Krieg überrascht hatte. »Nachts haben sie die Juden abgeholt«, sagte die Putzfrau. Das Telefon seines Freundes, bei dem mein Vater übernachtete, schwieg. Ich lief aus dem Haus, das mich beherbergt hatte, und rannte durch die leeren Straßen, ich vergaß, daß es eine Straßenbahn gab, der Freund meines Vaters wohnte an der Peripherie. Im Treppenhaus fand ich eine Männersocke. Eine grauhaarige Alte saß am Tisch und schrie, als sie mich sah: »Sie sind weg, mein Bruder ist weg, dein Vater ist weg, sie wurden abgeholt um drei Uhr nachts, sie sind weg, sie kommen nicht wieder...« Ihr Schrei verfolgte mich auf der Treppe, ich kehrte zurück mit einer steinernen Ruhe im Herzen. Die Frau des Hauses, die mir Quartier gewährt hatte, eine schöne Frau mit dem Gesicht einer Schauspielerin, sagte »Ach« und wollte mich umarmen, ich stieß sie zurück, betrat das Zimmer, das sie mir überlassen hatte; wertvolle Bilder hingen an den Wänden, schwere Portieren dämpften das Tageslicht. Ich legte mich auf die Couch, barg das Gesicht in den Armen, meine Muskeln wurden steif, ich wußte, so würde ich liegenbleiben, bis mein Vater wiederkam. Nach einer Stunde ging die Türklingel. Es war ihm gelungen zu fliehen.

Das Rauschen von Stimmen über mir, das Hin und Her der Schritte auf dem Fußboden. Ich warte auf Elżbieta, sie muß zurückkommen.

Wortlos legte sie sich neben mich und deckte sich mit ihrem Schülermantel zu. Sie hatten noch einmal ihre Papiere überprüfen wollen. Sie fragten: »Stefańska? Ist das nicht vielleicht ein Irrtum?« Sie lachten ihr ins Gesicht. Es waren drei, der Leiter des Sammellagers, der Mann mit der Motorradmütze und noch einer, ein Unbekannter.

Ich lag und wartete, daß der Name Katarzyna aufgerufen wurde, doch als die Zeit verging und niemand diesen Namen rief, begann ich schüchtern, auf das Nahen des Abends zu warten, auf die Abfahrt.

Nachmittags holte man uns alle in die Badeanstalt, zur Entlausung. In Viererreihen marschierten wir durch die Stadt. Ich mochte diese Stadt nicht. Früher war ich hier jede Woche zur Musikstunde bei dem kleinen, sommersprossigen Lehrer gewesen. Er sagte: »Spielen muß man mit dem Kopf, nicht mit den Fingern.« Nie mehr hatte ich an ihn gedacht, jetzt aber, auf dem Weg zur Entlausung, fiel er mir plötzlich ein. Und ich sah mich wieder, in der weißen Schulbluse, mit der Nummer des Gymnasiums auf dem Ärmel, in weißen Söckchen, die Noten in der Hand. Als wir aber, mit weißem Pulver überschüttet, aus der Badeanstalt zurückkamen, erinnerte ich mich an gar nichts mehr. Ich war damit beschäftigt, dem Gespräch der Mädchen zu lauschen, die hinter mir gingen. Sie waren empört, weil man ihnen Pulver zwischen die Beine geschüttet hatte, das sei Schmach und Schande. Schwere und schändliche Zeiten sind gekommen. Dieser Hitler ist ein Verbrecher. Aber immerhin, von den Juden hat er uns befreit.

*

Mitten in der Nacht zogen wir zum Bahnhof. Die Luft war frostig, am klaren Himmel hingen die Sterne. Das laute Weinen der Frauen ging langsam in Gesang über. Sie gaben sich in Gottes Obhut. Elżbietas Gesicht war naß von Tränen. Meine Augen blieben trocken, im Herzen eine verbissene Freude.

*

Eine grelle Lichtgarbe fiel mir ins Gesicht. Ich sah nichts als den glänzenden Degen, er zielte auf meine noch schlaftrunkenen Augen, ich war eingenickt, kaum daß sich der Zug in Bewegung gesetzt hatte.

»Was soll das?« schrie ich laut, denn man mußte laut schreien, so verlangte es das Schema.

»Papiere!«

Ich sah den vor uns Stehenden nicht, der harte Strahl der Taschenlampe verbarg ihn.

»Machen Sie das aus, verdammt, was sollen diese Späße...«

»Ohne Krach, los, die Papiere her.«

Das Licht erlosch, vor uns standen zwei Männer. Ich wunderte mich: dieser Junge mit dem freundlichen Kindergesicht? Aber der Alte hatte gerufen, der in der Lederjacke, der Junge hatte nur geleuchtet.

»Was soll das, was wecken Sie uns mitten in der Nacht und leuchten uns ins Gesicht? Wer gibt Ihnen das Recht dazu?«

So muß man reden, so verlangt es das Schema, das erlaubt, Zeit zu gewinnen und die Überraschung abzustreifen.

Die Taschenlampe beleuchtete das Jackettrevers.

»Kommen Sie bitte zum Plaudern ins Nachbarabteil.«

»Red nicht so zart mit denen«, der Alte ärgerte sich, »die muß man scharf rannehmen.«

Im Waggon herrschte Stille. Aber noch ehe wir bis zur Tür kommen, das erste Geflüster: »Jüdinnen, die haben Jüdinnen geschnappt...«

*

Wie war ich in jener Nacht, die ich mit einem Spitzel in dem von einer schwachen Glühbirne trüb beleuchteten Abteil zweiter Klasse verbrachte? Katarzyna in ihrer ersten größeren Rolle, die sie ganz stümperhaft und schulmäßig spielt, nämlich genau nach den allgemein bekannten Vorschriften: Empörung, Unverfrorenheit, Rüpelhaftigkeit. Und alles für nichts, ich wußte, daß sie Bescheid wußten, vom ersten Augenblick an Bescheid wußten, gewiß informiert durch den Leiter des *Sammellagers*, ihren Genossen bei der Bespitzelung. Der Blick fiel mir wieder ein, den sie bei ihrem Gang durch den Saal auf uns geworfen hatten, und das schnelle, erkennende Lächeln des Jüngeren. Sei nicht überempfindlich, hatte ich mir gesagt, das darf man nicht.

Aber gerade die Tatsache, daß sie, obwohl sie Bescheid wußten, uns nicht zur Polizei brachten, bildete einen schwachen Trost. Erpressung ist das, sie wollen Geld. Vorläufig sprechen sie nicht von Geld, vorläufig sagen sie »Gestapo«, das heißt, es redet der Junge mit dem dunkelblauen Mantel und den beigefarben sämischledernen Handschuhen, dessen Aussehen an einen Gymnasiasten oder auch Studenten erinnert. Er sitzt allein mit mir im Abteil zweiter Klasse und wiederholt höflich: »Ich rate Ihnen, es zuzugeben, nachher ist es zu spät – schade um Sie, bei so einem Gesicht...«

Die ganze Nacht über zog er die Handschuhe nicht aus und blickte mir direkt ins Gesicht, er war feinfühlig in Rede und Verhalten. Einmal nur blitzte es ungut in seinen Augen, dann nämlich, als ich auf sein Zureden: »Warum denn Blindekuh spielen, erledigt man das nicht besser auf menschliche Weise?« fragte: »Was heißt menschlich?« Da verwandelte sich sein Gesicht, die Augen verengten sich zu Schlitzen, sein jünglinghaftes Aussehen verschwand. »Geben Sie acht auf Ihre Worte!« zischte er, »ihr habt sowieso Glück, daß ihr auf uns gestoßen seid.« Sofort aber beherrschte er sich wieder und blieb bis zum Morgen höflich und wohlerzogen. Ich wußte genau, daß mein Widerstand vergeblich blieb und bestimmt auch der Widerstand Elżbietas, die im Nachbarabteil allein mit dem alten Spitzel saß – er sah genau so aus wie man sich einen Spitzel vorstellt –, welche Schande, daß ich ihn nicht sofort erkannt hatte. Sie kannten unseren Namen, sie wußten alles. Dennoch wiederholte ich hartnäckig, das sei nicht wahr, wir könnten ja zur Polizei gehen, und dann schwieg ich verstockt, wandte den Kopf ab und betrachtete in der schwarzen Fensterscheibe das Abbild meines Gesichts und meines strubbeligen Haars, und das Abbild des Spitzelgesichts und des hellen Flecks seiner Handschuhe. Er aber wiederholte vertraulich, lächelnd, ohne den Blick von mir zu wenden, immer wieder dasselbe. Bis er schließlich nach dem soundsovielten Mal hinzufügte, er selbst würde ja vielleicht verzichten, denn er habe ein weiches Herz, aber der Alte sei hartnäckig und gebe nicht nach, er brauche Geld für Wodka, er würde uns geradewegs zur Gestapo bringen, die zahle gut pro Kopf. Und dann fügte er noch hinzu, das mache er nicht zum ersten und nicht zum letzten Mal.

»Wir haben kein Geld«, sagte ich, und anscheinend klang mein Stimme überzeugend, denn er glaubte mir.

Er wunderte sich, wie man sich so leichtsinnig und ohne Sicherung auf die Reise begeben könne, man wisse doch, daß auf Schritt und Tritt...

Ich versprach, ihm in zwei Tagen Geld zu bringen. Woher ich es nehmen sollte, hatte ich keine Ahnung. Da stand er auf und ging in das andere Abteil, um die Bedingungen zu besprechen. Lange blieb er dort nicht. Als er zurückkehrte, fragte ich nach Elżbieta. Er lachte auf. »Genauso kindisch und hartnäckig wie sie. Sitzt erschöpft und blaß da und sagt immer wieder, nein, das stimmt nicht, wir können ja zur Polizei gehen, und der Alte lacht ihr ins Gesicht, wieso stimmt das nicht? Ich kenne dich, du hast bei meinem Bruder Wurst gekauft, denn sein Bruder, bitte sehr, hat in eurer Stadt einen Laden mit Wurstwaren.«

Hinter der Scheibe dämmerte es, ein See mit grauem Wasser tauchte auf. Die Bäume ringsum standen naß im Regen. Ich erinnerte mich an den See, er lag unweit der Stadt L. Wir näherten uns dem Ziel.

»Na, sehen Sie, da haben wir den Handel abgeschlossen«, lachte der kleine Spitzel. Ich beachtete ihn nicht mehr. Der Name Halinka, der die ganze Nacht in mir gelauert hatte, erklang jetzt in mir mit voller Stärke. Ich klammerte mich krampfhaft an ihn. Halinka war die einzige, an die wir uns wegen eines Nachtquartiers wenden konnten, nur wegen eines Nachtquartiers, nicht wegen Geld.

Als wir ausstiegen, zeigte sich, daß der Zug leer war und der Transport verschwunden. Ich wunderte mich, hatte ich die anderen doch nicht aussteigen gehört. Das Verschwinden des Transports empfand ich aller Vernunft zum Trotz als neuen Schlag, es bedeutete den Verlust der Zugehörigkeit. Wir waren wieder allein, in einer fremden Stadt, ohne Papiere und Geld. Erneut klammerte ich mich an den Namen Halinka, jetzt aber erschien noch ein anderes Wort, ein aufdringliches, klebriges. Niederlage, Niederlage. Ich versuchte, mich dagegen zu wehren, es zum Schweigen zu bringen, es zu übertönen.

Die Spitzel wiederholten den Namen der Straße und der Kneipe, wo wir sie in zwei Tagen treffen sollten. »Kommt Geld, kommen Papiere«, sagte der Alte, darauf gingen sie beide fort.

Wir standen vor dem leeren Zug, an einem Nebengleis des großen Bahnhofs, in einem Wald von Signalen, zwischen verschlungenen Schienen, und blickten den Spitzeln nach, bis sie in dem feinen Nadel-Nieselregen verschwunden waren.

*

Zwischen der Ankunft in L. und der Abreise liegen vier, vielleicht fünf Tage, ich weiß es nicht, ich komme mit dem Zählen nicht zurecht und versuche es nicht einmal, weil das unwichtig ist, alles schmerzhaft verworren, anscheinend unentwirrbar, vier oder fünf Tage zwischen Ankunft und Abreise von demselben – oder einem anderen? – Bahnhof, in dem gleichen Regen, der nicht aufhörte. Alles verworren: das feine Nieseln, in dem die Spitzel mit unseren Papieren verschwanden, und der heftige Wolkenbruch im Moment der Abreise, als ein anderer, unschädlich gemachter Spitzel uns den Koffer reichte und glückliche Reise wünschte. Die Rekonstruktion dieser Tage ist die schwierige Arbeit, die nebelhaften Bereiche der Erinnerung zu durchdringen. Der Nebel wird dünner oder dichter, das Bild deutlicher oder schwächer, die Rekonstruktion dieser Tage ist die schwierige Arbeit, Bruchstücke und Fragmente zu einer Folge, einem Ganzen zusammenzufügen. Sie ist auch, sie ist vor allem eine schmerzhafte Arbeit.

Nachdem die Spitzel fortgegangen waren – der alte in der Motorradmütze und der junge mit den beigefarbenen Handschuhen –, fällt dichter Nebel. Ich weiß nicht, wie lange wir vor dem leeren Zug auf dem abgelegenen Nebengleis am Bahnhof standen, was wir zueinander sagten, wir müssen doch miteinander gesprochen haben in jenem Augenblick, als unsere Reise unterbrochen war und wir nicht wußten, ob wir imstande sein würden, sie wiederaufzunehmen, wir müssen doch ein paar Sätze über die vergangene Nacht gewechselt haben oder auch nur ein paar Worte – der Verzweiflung, des Trostes, der Angst, der Hoffnung? Sie fehlen in meinem Gedächtnis. Das einzige, was überdauert hat, ist das Gefühl der Nacktheit, das über mich kam bei dem Gedanken, daß sich in meiner Handtasche keine Papiere befanden.

Erst das Bild der Straßenbahn ist deutlich: Wir stehen im Gedränge feuchter Schafspelze, im Dunst der Vorstadtweiber mit ihren Körben auf der hinteren Plattform der Straßenbahn, unsere Gesichter sind der beschlagenen Scheibe zugewandt. Meine Finger wischen die Feuchtigkeit von der Scheibe, dahinter liegt der wohlbekannte Bahnhofsplatz, den ich nicht erkenne und nicht erkennen will, und auf dem Platz die großen, morastigen, mit vertrockneten Blättern bedeckten Pfützen. Während ich die

Feuchtigkeit von der Scheibe wische, wiederhole ich hartnäckig meine beiden Wörter, Halinka und Geld, ich gewähre keinen anderen Wörtern Zutritt, obgleich sie aufdringlich anklopfen, ich stoße sie in die Tiefe, sie setzen sich in der Grube unter der Brust fest und drücken schmerzhaft.

Die Straßenbahn beschreibt an der Endstation einen Kreis, dann fährt sie die häßliche baumlose gerade ins Stadtzentrum führende Straße entlang.

Diese Straße bin ich früher einmal in umgekehrter Richtung gelaufen, das heißt von der Stadt zum Bahnhof, unter dem dumpfen Brummen der Bomber, in der törichten Hoffnung, es gingen noch Züge ab. Aber es gingen keine mehr. Es war der 21. Juni 1941, am nächsten Tag sollte ich mein letztes Examen ablegen.

Das ins Gedächtnis zurückgerufene Stückchen Erinnerung verschwimmt, verschwindet, als hätte es nie existiert. Nur meine beiden Wörter existieren, sonst nichts. Wie ein Pendel wischt meine Hand die längst fortgewischte Feuchtigkeit fort. Nur für zwei Tage, Halinka, werde ich sagen, für zwei Nächte, ich muß mich um Geld für die Erpresser bemühen, ich werde zu Freunden meiner Eltern gehen, zu Polen, ich denke, sie werden uns helfen. Auf der Scheibe erscheint neben meiner Hand eine fremde, eine männliche. Ich weiß sofort, noch bevor ich das Flüstern höre, daß sie nicht ohne Grund erscheint. Der Mann, den ich nicht sehe, denn er steht hinter mir, ich sehe nur seine Hand neben meiner plötzlich reglosen, spricht mir in deutlichem Flüsterton direkt ins Ohr: »Falls Sie beide Hilfe brauchen, wenden Sie sich bitte an Leon Kicuła, Podzamcze-Straße drei.« Die Hand verläßt die Scheibe, aber in mir ist Panik: Er hat uns erkannt! Er hat uns erkannt! Fliehen! Das Wort Hilfe klingt wie: Falle. Als die Straßenbahn laut klingelnd an der nächsten Haltestelle stehenbleibt, dränge ich mich,

Elżbieta hinter mir, zum Ausgang und sehe aus dem Augenwinkel das Gesicht des Mannes mit einer hohen Schaffellmütze, ein gewöhnliches Gesicht, weder gut noch böse. In diesem Moment ist es das Gesicht eines verwunderten Mannes, und das Erstaunen in diesem Gesicht gebietet mir, in Gedanken Namen und Adresse zu wiederholen und das Gleichheitszeichen, das ich zwischen die Wörter Hilfe und Falle gesetzt habe, in Zweifel zu ziehen.

»Vergiß nicht: Kicuła, Podzamcze-Straße drei«, sage ich zu Elżbieta und halte eine Droschke mit offenem schwarzem Wachstuchverdeck an.

Halinka wohnte weit weg vom Bahnhof, in einem stillen Stadtteil, in einem Einfamilienhaus. Nebenan ein kleiner Platz mit Sträuchern und Bäumen und andere, einander zwillingshaft ähnliche Häuschen. All dies stieg plötzlich in meiner Erinnerung auf, auch Halinka, die in der Tür gestanden und gesagt hatte: »Ich habe dich schon längst kennenlernen wollen.« Es war ein heißer Tag Anfang Juni gewesen, ein Sonntag, von den Tennisplätzen hallte das Pochen der Bälle herüber. Wir tranken in dem gemütlichen Zimmer Kaffee, auf dem Tisch eine Vase mit Malven, vor dem Fenster eine Kastanie. Kein Wort des Gesprächs hat überdauert, nur unsere Fröhlichkeit, Marians und meine, und Halinkas sanftes, nachsichtiges Lachen. Sie war sehr viel älter als wir, von ihrem Mann geschieden. Blasses Gesicht, schwarzes, im Nacken zum Knoten aufgestecktes Haar, dunkle Augen. Ich erinnerte mich an ihre leise, melodische Stimme. Sie arbeitete in einer Bank. Wir kehrten in der Abenddämmerung zurück. »Halinka ist ein großartiger Mensch«, sagte Marian.

Nur einmal im Leben hatte ich sie gesehen, aber als der Krieg und die Deutschen kamen, habe ich ihren Vor- und Zunamen auf die Briefe an Marian geschrieben, der nicht ins Ghetto gegangen war und sich bei Halinka versteckt hielt. Er nannte sich damals Pawel, saß in einem verschlossenen, abgelegenen Zimmer und übersetzte Shakespeares Sonette. Auch spielte er mit sich selbst Schach. Eines Tages aber schrie er: »Ich kann nicht länger tatenlos dasitzen, man muß kämpfen, man muß sich wehren«, und dann kamen chiffrierte Nachrichten über einen Plan, sich durch die Front zu schleichen, über das Anknüpfen von Kontakten, die diesen Plan ermöglichen sollten, über Vertrauensleute, die Hilfe und ortskundige Begleiter zusicherten. Als er kam, um sich zu verabschieden – in grünem Hut mit schimmernder grüner Feder, in hohen, glänzenden Schaftstiefeln –, sagte er: »Vergiß nicht, daß du immer auf Halinka zählen kannst. Sie hat versprochen, dir zu helfen. Sie ist ein großartiger Mensch.«

An jenem Junitag hatte sie zum Abschied gesagt: »Komm unbedingt bald wieder.«

Anderthalb Jahre waren vergangen. Jetzt fuhr ich zu ihr.

Elżbieta fragte flüsternd: »Bist du sicher, daß sie uns aufnimmt?« Und weiter: »Und wer gibt uns das Geld?«

Auf die zweite Frage wußte ich keine Antwort.

Der Kutscher drehte sich auf dem Bock um, beugte sich zu uns herab und zeigte mit der Peitsche: »Schauen Sie mal, die Jidden marschieren ...«

Über die regennaße Straße schleppte sich eine Kolonne ausgemergelter Gestalten. Dumpf klapperten die Holzschuhe. Ich dachte mir, daß das bestimmt Häftlinge aus dem Lager Janów waren, dort wo Natan ist, und lehnte mich instinktiv in der Droschke zurück.

*

Ich erkannte sie auf der Stelle, sie sah genauso aus wie damals, blaß, dunkelhaarig, in dunklem Kleid. Sie aber erkannte mich nicht. Sie stand auf der Schwelle und blickte verwundert, erst nach einer Weile rief sie leise: »Mein Gott« und zog mich in die Küche. Die Wärme und der Duft gebratener Kartoffeln stiegen mir in die Nase, der Hunger drückte mich schmerzhaft im Magen. Ich wollte sagen, ich sei nicht allein, Elżbieta warte auf dem Korridor, doch sie ließ mich nicht zu Wort kommen. »Du bist also gekommen«, rief sie, »mein Gott, du bist gekommen, ich habe nicht geglaubt, daß du es wagst zu kommen, und noch dazu so bald ...«

Jetzt erkannte ich sie meinerseits nicht in ihrer freudigen Erregung, ich verstand nicht, warum sie sich freute. Mein Herz klopfte laut.

»Das habe ich wirklich nicht erwartet. Wann hast du das Telegramm erhalten?«

»Ich habe überhaupt kein Telegramm erhalten«, sagte ich, was nicht einfach war, denn plötzlich hatte ich steife und kalte Lippen.

Sie trat einen Schritt zurück, als wollte sie mich besser betrachten. Leise fragte sie: »Dann weißt du es nicht?«

Ich schüttelte den Kopf.

»Marian ist im Gefängnis auf der Łącki-Straße.«

Nebel erfüllte die Küche und verstopfte mir die Ohren. Durch diesen Nebel vernahm ich von fern meine eigene Stimme, die sagte, wir seien seit drei Tagen unterwegs und Elżbieta warte auf dem Korridor. Da öffnete Halinka die Tür und rief: »Bitte, bitte, treten Sie ein.« Ich sah Elżbieta in die Küche kommen und dachte, wie sehr sie in diesem Augenblick einer Jüdin glich. Danach ging ich zum Spülbecken, drehte den Hahn auf und trank kaltes Wasser.

*

Wir sitzen in dem gemütlichen, warmen Zimmer. Im Ofen prasselt das Feuer, die sorgsam polierten Möbel glänzen, auf der Couch liegt ein offenes Buch, ein Wollknäuel und Stricknadeln. Wir sitzen zu dritt am Tisch, haben Rührei und Kartoffeln gegessen, Halinka bringt süßen Tee-Ersatz, ihre Bewegungen sind fließend und harmonisch, so bewegen sich Personen, die man im Traum sieht. Vielleicht ist es ein Traum, aus dem ich gleich erwachen werde?

Auf dem Bücherbrett stehen die zwei gläsernen Elefanten, die ich aus Briefen kenne. Elefanten bringen Glück, hat Marian geschrieben. Marian ist auf der Łącki-Straße, ich aber esse bei Halinka Rührei. Warum habe ich nicht »bleib« gesagt?

Vor einer Woche hatte die Türklingel geschellt, ein fremder Mann hatte ein ganz kleines, aufgerolltes Zeitungsfetzchen abgegeben. Nur ein einziger Satz. »Ich bin hier seit sechs Monaten.« Hier, erklärte der Fremde, das hieß das Gefängnis auf der Łącki-Straße, mehr wollte er nicht sagen und ging. Ein bekannter Rechtsanwalt, Ukrainer, lieferte weitere Nachrichten: Er sitzt als Arier, angeklagt wegen Waffenbesitz, folglich gibt es eine geringe Hoffnung.

Sechs Monate! Und keine Vorahnung, nichts... Welche Lähmung des Instinkts! Rührt das daher, daß er auf seiner letzten Karte »Alles läuft nach Plan« geschrieben und eine lange Zeit des Schweigens angekündigt hatte?

»Ich habe telegrafiert, weil ich Geld brauchte für den Rechtsanwalt, der mir versprochen hatte, sich des Falls anzunehmen. Ich habe dich gebeten, postwendend welches zu schicken. Das war ein wahnwitziger, von vornherein zum Scheitern verurteilter Plan. Ich hatte nicht das Recht, es ihm zu verbieten, du aber... Bei dir wäre er geblieben, auf dich hätte er gehört...«

Ich schweige. Warme Stille über dem Glas mit süßem Kräutertee. Ich müßte erklären, etwas sagen. Aber ich schweige. Ich bin dir dankbar, daß du nicht sagst »bleib«, aber wenn du willst, bleibe ich... Das nächtliche Gespräch am nächtlichen Fluß, das Rauschen der Pappeln, das Plätschern der Wellen. Die Kehle tut weh, das Herz tut weh. Die Zähne zusammenbeißen, nicht »bleib« sagen. Bleiben – das bedeutet Aktionen und Ghetto und das Lager in Kamionki, wo alle jungen Männer festgehalten werden. Ich schweige.

»Er hätte bis zum Ende des Krieges bei mir bleiben können, ich bat ihn, hab ein bißchen Geduld, er wollte nicht, er konnte nicht. Es trieb ihn. ›Die wahnwitzigsten Pläne haben die größten Erfolgschancen‹ – hat er dir das auch erklärt?« fragt Halinka.

Ich schweige. Er hat es mir geschrieben und dann in der Nacht am Fluß auch gesagt. Diese Abreise, sagte er, ist meine Verteidigung, mein eigener Kampf.

»Sag etwas«, flüsterte Elżbieta. Ihre Augen sind groß, in ihrer Stimme schwingt die Angst. Wovor?

»Du mußt nicht antworten, das ist jetzt wirklich unwichtig.«

Halinka steht auf, stellt die Teller zusammen. Doch ehe sie uns in das von der übrigen Wohnung getrennte Zimmer bringt, wird sie noch etwas zu mir sagen, sie wird es in entschiedenem und natürlichem Ton sagen, als ginge es um die einfachste Angelegenheit der Welt.

»Du bleibst selbstverständlich bei mir.«

*

Das Zimmer war dunkel, vor den Fenstern dicke Vorhänge. Ein Küchentisch, eine Bank, ein Bett mit rotkariertem Bezug. An der Wand auf dem Stuhl eine Waschschüssel voll abgestandenem Wasser. In diesem Zimmer hielt er sich verborgen, sage ich mir und empfinde nichts. Ich verharre im Zustand der Betäubung, bedrückt von einer

Last, die ich nicht abwerfen kann. Ich sage mir (ständig spreche ich zu mir und nicht zu Elżbieta, die regungslos auf der Bank sitzt, die ganzen Tage, die wir hier verbringen, werde ich sie auf der Bank am Tisch sitzen sehen, schweigend, mit dem gleichen Gesichtsausdruck wie jetzt), ich sage mir: Es ist ein Uhr, du hast eine halbe Stunde Zeit, mehr nicht. Eine halbe Stunde. An nichts denken, schlafen. Der Schlaf gibt dir wieder Kraft und die Fähigkeit zu denken. Dann mußt du aufstehen und sehen, woher du Geld bekommst für die Spitzel... Ich schiebe mich angezogen unter das karierte Deckbett, das klamme Bettzeug ist durchdringend kalt, ich bebe am ganzen Körper. Um halb zwei stehe ich auf, wasche mir Gesicht und Hände in dem schmutzigen Wasser, schminke mich, ziehe den Mantel an. Elżbieta bleibt regungslos, schaut vor sich hin. Ich will zu ihr gehen und sagen, du weißt doch, daß ich dich nicht allein lasse, aber ich tue es nicht, aus Furcht, in Tränen auszubrechen. Ich sage: »Leg dich hin und versuch zu schlafen. Und heul nicht wie eine Idiotin«, füge ich hinzu, obwohl sie überhaupt nicht weint, nur ihr Gesichtsausdruck ist schmerzlich. (Und so wird es bleiben zwischen uns. Keine Zärtlichkeiten. Je mehr wir ihrer bedürfen, desto größer die Gefühllosigkeit in Worten und im Verhalten.) Dann verlasse ich das Zimmer und schließe hinter mir die Tür.

*

Über der Couch brennt eine rosa Lampe, Halinka liegt da und liest ein Buch. Ihr gewöhnlich blasses Gesicht ist gerötet, das flauschige Plaid, das ihre Schultern bedeckt, hat die Farbe der Blütenblätter wilder Rosen angenommen, aus denen wir daheim Tee brühten. Das Zimmer ist völlig rosa, in den Ohren klingt die Stille. Ich stehe wie angewurzelt auf der Schwelle, gelähmt von dem behaglichen Rosa, meine Kehle ist wie zugeschnürt, ich bringe kein Wort heraus. Halinka schaut mich aufmerksam an, ohne zu lächeln streckt sie einen Arm aus, und das Zimmer wird plötzlich grau, ich weiß nicht, ob es das Grau des regnerischen Tages ist oder das Grau der Nicht-Erinnerung.

Denn ich erinnere mich nicht an unser Gespräch. Bestimmt habe ich gesagt, ich ginge los, um Geld zu beschaffen, ich hätte nur zwei Adressen von Leuten, an die ich mich um Hilfe wenden könnte; und bestimmt hat sie gesagt: Paß auf, du hast zwei Jahre in dieser Stadt gelebt, nie begegnet man so leicht Bekannten wie jetzt...

Wahrscheinlich hat sie mir auch gesagt, ihre Kusine sei bereit, einen Brief nach Z. zu bringen, denn am Abend habe ich einen Brief an meinen Vater geschrieben und ihn um Geld für den Rechtsanwalt gebeten, einen Brief an meine Tante, sie sollten alle unsere Sachen, die sich zu Geld machen ließen, herausgeben, und einen Brief an Agafia, die die beiden anderen Briefe weiterleiten sollte, den einen in das Versteck bei dem Imker, den anderen ins Ghetto.

*

Ich nehme mich vor der Stadt in acht. Ich gehe durch vertraute Straßen, ich komme vorbei an bekannten Plätzen und Gebäuden, an Cafés, in denen wir Kaffee getrunken und Schokoladenkugeln gegessen haben, an Orten der Begegnungen und Verabschiedungen, ich verscheuche Erinnerungen an die Gesprächsfetzen, ich will nicht zurückdenken, und wenn ich vor dem spiegelnden Schaufenster eines Geschäfts stehenbleibe, tritt mir, atemlos vom schnellen Gehen, ein fremdes Mädchen mit abwesendem Blick und ein wenig erstaunten Augen entgegen, das ein geblümtes Kopftuch kunstvoll zu einem modischen Turban geschlungen hat. Dieses fremde Mädchen gleicht anderen Mädchen mit einem Turban auf dem Kopf, die schnellen Schrittes vom Büro nach Hause eilen, der Anblick wirkt beruhigend, niemand beachtet es, weder auf der Straße noch in der Trambahn, das Mädchen aber nähert sich schon dem Platz mit der Barockkirche – man kann die schöne Fassade in ihrer ganzen Pracht vom Fenster der Wohnung im zweiten Stock aus bewundern. Gleich werde ich diese Wohnung betreten. Bestimmt wird man es mir nicht verwehren.

Angesichts des Platzes und der Kirche bleibe ich unwillkürlich stehen und hole tief Atem. Bestimmt wird man es mir nicht verwehren.

An der Tür dasselbe Namensschild aus Messing wie früher, in der halbgeöffneten Tür das Gesicht derselben Haushälterin wie früher. Ihr entsetztes Flüstern: »Jesus, Maria, gehen Sie fort, die Herrschaften sind auf dem Lande, hier wohnen jetzt Deutsche.«

Die Tür knallte mir vor der Nase zu.

In der zweiten Wohnung öffnete ein fremder Mann die Tür. Das wunderte mich nicht, ich hatte geahnt, daß es so sein würde. Dr. S. ist vor einem Jahr gestorben, antwortete er. Und seine Frau? Sie wohnt zur Zeit in Warschau bei ihrer Mutter.

Es gab also niemanden. Eine frühe Dämmerung sank herab, es nieselte. Ich schleppte mich Schritt für Schritt vorwärts, erschöpft und zerschlagen. Ich ging durch den Park und setzte mich auf die Bank in der morastigen kleinen Allee. Kein Geld – keine Papiere, hatte der alte Spitzel gesagt. Ich sagte mir: du mußt dir etwas ausdenken, du mußt Geld beschaffen, ohne Papiere ... Ich dachte den Gedanken nicht zu Ende. Ich spürte, wie sich meiner eine immer größere, immer tiefere Erschöpfung bemächtigte.

Plötzlich fuhr ich hoch: Elżbieta wartet, Halinka wartet, sie werden denken, man hätte mich geschnappt. Ich rannte aus dem Park, auf der Straße hielt direkt vor mir eine Trambahn mit der Aufschrift *Podzamcze*. Ohne zu überlegen, stieg ich ein. Leon Kicuła, Podzamcze-Straße drei. Ich fuhr zu einem fremden Menschen, dessen Adresse mir ein anderer fremder Mensch gegeben hatte. Mir war klar, daß die Hilfe, von der er mir ins Ohr geflüstert hatte, sicher viel Geld kosten würde, aber ich konnte nicht mehr vernünftig denken. Vielleicht ... sicherlich geht es doch, sagte ich mir.

Podzamcze-Straße Nummer drei war eine Ruine. Die Straße leer, kein Mensch, kein Licht, die Gebäude des Güterbahnhofs kaum sichtbar in der Dämmerung. Das Haus machte einen unbewohnten Eindruck. Trotzdem trat ich ins Treppenhaus. Es war verkommen und roch modrig. Ich klopfte an eine Tür, niemand antwortete. Ich stieg ins Obergeschoß, hier gab es noch eine Tür, die mit einem Eisenstab gesichert und mit einem großen Vorhängeschloß verschlossen war. Hinter dieser Tür wohnte jemand. Der schrille Pfiff einer Lokomotive durchbrach die Stille, Angst vor Dunkelheit und Leere überkam mich, ich lief zurück an die Haltestelle und sagte mir im Laufen: morgen versuche ich es wieder, vielleicht ... vielleicht geht es doch.

Jetzt dachte ich nur noch daran, zu Halinka zurückzukommen, an nichts sonst. Der Mann, der mir gegenübersaß, betrachtete mich aufdringlich, ich stieg aus und ging weiter zu Fuß durch die neblige und dunkle Stadt, die nur hier und dort vom gelblichen Licht einer Laterne erhellt wurde.

Schritt für Schritt an den Häusern entlang. Elżbieta sitzt auf der Bank und wartet, Halinka liegt unter der rosa Lampe und wartet. Nur noch zwei Querstraßen trennen mich von dem kleinen Platz, an dem ihr Haus steht.

Eine Frau mit einer Pelzkappe auf dem Kopf sah mich aufmerksam an und blieb stehen. Ohne meinen Schritt zu beschleunigen, ging ich ruhig weiter.

»Bist du das wirklich?«

Sofort erkannte ich diese Stimme, den deutschen Akzent im Polnischen. Fräulein Hedwig, genannt Tschuppi. Im Sommer, zur Zeit der großen Ferien kam vom Hof die Kutsche, um die Kinder zu holen, die Pferde trugen rote Federbüsche zwischen den Ohren, das Gut war verschuldet, aber die Kutsche prächtig; das alte Haus im Park, traditionsgemäß auf Säulen gestützt, die Veranda ein Halbkreis in Richtung der schattigen Alleen. Auf dem Tisch dampfte der Kakao, die kleine, runde, zu Späßen aufgelegte deutsche Gouvernante mit dem seltsam klingenden Vornamen und den nußbraunen Augen goß ihn in die Tassen. *Ach, du mein Liebchen*, noch ein Stückchen Torte? Halb deutsch, halb polnisch, sie stammte aus Oberschlesien, in der Gegend tuschelte man von einem Liebesverhältnis mit dem an einer deutschen Universität zum Agronomen ausgebildeten jüngeren Besitzer des Gutes. Fräulein Hedwig, genannt Tschuppi. Längst hat der Kakao zu dampfen aufgehört, ist der Hufschlag der Pferde verstummt, das Gut erst von den Russen verstaatlicht, dann von den Deutschen in eine Liegenschaft umgewandelt, in den Gesindehäusern befindet sich jetzt ein Judenlager.

»*Ach, du meine Liebe*, Stefan wurde umgebracht, Frau Lotte wurde umgebracht, die schöne Nina und ihr Vater leben mit arischen Papieren in einer fernen Stadt, nur *der junge Herr Doktor*, mein Mann, ist hier, versteckt in unserer Wohnung.«

Und noch einmal: *»Ach, du meine Liebe«*, und nachdem sie meine Geschichte gehört hat, »mach dir keine Sorgen, morgen kriegst du Geld, ihr kommt zu uns zum Kaffee, es ist eures Vaters Geld... Das Gut war heruntergewirtschaftet, jahrelang wurde die ärztliche Versorgung der Landarbeiter nicht bezahlt, sie schulden eurem Vater viel Geld.«

Ein Wunder war geschehen. Wäre ich wenige Minuten früher dort entlanggegangen oder wenige Minuten später... Hätte mich der aufdringliche Blick nicht aus der Trambahn verjagt...

Im Zimmer brennt eine schwache Fünfzehn-Watt-Birne, an der Wand tanzt ein großer Schatten. Ich möchte schreien, lachen, weinen vor Glück. Der andere Schatten, Elżbieta, ist ein regungsloser Fleck.

»Freust du dich nicht? Hätte sie gewußt...«

Elżbieta sagt, ihr sei alles gleichgültig.

»Ist etwas passiert, sag...«

Sie wiederholt Halinkas Worte: »Du bleibst selbstverständlich hier. Sie will, daß du bleibst, aber nur du. Mich will sie nicht.«

»Entweder wir bleiben beide oder wir fahren beide.«

»Aber du willst bleiben, nicht wahr?«

Ich weiß nicht, was ich antworten soll.

»Meinst du etwa, du kannst ihm helfen, wenn du hierbleibst? Wie denn? Womit?«

Auch Halinka verblüfft das Wunder nicht, das sich direkt vor ihrem Haus ereignet hat. Sie schweigt unter der rosa Lampe, unter dem flauschigen Plaid, ich aber rede und rede, immer noch unter dem Eindruck jener Begegnung, die unsere Papiere gerettet hat. Das Schweigen von der Couch her dämpft schließlich meine Erregung. Ich verstumme.

»Wirklich ein wunderbarer Zufall«, sagt Halinka in ruhigem, sachlichen Ton, »ich habe nicht geglaubt, daß du Geld beschaffen könntest. Die fehlenden Papiere wären eine große Komplikation gewesen – für alle. So aber kann deine Schwester zur Arbeit fahren, und du bleibst bei mir.

Ich habe Marian versprochen, dir zu helfen. Außerdem bin ich der Ansicht, daß es deine Pflicht ist, in seiner Nähe zu sein.«

Hört man ihre ruhige Stimme, scheint es ganz einfach, in dieser stillen, behaglichen Wohnung zu bleiben und die schwarzhaarige Elżbieta ins Unbekannte zu schicken. (Gib auf sie acht, sie wird es schwer haben, nimm dich ihrer an, sie ist die Jüngere ...)

»Ich kann nicht allein hierbleiben, ohne Elżbieta.«

»Du mußt verstehen, zwei, das ist ...«

»Ich verstehe und wage nicht einmal, dich zu bitten. Aber ich kann sie nicht allein lassen.«

»Sie ist kein Kind, sie ist siebzehn. Überlege es dir, und du wirst mir recht geben. Wenn du wegfährst ist es so, als würdest du Marian verlassen.«

»Versteh doch, ich kann meine Schwester nicht verlassen.«

»Verzeih. Du kennst meine Ansicht. Du mußt dich entscheiden.«

Welche Kühle ist in diesen Worten!

Ich habe nicht den Mut, unser Zimmer zu betreten, und stehe im Korridor vor der Tür. Plötzlich der Gedanke: das Zimmer ist leer, Elżbieta ist fortgegangen. Aber sie ist da, ist da ... Sie sitzt auf der Bank, blickt mich an, errät alles.

»Sie will mich nicht.«

»Nein, sie will nicht.«

Bis spät in der Nacht schrieb ich Briefe, an unseren Vater, unsere Tanten und Agafia. Ich schlief fest und lange. Als ich erwachte, war Elżbieta bereits angezogen. Sie sagte: »Mach dir keine Sorgen. Du kannst bleiben. Ich kehre nach Z. zurück. Halinka hat recht. Außerdem wäre es dumm, eine solche Chance auszuschlagen.«

(Der Morgen hat kaum begonnen und ist schon weggewischt, eine Lücke in der Erinnerung, ein dunkler Fleck. Bleib. Ich kehre zurück. Nur das.)

Mittags kam Halinkas Kusine, um die Briefe zu holen. »Eine Kleinigkeit«, sagte sie, als ich ihr für den großen Dienst dankte. »Für mich ist es wirklich eine Kleinigkeit. Ich lebe vom Schwarzhandel und bin ständig unterwegs, irgendwie muß man ja existieren...«

Sie fragte, ob ich wüßte, was sich lohne, nach Z. an Waren mitzunehmen, was in der Gegend fehle. Und was man von dort mitbringen könne.

»Die beiden sind aus dem Ghetto geflohen«, mahnte Hanika.

Sie war jung und hübsch in ihrem braunen Pelz. Als sie gegangen war, duftete das ganze Zimmer nach exotischen Blüten.

Der Besuch bei Fräulein Hedwig ist deutlich in den kleinsten Einzelheiten, wie sie uns begrüßte, als wir auf der Schwelle standen, *kommt herein, Kinder, kommt herein*, und die Begrüßung im Vorzimmer, die Elżbieta zu Tränen rührte, und wie wir dann zu dritt zwischen schweren Möbeln, schweren Teppichen und schweren Vorhängen in einem dämmrigen Zimmer standen und Fräulein Hedwig sagte, in diesem Zimmer sei ihr Mann versteckt, *der junge Herr Doktor*, er höre jedes unserer Worte, könne aber an der Unterhaltung nicht teilnehmen. Begrüßt ihn, sagte sie, und wir höflich *»Guten Abend, Herr Doktor«*, denn mit dem Versteckten im Zimmer sprach man wie immer deutsch. Nach unserem *»Guten Abend«* herrschte Stille, kein Flüstern, kein Atemzug, unwillkürlich schauten wir in die Runde, sie aber, Fräulein Hedwig, lachte schelmisch und rief: »Sucht nicht, sucht nicht, dieses Versteck findet ihr sowieso nicht, ein sehr originelles Versteck, ich habe es selbst ausgedacht und eingerichtet, nicht wahr, *Oskar, mein Schatz*?«

Es kam mir vor, als hörte ich ein gedämpftes »Ja, ja ...« Aber das war eine Täuschung.

»So, wir trinken jetzt einen Kaffee, den Kuchen habe ich selbst gebacken«, rief sie, *»du, Oskar, bekommst deine Tasse später.«* Ihre Bitte, vom Schicksal der Familie zu erzählen, konnten wir nicht erfüllen. Die Wörter blieben uns in der Kehle stecken, auch den Kuchen aßen wir nur mit Mühe. Beim Abschied sagten wir laut: *»Auf Wiedersehen, Herr Doktor«*, und Fräulein Hedwig händigte uns einen weißen Umschlag aus.

*

Ich brachte Elżbieta zu Halinka und machte mich auf den Weg zu den Spitzeln. Wie verabredet, warteten sie in der Kneipe an der Ecke Gródecka-Straße. Beide. Der Alte stand mit einem Gläschen in der Hand am Büfett, sein rotes Gesicht glänzte, der Junge saß an einem Tischchen und blickte auf die Eingangstür. An seinen Händen dieselben hellen sämischledernen Handschuhe wie im Zug.

Sie zählten das Geld nach, der Alte verzog das Gesicht, es sei zu wenig, obwohl es die Summe war, die sie gefordert hatten. »Nun laß schon, so war's verabredet«, sagte der Junge. Er fragte, ob ich einen Tee tränke. Ich kontrollierte die Papiere, die sie mir zurückgaben, und stand auf. »Ich habe es sehr eilig.«

»Ich begleite Sie«, bot er an.

»Ich nehme die Straßenbahn, die Haltestelle ist gleich nebenan.«

Er lachte: »Keine Angst, ich habe nicht die Absicht, Sie zu verfolgen. Ich möchte nur einfach mit Ihnen reden ...«

Wie im Zug, dachte ich: scheinbar so ein netter Junge, dabei ein Spitzel und Erpresser. Und wahrscheinlich ein vorzüglicher Spitzel, gerade wegen seines Aussehens und

Verhaltens. Er wolle mir helfen, sagte er. Ich sähe gut aus, hätte also große Chancen zu überleben.

»Ich möchte Ihnen vorschlagen, in L. zu bleiben.«

Im Laufe von zwei Tagen bieten mir zwei Personen aus ganz unterschiedlichen Gründen an, mit ihrer Hilfe hierzubleiben. Bedeutet das vielleicht, ich soll nicht fahren? Ist das vielleicht eine Warnung?

Er sagt, er sei kein Flegel, sondern ein feinfühliger Mensch, er würde mir erst ein Zimmer mieten, mir eine Arbeitsbescheinigung besorgen, und erst später, nach einer Weile...

»Sie gefallen mir sehr.«

»Schade um die Zeit.«

»Moment mal, glauben Sie nicht, ich sei von Beruf... Ich tue das nur manchmal, mit dem Alten. Ehrenwort. Weshalb sollen Sie zur Arbeit fahren, für die Deutschen schuften? Und gefährlich ist es dort auch, die Bomben, Sie könnten umkommen... Bitte überlegen Sie sich's.«

»Ich hab's mir schon überlegt.«

»Nein, nein, Sie müssen das durchdenken, glauben Sie mir bitte, ich bin ein feinfühliger Mensch.«

Ich glaubte ihm, sagte ich, und bat ihn, mich in Ruhe zu lassen. Er schrieb mir seine Adresse und Telefonnummer auf einen Zettel, für den Fall, daß ich's mir anders überlegte.

Ehe ich zu Halinka zurückkehrte, ging ich in die Łącki-Straße. Zum zweiten Mal nehme ich von Marian Abschied. Ich erkläre ihm, warum jetzt ich es bin, die abreisen muß, warum ich nicht bei Halinka bleiben kann. Die Tränen bringen mir Erleichterung. Ein älterer Mann kommt und sagt leise: »Stehen Sie nicht hier, mein Kind, gehen Sie heim, hier ist nicht gut stehen...«

*

Halinka spricht die Frage nicht aus, sie schaut mich nur an. Ernst und blaß steht sie vor mir.

»Ich kann sie nicht verlassen, versteh mich.«

Sie macht eine Handbewegung.

»Du weißt, was ich denke. Und du weißt, was ich von dieser Entscheidung halte.«

»Ja.«

»Legt den Schlüssel auf das Fensterbrett im Flur.«

»Ja.«

»Das wäre alles. Ich hoffe, du wirst deinen Schritt nicht bereuen. Ich wünsche euch Glück.«

»Ich schicke dir meine Adresse, dann kannst du mir von Marian und von meinem Vater schreiben.«

»Das tue ich.«

»Ich danke dir für alles. Ich weiß nicht, wie ich dir danken soll.«

»Danke mir nicht.«

Ich kehrte in unser Zimmer zurück und sagte Elżbieta, daß wir morgen früh um sechs Uhr in das Sammellager gehen würden, von wo aus die Transporte direkt nach Deutschland fahren. Einen anderen Weg gebe es nicht. Dann legte ich mich hin. Das Bettzeug war kalt, ich zitterte. Ich versuchte einzuschlafen, doch der Schlaf kam nicht. Ich hörte, wie Elżbieta weinte.

Dann hörte das Weinen auf, und es wurde warm und hell. Ich wußte, daß du mich verstehst, sagt Marian, wir gehen durch eine lange, leere Straße, auf der es weder Häuser noch Bäume gibt, auch keine Menschen, nur uns beide. Am Ende der Straße steht ein großes rotes Ziegelgebäude. Nein! Nein! rufe ich entsetzt, höre aber meine Stimme nicht, der Regen fällt, und mein Vater in nassem Mantel, mit dem Koffer in der Hand, überquert die Fahrbahn, das ist der einzige Weg, meine Kinder, höre ich ihn sagen, aber mein Vater sieht mich nicht, er spricht in den Raum, nein, er spricht zu Halinka, die am Fenster steht und die rosa Lampe in der Hand hält.

2

Ich legte den Schlüssel auf das Fensterbrett im Flur, blieb eine Weile stehen und wartete, ob aus der Wohnung ein Laut zu mir drang, das Quietschen einer sich öffnenden Tür zum Beispiel, Schritte... Aber nichts, nur die Stille war zu hören. Das Schloß der Haustür sprang mit kurzem, trockenem Knacken auf, ein kurzer, schmerzlicher Krampf packte mein Herz. Draußen regnete es.

Wieso ich wußte, wo sich das Lager befand, von dem die Transporte nach Deutschland abgingen? Wer mir die Adresse gegeben hatte? Ich weiß es nicht, ich weiß es nicht. Dabei mußte es mir jemand gesagt haben, denn wir gingen, ohne nach dem Weg zu fragen, ohne uns zu verirren, wir gingen tief erschöpft – man sieht das auf dem einzigen Bild, das sich von diesem Weg erhalten hat: wir beide auf der menschenleeren, ansteigenden Straße, das Gepäck in den Händen, unsere Schritte mühsam, langsam, widerstrebend. Am Straßenrand stehen kahle Bäume. Später habe ich Zosia gefragt, ob sie sich erinnere, an welcher Straße das große, breit angelegte Gebäude, wahrscheinlich wieder eine ehemalige Schule, gestanden habe, doch sie wußte ebensowenig wie ich: irgendwo in der Nähe des Hauptbahnhofs, von dem dann unser Transport abging.

Zosia (damals noch namenlos und anonym) traf ich zum erstenmal in diesem zweiten Sammellager, genauer gesagt, ich traf sie nicht, ich erblickte sie, denn wir wechselten damals kein einziges Wort, im Gegenteil, wir wendeten unsere Blicke angstvoll voneinander ab.

Sie befand sich in Begleitung einer jungen, kokett lächelnden Frau, die ukrainisch sprach und durch elegante Kleidung Aufsehen erregte. Beide lehnten sich an eine Pritsche in der großen, vollgepfropften Halle, beide jung und hübsch, die eine blond, die andere dunkel, ich erriet sofort, die dunkelhaarige war eine echte Ukrainerin, die blonde, blauäugige aber eine echte Jüdin.

»Natürlich weiß ich das noch«, wird Zosia mir später sagen (sehr viel später wird sie mir das sagen, denn anfangs mieden wir uns), »euch führte einer der Aufseher, einer mit magerem Hals und beweglichem Adamsapfel, ich erinnere mich an ihn, weil er auch mich zum Verhör holte, aber ich habe mich freigekauft, ich gab ihm einen Ring.«

Ich vermutete von Anfang an, alles würde aufs neue beginnen, und während ich mühsam die ansteigende Straße hinaufging, unterdrückte ich in mir ständig den Gedanken (ähnlich wie ich viele andere Gedanken in mir unterdrücken mußte), das Auftauchen im Lager allein und auf eigene Faust errege Aufmerksamkeit, wecke Verdacht.

Der Wächter am Tor benutzte genau dieselben Worte, die ich in meinen hartnäckig unterdrückten Gedanken gehört hatte, er fragte nämlich: »Was denn, allein? Nicht mit einem Transport?« und musterte uns mißtrauisch. »Wir fahren freiwillig«, entgegnete Katarzyna nachdrücklich und ein wenig erhaben. Du bist verrückt geworden, schrie ich sie im Geiste an, weshalb dieser Ton? Und wir traten in den Hof der ehemaligen Schule, wo sich jetzt eine auf die Abreise wartende Menschenmenge drängte, und vom Hof aus in die große Halle, die gleichfalls voller Menschen zwischen den Pritschen war.

Sogleich fielen mir zwei agile junge Burschen mit unruhigen Augen auf, die sich flink durch die Menge drängten.

(»Ihr hattet nichts? Keinen Ring? Keine Brosche?« wunderte sich Zosia.)

Einer der jungen Männer, mit unruhigen Augen, ein sogenannter Aufseher, kam erst am nächsten Morgen zu uns. Hager, mit dünnem, langem Hals. »Ich bitte Sie beide zu einem kurzen Gespräch.« Anscheinend benutzten sie hier diese Wendung gerne, doch der Spitzel mit den sämischledernen Handschuhen hatte sich feiner ausgedrückt: »Zu einer kleinen Plauderei.«

Wir gehen durch die Halle bis zu einer hinter den Pritschen verborgenen Tür. Dort befindet sich ein kleines Dienstzimmer. Vor dem vergitterten Fenster Schmutzhaufen, die Abfälle der Lagerküche. Am Fenster steht ein großer Mann im Trenchcoat, den Hut hat er aus der Stirn geschoben. Er schaut nicht zu uns her, er zündet sich eine Zigarette an. Der uns hereingeführt hat, wartet schweigend. »Aber bitte...«, sagt der Mann im Trenchcoat zu ihm, und jener beginnt höflich, sachlich. Wo sind Sie geboren, bitte beschreiben Sie die Stadt, wie hieß die Hauptstraße, wie hieß der frühere Bürgermeister, der Starost, der Schuldirektor, welchem Heiligen war die Ortskirche geweiht? Wir blicken einander in die Augen wie wohlerzogene, wahrheitsliebende Menschen. Ich sprudele Namen heraus, der Spitzel stimmt zu oder lächelt ironisch, das eine wie das andere aufs Geratewohl, er kennt die Stadt nicht, in der Katarzyna zur Welt gekommen ist. Dann Gebete. Bitte. Im dunklen Zimmer, den Blick auf die Abfallhaufen gerichtet, bete ich zu Gott, ich sage mit klarer, ruhiger Stimme das Vaterunser auf, Gegrüßet seist du, Maria, Schutzengel mein, ich beantworte Fragen aus dem Katechismus, der Spitzel gerät unwillkürlich in die Rolle eines die Sünden nicht vergebenden Priesters: »Sie können das irgendwie zu glatt...«

Dann ist Elżbieta an der Reihe, alles noch mal von vorn,

der Mann im Trenchcoat mustert uns jetzt ohne zu lächeln, gespannt, als dächte er über etwas nach. Er mustert abwechselnd uns und den eifrigen Spitzel, der Elżbieta Weihnachtslieder singen läßt, Kommet ihr Hirten, In der Krippe liegt es... Durch die Tür dringen laute Gespräche und Zankereien, jeder zankt sich hier mit jedem, ich scheiße darauf, hörst du, ich scheiße darauf, und dann: du verdammtes Luder hattest Lust zu stehlen...

»Sie können beide in den Saal gehen«, sagt der Mann im Trenchcoat.

Der Spitzel ist überrascht durch das Eingreifen und die Entscheidung, die offensichtlich von einem Vorgesetzten kommt, denn er stimmt bereitwillig zu und öffnet die Tür.

Neugierige Blicke der Nachbarinnen. Eine ganz Junge in Huzulen-Felljacke, die auf der nächsten Pritsche sitzt, fragt verwundert: »Sie haben euch freigelassen?«

»Warum sollten sie uns nicht freilassen?«

»Gestern haben sie drei mitgenommen.«

»Die hier sehen nicht wie Jüdinnen aus«, sagt eine andere.

»Es gibt welche, die nicht so aussehen.«

Die ganz Junge in der Huzulen-Felljacke hat ein kleines rundes Gesicht und große schwarze Augen unter sorgfältig ausgezupften Brauenbögen. Sie blickt unablässig in einen kleinen Spiegel.

*

Als wenig später der Name Katarzyna ausgerufen wird, befehle ich Elżbieta, als sie mitkommen will, sich nicht von der Stelle zu rühren. Es ist aber falscher Alarm. »Am Tor wartet jemand auf Sie«, sagt der Aufseher, und ich laufe glücklich hin, denn wenn jemand zu mir kommt, bin ich bestimmt keine Jüdin; ich bin glücklich, denn das kann niemand anderes als Halinka sein.

Sie steht am Eingang, klein, schmal, schwarz. Hinter dem Hutschleier ein blasses Gesicht.

Man darf nur durch die Umzäunung sprechen, wir pressen unsere Gesichter zwischen die Eisenstäbe und küssen uns.

»Ich danke dir«, sage ich flüsternd. Ich weiß, was es bedeutet, daß sie hergekommen ist.

»Ich war unruhig. Ist alles in Ordnung?«

»Ja.«

»Und niemand... nichts...?«

»Nein, niemand.«

»Meine Kusine hat angerufen, sie hat alles erledigt, in wenigen Tagen kommt sie zurück. Ich wollte, daß du das weißt.«

Ich nicke, die Worte haben mich verlassen, ich kann nicht sprechen.

»Schreib gleich«, sagt Halinka, »schreib mir deine Adresse. Ich werde dir schreiben. Ich gebe dir Bescheid...«

Sie gibt mir Bescheid, wie es um Vater steht, um Marian. Sie ist großartig. Ich nicke, und sie sagt so laut, daß es die Wächter am Tor verstehen: »Sorg dich nicht, Katarzyna, der Wolf ist nicht so schrecklich, wie man ihn malt.«

Und plötzlich weinen wir beide, was hier niemanden wundert, es ist sogar ganz normal.

*

Wann kam er zu uns, der Mann im Trenchcoat, der Zeuge unserer Gebete und Weihnachtslieder? Am selben Abend oder am nächsten Morgen, nach unserer Rückkehr von der Polizei? In meiner Erinnerung kommt er zu verschiedenen Zeiten, mal am selben, mal am nächsten Tag, doch verhält er sich immer gleich und sagt auch immer die gleichen Worte. Er setzt sich auf die Pritsche, schiebt verwegen den Hut auf den Hinterkopf, bietet uns Zigaretten an. (Raucht nicht, hatten die Naiven gesagt, das kann Verdacht wecken.) Wir ziehen gierig, der Mann im Trenchcoat spricht flüsternd, seine Worte sind nur für uns bestimmt, niemand anderes soll sie hören. Sie haben sich zu spät auf den Weg gemacht, sagt er, jetzt wissen alle von dieser Methode und fischen sie heraus, es fällt immer schwerer, sich durchzuschmuggeln, noch vor zwei, drei Monaten ging das ganz leicht, ohne jede Schwierigkeit. Er verspricht, uns so schnell wie möglich loszuschicken, wir sollen uns nicht in der Halle herumtreiben, nicht zum Essenholen weggehen – er würde uns Essen zur Pritsche bringen.

Er ist ein großer schlanker Mann, das Gesicht knochig, die Haut trocken. Er trägt einen angeschmutzten Trenchcoat und ist stellvertretender Leiter des *Sammellagers*.

Gegen Abend kam er und brachte uns Brot mit Rübensirup und Zigaretten.

(»Ach, er war ein ungewöhnlich anständiger Mensch«, wird Zosia sagen, »mir hat er auch geholfen.«)

Doch vor der Polizei bewahren konnte er uns nicht, seine Macht reichte nicht bis zum zweiten Stock. Er wußte nicht einmal, daß sie uns direkt vom Duschraum geholt und über die Korridore und Treppen in einen abgelegenen Flügel dieser ehemaligen Schule geführt hatten, in das Zimmer, wo die Gestapo amtierte. Der Gestapomann saß hinter einem Tisch, neben ihm die Dolmetscherin, und an der Wand sechs oder auch acht blasse, schweigende Frauen.

Ob die etwas ältere Frau und der Mann mit dem kurzgeschnittenen Schnurrbart Tag für Tag am Eingang zu dem Duschraum lauerten, oder ob sie extra unseretwegen gekommen waren, aufgrund einer Meldung des hageren, vergeblich auf Lösegeld wartenden Spitzels? Es kann so oder auch so gewesen sein.

*

Wir stehen mit der Gruppe nackter Mädchen unter der warmen Dusche, und die ältere Frau und der Mann mit dem Bärtchen warten vor der Tür. Elżbieta und ich haben kein Wort gewechselt, wissen aber beide: sie warten auf uns. Wir haben den Blick gesehen, mit dem sie sich verständigten, mit dem sie auf uns hinwiesen.

Unverzüglich die Gewißheit, das sind keine Erpresser, es geht nicht um kleine Gespräche oder Plaudereien. Die schwerfälligen, gewissermaßen stumpfen und in ihrer Stumpfheit bedrohlichen Blicke unter gesenkten Lidern hervor. Ruhig, phlegmatisch. Unverzüglich die Gewißheit, das sind Professionelle.

Der blasse Dunst im Baderaum, die Duschen rauschen. Vor den Fenstern die Wipfel der Bäume, die auf dem Hof wachsen, ein Stück grauen Himmels, der strömende Regen. Die Seife grau und rauh wie ein Stein. Es ist heiß, stickig. Ich sitze auf dem Fußboden und schlinge die Arme um die Beine. Ich lausche, gedämpftes, fernes Hupen eines Autos, das auf der Straße vorbeifährt (wir sind die Straßen entlanggegangen, haben dem Hupen der Autos gelauscht und As-Dur, cis-Moll, G-Dur gerufen, daß die Leute sich nach uns umschauten). Das Kichern der nackten Mädchen, das Plätschern des Wassers, die Sanitäterinnen mit den Zerstäubern in der Hand, in den Zerstäubern das weiße Pulver. Ich denke, meine Beine sind hübsch und schlank. Marian hat gesagt, du hast herrliche Beine. Die warme Erde unter den Füßen...

Elżbieta flüsterte: »Was meinst du?«

Ich wußte, sie erwartete von mir ein wenig Trost, sagte

aber, während ich meine Beine streichelte: »Ich meine, jetzt kommt das Ende.« Ich konnte nicht wissen, daß ich anfangen würde zu schreien und daß wir beide – wir allein – dieses Zimmer verlassen würden, in dem hinter einem Schreibtisch der Gestapomann saß, neben ihm die Dolmetscherin, während an der Wand eine Gruppe schweigender, blasser Frauen stand.

Ich sagte: »Ich meine, jetzt kommt das Ende«, weil ich das damals wirklich meinte und nicht wußte, daß ich anfangen würde zu schreien, verdammt noch mal, ich fahre nirgendwohin, ich kehre nach Hause zurück, erst wird uns zugeredet zu fahren, dann behandeln sie uns dermaßen mies, ich scheiße auf eure Arbeit, und daß ich, gerötet vom Duschen und immer noch röter vom Schreien, so lange schreien würde, bis sie mich gehen ließen, ich wußte nicht, daß wir aus diesem Zimmer gehen und die sechs oder vielleicht auch acht schweigenden und blassen Frauen mit Entsetzen in den Augen zurücklassen würden; Blässe und Schweigen sprachen mehr gegen sie als die Geburtsurkunden für sie.

Nein, ich wußte nicht, daß sich die Flut von Verzweiflung – das Ende! das Ende! – entladen würde in unanständigen Wörtern wie Arsch, Scheiße, verdammt und daß das Deklinieren unanständiger Wörter und das Hinwerfen der Papiere auf den Tisch, noch ehe sie angefordert werden, die Macht der besten Kennkarten und Stempel haben würde.

Sie versuchten vergeblich, die Flut meines Geschreis zu unterbrechen. Erst als der Deutsche aufsprang und mit dem Gebrüll: »Maul halten!« auf mich zurannte, verstummte ich.

Die Dolmetscherin sah die Papiere durch und flüsterte dem Deutschen einige Worte zu.

»Ab!« Er schob mit der Reitpeitsche die Papiere vom Tisch. Sie fielen auf den Fußboden. Ich sammelte sie auf.

»Komm«, sagte ich zu Elżbieta.

»Was ist mit der anderen?« fragte die Dolmetscherin.

»Wir gehören zusammen.«

Der Korridor war leer. Das Blut wich mir aus dem Gesicht, die Treppe drehte sich.

*

Wir gehen in der letzten Viererreihe, der Spitzel mit dem mageren Hals trägt für uns Koffer und Bündel, er ist redselig. Erst hatte er sich entschuldigt, daß er uns Unannehmlichkeiten und Schwierigkeiten ausgesetzt habe – der Mensch begehe manchmal Irrtümer, nicht wahr? –, jetzt versichert er uns, dort werde es bestimmt gut, ihr werdet euch schon zurechtfinden, auf Intelligente nimmt man Rücksicht, man meldet sich besser selbst, solche werden geachtet. Wir gehen zum Bahnhof. Es regnet in Strömen, das ist kein feines Nieseln wie bei unserer Ankunft, als die anderen Spitzel uns auf einem Nebengleis desselben Bahnhofs (oder vielleicht eines anderen?) stehenließen und mit unseren Papieren davongingen.

Wir erreichen den Bahnsteig, den Spitzel neben uns, der uns aber nicht mehr schaden wird, er ist tief überzeugt von dem Unrecht, das er Unschuldigen angetan hat. Ich denke, daß der Mann im Trenchcoat einen kleinen Schritt zu weit gegangen ist, als er dem Spitzel befohlen hat, unser Gepäck zu tragen, es war eine sehr ironische, nur uns dreien verständliche Abschiedsgeste seinerseits.

Ich empfinde weder Freude noch Genugtuung bei Beginn unserer Reise, nachdem alles darauf hingewiesen hatte, daß sie gar nicht stattfinden würde. Vielleicht werde ich mich später freuen und mich der überwundenen Hindernisse mit einem Triumphgefühl erinnern. Vielleicht, ich bin da nicht sicher.

Der hagere Spitzel wünscht uns glückliche Reise, von seinem Hut tropft das Wasser. »Ich danke Ihnen«, antworte ich diesem Kerl, der mit süßer Stimme geflötet hatte, »und jetzt, bitte, Schutzengel mein...« Ich lege das Gepäck in die Waggonecke, dann stehen Elżbieta und ich in der offenen Tür und halten Ausschau nach dem Mann im Trenchcoat, um ihm zu danken. Er ist nicht zu sehen. Ich weiß noch nicht, daß ich gleich verstummen werde vor Staunen über seinen Namen, den er mir nennen wird. Von der Spitze des Zuges her nähert sich das Knirschen der Türen, die zugeschoben werden, Weinen bricht aus.

Im letzten Augenblick kam er herbeigelaufen. Wir sagten ihm, wie dankbar wir ihm seien, wir würden ihn nach dem Kriege suchen, falls wir überleben sollten, um wiedergutzumachen, was er für uns getan hat. Elżbieta gab ihm zur Erinnerung ein kleines Bronzereh, einen von daheim mitgenommenen Talisman. Er lächelte amüsiert. Wir fragten ihn nach seinem Namen und seiner Adresse.

Lächelnd sagte er: »Ich heiße Kicuła, Leon Kicuła, und wohne Podzamcze-Straße 3.«

In diesem Moment schrie jemand: »Achtung, wir schließen!«, und ehe wir noch ein Wort herausbrachten, schob sich die schwere Tür des Güterwagens vor uns zu. Einen Augenblick später fuhr der Zug an.

*

So war es. Es kam nicht zu Fragen und Erläuterungen. Doch wozu fragen und erläutern, wenn doch alles verständlich ist. Marysia erzählte uns, sie sei eine Stunde vor Abfahrt des Transports auf den Bahnhof gekommen, ein Mann habe sie hingeführt, ein anderer in den Waggon geschmuggelt, ihr Vater habe für diese Abreise eine Riesensumme bezahlt.

»Vielleicht erinnerst du dich«, fragten wir, »einer von diesen Männern war groß, er hatte ein längliches, knochiges Gesicht, er trug einen verwegen auf den Hinterkopf geschobenen Hut und einen nicht allzu sauberen Trenchcoat.« Sie schüttelte ihre prachtvollen kastanienbraunen Locken, sie erinnerte sich nicht. Ihre Augen hatten die gleiche Farbe wie ihr schönes Haar. Lange Zeit über hielt sie sich fern von uns, sie hatte Angst vor Stefas und Elżbietas schwarzen Haaren. Doch dann kapitulierte sie. Zum letzten Mal sah ich sie an einem Frühlingssonntag. Wir arbeiteten damals bei einem Bauern und trugen kleine gelbe Quadrate mit violettem Rand und dem violetten Buchstaben »P« für »Pole«. Sie kam angereist, um mich zu besuchen. Sie war traurig und klagte, ihr Bauer belästige sie, er sei ein Sadist. Gegen Abend fuhr sie wieder fort, die Sonne ging unter, in ihrem kastanienbraunen Haar flimmerten rötliche Glanzlichter.

Zum Abschied umarmte und küßte sie mich.

»Warum hat sie sich denn so verabschiedet, als würdet ihr euch nie wiedersehen?« spottete Walenty nach ihrer Abreise.

3

Der Deutsche, der auf Elżbieta und mich zutrat, hatte scharf blickende blaue Augen und ein von Falten zerfurchtes, aber frisches Gesicht. Er war untersetzt, schon älter, trug eine karierte Mütze und Schaftstiefel. Eine Zeitlang betrachtete er uns schweigend, dann lächelte er und sagte, als wolle er uns ermuntern: »*Bei uns ist es prima.*«

Katarzyna hob die Schultern und lächelte dümmlich zurück. Der Tag war grau. Das große Übergangs- oder sogenannte Durchgangslager, in dem die Zwangsarbeiter-Transporte vor der Entsendung zur Arbeit gesammelt wurden, versank in Matsch und Nebel. Auf dem Platz vor dem Tor rüstete sich eine Mädchenkolonne zum Abmarsch.

»*Bei uns ist es wirklich gut*«, wiederholte der Deutsche. »*Essen gut, Arbeit gut, alles gut ...*«

Wir rührten uns nicht von der Stelle, was seltsam war, denn wir hatten uns aus der Baracke geschlichen, um möglichst schnell dem dicken jungen Burschen aus den Augen zu kommen und das Lager zu verlassen.

Daß wir uns nicht von der Stelle rührten, machte den Deutschen ungeduldig. Er schlug sich mit einer dünnen Reitgerte, die ich zuvor nicht bemerkt hatte, mehrfach gegen den Stiefelschaft. Doch das Lächeln spielte weiter um seinen Mund.

Nein, sagte ich mir, wir bleiben. Man muß das Risiko

eingehen. Vielleicht will er uns nur einschüchtern. Es handelt sich um drei, höchstens vier Tage.

Aber im selben Moment sah ich ihn, den dicken jungen Burschen – er stand vor der Baracke, die wir soeben verlassen hatten, und blickte in die Runde.

Ich hob meinen Koffer aus dem Matsch, Elżbieta ergriff ihr Bündel. Immer noch lächelnd ging der Deutsche in Richtung Ausgangstor, auf die Gruppe Mädchen zu. Tu das nicht, geh das Risiko ein, sagte ich mir und ging dennoch, Elżbieta folgte mir. Ihr dürft kein Risiko eingehen, ihr dürft nicht warten, haderte ich mit mir, und wir schritten weiter.

Ein Schlag auf den Rücken stieß uns in die Kolonne der Viererreihen. »*Neunundneunzig, hundert! Und jetzt ab!*« rief der Deutsche.

Wir marschierten auf einer breiten Landstraße. Der Deutsche rief munter: »*Eins, zwei, eins, zwei ...*«

*

Die Szene auf dem Platz, eine schnelle, kurze Szene, hat sich vollständig erhalten, während alles, was ihr voranging, in Fetzen zerrissen ist. Von der Fahrt ist nur die Dunkelheit des Güterwagens geblieben, das im Rücken stoßende Rattern der Räder, neben uns auf dem Boden Marusia, geschmückt mit Perlen- und Korallenschnüren, die klirren und glitzern. Die Wassersuppe auf dem Bahnhof einer unbekannten Stadt und die Namen zweier anderer Städte: Leipzig und Kassel. Das ist alles. Und gleich darauf der dicke Bursche in der Barackentür, von oben gesehen, von der höchsten, seinem Blick unerreichbaren Pritsche aus, ein dicker junger Bursche aus der Gattung der sogenannten blonden »Schweinchen«, der fragte: »Sind unter euch die beiden Jüdinnen, denen es gelungen ist, sich aus Polen rauszuschmuggeln? Man muß sie unverzüglich dem Kommandanten melden.«

Elżbieta erinnerte sich, er war zusammen mit uns eingetroffen.

Erst jetzt auf dem Weg zum Bahnhof kam mir der Gedanke, daß er, falls er uns wirklich verraten wollte, das wohl nicht so laut verkündet hätte, damals aber beschlossen wir, dicht unter der Decke des Raums liegend, nicht zu warten, bis die an die Reihe kämen, die eine »Namentliche Anforderung« besäßen, sondern sofort von hier zu verschwinden, ganz gleich, wohin.

Auf dem Weg zum Bahnhof, begleitet von den »*Eins-zwei*«-Rufen des zufriedenen Deutschen, versuche ich, mich selbst zu überzeugen, daß wir richtig gehandelt haben. Ich stelle mir also vor, wir wären in der Baracke geblieben und auf der Schwelle taucht der deutsche Kommandant des Durchgangslagers auf und sagt ... Doch das bringt keine Erleichterung, weil ich nicht sicher bin, ob der dicke Bursche seine Drohung wahr gemacht hätte, ob wir nicht allzu eilig unser Reiseziel geändert und auf die Arbeit bei dem Gärtner und dem Restaurator in der hessischen Kleinstadt zugunsten irgendeiner prima Fabrik verzichtet hatten.

Als wir in die Güterkleinbahn einsteigen, huscht vor meinen Augen die Huzulen-Felljacke vorbei, noch sehe ich das Gesicht nicht, aber ich weiß, obgleich es viele derartige Felljacken gibt und verschiedene Mädchen sie tragen, es ist unsere Nachbarin aus dem Sammellager, niemand sonst als sie, die Zeugin war, als man uns zum Verhör und auf die Polizei holte. Plötzlich kommt es mir so vor, als ob sich alles, je weiter wir uns von Polen entfernen, immer mehr verwickelt, statt sich zu klären. Die überwundenen Hindernisse schleppen sich hinter uns her und erzeugen neue. Ich betrachte dieses blutjunge rotbackige Mädchen, ich höre, wie sie sagt: »Hauptsache, man findet einen Liebhaber.« Ich höre ihr leichtes, kindliches Lachen. Wird sie schweigen?

Ich spüre einen Blick auf mir. Große blaue Augen sehen mich überrascht an. Ihr seid also auch hier? sagt dieser Blick, wir sind also gemeinsam ... Beide sind sie da, deren Namen wir noch nicht kennen, Zosia und Pola, die elegante und kokette Ukrainerin, ihre Freundin und ihr Alibi, um das ich Zosia beneide. Noch weiß ich nicht, daß Pola Zosia verraten wird.

Der Zug hält. Es ist beinahe dunkel. Beim Aussteigen reicht der Deutsche mir die Hand und sagt: *»Hoppla.«*

Wir schleppen uns durch eine Industriestadt, durch häßliche, von Fabriken gesäumte Straßen. Die Fußgänger beachten uns nicht. Der Horizont ist von Schornsteinen zerfranst, und Transporte sind hier keine Neuigkeit.

Etwas weiter, am Flußufer, erstrecken sich Holzbarakken in langen Reihen. Abendliche Lichter zerstreuen den dichten Nebel. Schmutziger, feuchter Schnee fällt. Die Baracken sind naß. Wir biegen unwillkürlich zu ihnen hin ab.

»*Halt!* Das ist nicht unsere Richtung.« Ein Mann führt hundert Mädchen auf die Brücke über den großen Fluß. Jenseits der Brücke hat sich eine halbkreisförmige Fabrik gleichsam hingehockt. Ich versuche, den Geruch des Flusses aufzunehmen, doch dieser Fluß hat wohl keinen Geruch.

»*Das ist die Ruhr*«, sagt der Deutsche. »*Wir sind im Ruhrgebiet.*«

Das Lager befand sich in einer großen Halle hinter den Fabrikgebäuden. Grell gestrichene Wände, am Ende des Raumes die Gerüste der zweistöckigen Pritschen, in der Mitte ein runder eiserner Ofen, lange Tische und Bänke, die hohen Fenster fest mit Brettern vernagelt. Hinter dem

Saal ein kleiner Waschraum, der den Durchgang zum Dienstzimmer des Kommandanten bildete. In der Luft hing dünn, aber aufdringlich Abortgeruch und noch ein anderer, unbekannter, den wir später als den Geruch der Fabrik und der Schmiermittel für die Maschinen kennenlernen sollten.

Das ist der Hintergrund. Vor diesem Hintergrund erscheint alles präzise gemalt, es gibt keine Spritzer, keine Flecken, wohl aber Fragezeichen. Der Hintergrund ist damit dicht gesprenkelt. Warum verhielt er sich so und nicht anders? Wie war er wirklich? Welche Rolle spielte er in dem ganzen Fall (von dem gleich die Rede sein wird)? Das sind Fragen ohne Antwort, weil ich nie mit Comme-ci-comme-ça gesprochen habe, und um ihn dreht es sich doch hier, den Deutschen mit den scharfen Augen und dem frischen Gesicht, den Lagerkommandanten Johann Schmidt, der von uns Comme-ci-comme-ça genannt wurde, damit niemand merkte, daß von ihm die Rede war, obwohl jeder halbwegs Schlaue die Chiffre sofort aufgelöst hätte. Comme-ci-comme-ça war Johann Schmidts Lieblings-Redewendung, sie wurde häufig und in unterschiedlichsten Zusammenhängen benutzt.

Das also ist der Hintergrund der Geschehnisse in unserem sogenannten Fall, der sogleich beginnen wird, schon an diesem ersten Abend, unverzüglich, als gäbe es nichts Eiligeres. Er wird beim Abendessen beginnen, über einer Schüssel Steckrübensuppe, die sich – fade und süßlich, wie sie ist – nur mühsam schlucken läßt. Marusia hat es mir gesagt. Die Glasperlen glitzerten um ihren Hals, ihre Augen, grün wie bei Katzen, blickten sehr neugierig.

Gleich, gleich. Erst einmal muß Schmidt seine Begrüßungsrede halten. Mit scharfer Stimme spricht er von der Bedeutung der Arbeit, die uns zuteil geworden ist, von dem bedingungslosen Gehorsam, der Disziplin und den

Strafen für das geringste Vergehen. (Da wird er zum ersten Mal ausrufen: »Nix comme ci, comme ça!« und mit einer runden Geste seine Hand in die Tasche schieben, um den Akt eines Diebstahls zu illustrieren.) Er geht mit elastischem Schritt vor der Gruppe der überwiegend vom Lande herbeigeschafften Mädchen (andere gibt es nur eine Handvoll) auf und ab, und sie in ihren üppigen, weiten Röcken, in Jacken und Kopftüchern, schauen teilnahmslos zu ihm auf, ohne ein Wort zu verstehen. Mit demselben Blick schaut Katarzyna zu ihm auf und fährt nicht einmal zusammen, als Schmidt nach Beendigung seiner Ansprache fragt: »Wer übersetzt das?« und sie anblickt.

Die Kessel voll Steckrüben sind schon im Saal, die ausgehungerte Menge umlagert sie.

Ich stand abseits und sagte zu Katarzyna: »Los, drängel dich vor, gebrauch die Ellbogen, du mußt dich wie die anderen benehmen«, als ich plötzlich eine große Frau in roter Flanellbluse bemerkte. Sie stand leicht gebeugt, wie das so oft der Fall ist bei hochgewachsenen Menschen, ihre schwarzen Haare reichten bis zu den Schultern. Ich dachte, sie gleicht einem großen schwarzen Vogel. Meine erste Reaktion war, auf sie zuzugehen (als hätte ich unsere Freundschaft vorausgeahnt). Ich tat es nicht. Ob sie mich gesehen hat, weiß ich nicht. Wollte sie mich vielleicht nicht sehen? Jemand rief: »Stefa!« Sie ging zu einer kleinen Person mit schelmischen Augen, die ihr eine Schüssel Suppe reichte.

Ich stand wie vom Donner gerührt. Also – vier...

Wir sitzen verstreut, jede an einem anderen Tisch. Es ist die erste gemeinsame Mahlzeit, Gespräche über daheim und die Familie, Klagen, daß uns ein solches Los zuteil geworden ist.

Einem plötzlichen Anflug von Hoffnung denke ich, wir sind angelangt, alles wird sich fügen, wir werden einen

Zugang zu diesen Mädchen finden, das gemeinsame Schicksal wird uns verbinden. Marusia kam heran, sie beugte sich vor, ihre Glasperlenketten glänzten und klirrten. Die ganze Fahrt haben wir gemeinsam geschafft, der Zug hat uns aus Polen hergebracht, nachts hat sie geweint vor Heimweh nach ihrem Vorgebirgsdorf und sich dreifach bekreuzigt zum Schutz vor den Geistern, am Tag hat sie gesagt: Laß uns beten, daß uns die Bomben nicht umbringen.

In ihren grünen Augen ist kein Lächeln.

»Kasia, ich möchte dir etwas sagen«, flüstert sie, »aber abseits.« Und gleich darauf: »Die Mädchen haben dem Kommandanten gesagt, ihr seid Jüdinnen.« Ich lachte mit dem lauten Gelächter der durch solche Worte amüsierten Katarzyna, ich lachte lange und fragte dann scharf: »Wer hat das denn gesagt? Ich gehe mit denen zum Kommandanten. Das fehlte noch, solche Lügen zu verbreiten.«

»Es gibt hier Mädchen, die haben gesehen, wie ihr zum Verhör bei der Polizei geführt worden seid.«

»Na und? Sie haben uns freigelassen. Jüdinnen hätten sie ja wohl nicht freigelassen.«

»Kasia, ich kenn' mich da nicht aus, hier wird allerlei geredet, nicht nur über euch, auch über andere. Ich wollte nur, daß du es weißt.«

»Ach, laß sie reden, Marusia, gegen menschliche Dummheit ist kein Kraut gewachsen.«

Das Mädchen in der Huzulen-Felljacke sitzt am Nachbartisch, sie würzt sich die Steckrüben mit Speckwürfeln von daheim. Sie lacht. Sie ist so eine Lachliese.

Später lagen wir schweigend auf unseren unteren Pritschen, versteckt in der letzten Reihe an der Wand.

Der Saal leerte sich, wurde still, das Stroh knisterte in den Strohsäcken. An der Tür knirschte der Riegel, der Kommandant Johann Schmidt war zurückgekommen.

»Um fünf Uhr Wecken, um sechs fangt ihr mit der Arbeit an. Und jetzt Ruhe. Ruhe!«

Durch die halbgeschlossenen Lider verfolge ich seine Schritte längs der zweistöckigen Pritschenreihe. Er ist stehengeblieben. In dieser dunklen, stickigen Ecke hat er uns gefunden. Er steht im Gang und schaut. Ich atme gleichmäßig und ruhig, ich tue, als schliefe ich.

Der Schalter knackt, die Tür zum Dienstzimmer wird geschlossen.

*

Das Dunkel ist laut von Atemzügen. Jemand stöhnt im Schlaf, jemand seufzt, jemand bricht in Schluchzen aus. Die Strohsäcke rascheln. Ich erwache aus hartem, quälendem Schlaf. Meine Muskeln schmerzen, im Mund habe ich den faden Geschmack der abendlichen Suppe. Auf der Pritsche nebenan das erschöpfte Gesicht der schlafenden Elżbieta.

Etwas ist passiert, etwas Schlimmes, aber was es ist, daran kann ich mich nicht erinnern. Mit einem Sprung, einem einzigen Gedanken kehrt das Bewußtsein zurück: sie wissen! Mir stockt der Atem. Ich stehe auf, durch den schmalen Gang zwischen den Pritschen erreiche ich die Saalmitte. Ich trinke Wasser aus dem Hahn, kühle mein erhitztes Gesicht. Es könnte ein Traum sein, ist es aber nicht. Ich setze mich auf eine Bank, die kleinen Pfützen verschütteter Suppe glänzen auf den Tischen, die Luft ist dick und stickig. Irgendwann, irgendwo habe ich schon einmal so gesessen und vergeblich versucht zu denken... Sei ruhig, keine Panik (später werde ich sagen: kein Theater), wir haben Geburtsurkunden, wir haben Papiere. »Wenn es zum Vorzeigen der Geburtsurkunden kommt, steht es schon sehr schlecht...« – weit zurück und fern

Frau Kasińskas Stimme, in der Klostergasse rauschen die Bäume, das Glöckchen läutet. »Dort wird euch nichts mehr drohen, allenfalls die Bomben!« Du mußt schlafen, sage ich zu mir (wieder rede ich mit mir selbst), du mußt ausruhen, denken kannst du morgen.

Als ich zurückkomme, schläft Elżbieta nicht – und ist nicht allein. Auf der Pritsche sitzt jemand.

»Denk dir nur, Kasia, hier ist jemand aus unserer Stadt.«

In Elżbietas Stimme ist hinter dem freudigen Ton große Nervosität versteckt.

Das Mädchen schweigt. Folglich beginne ich: »O Gott, aus unserer Stadt, wie gut, jemanden aus der Heimat zu treffen!«

Meine Stimme ist wie die Elżbietas voll falscher Freude. Diese Möglichkeit habe ich nie erwogen. Warum? Was ist das für ein Mädchen? Wenn sie aus unserer kleinen Stadt kommt, weiß sie bestimmt, wer wir sind.

»Ich habe mich auch gefreut, als ich hörte, von wo ihr kommt.« Langsam, überlegt. Eine dunkle, tiefe Stimme. Diese Stimme habe ich noch nie gehört. Hat sie uns erkannt? Oder hat sie nur erfahren, woher wir stammen? Alle Gespräche beginnen ja mit der Frage: woher, aus welcher Gegend?

»Wie heißt du? Vielleicht kennen wir uns – im Dunkeln sieht man so schlecht.«

Stimmt gar nicht, ich sehe ihr Gesicht, ihr fremdes Gesicht.

»Nein«, sagt das Mädchen, »ich kenne euch nicht.«

Will sie uns nicht beunruhigen? Ist sie feinfühlig?

»Ich habe gesehen, daß du nicht schläfst, da bin ich gekommen. Ich kann auch nicht schlafen. Ich heiße Helena Pajączkowska, ich wohne in Przygródek, in den Häusern, die am Teich stehen.« Sofort steht mir der Teich vor Augen, glatt, mit bläulichem Eis überzogen, die vom Schnee freigefegte Bahn, auf der wir im Winter Schlittschuh liefen, dicht unter den Fenstern der kleinen Häuser am Ufer...

»Mein Onkel Wasyl hat ein Restaurant auf der Hauptstraße, vielleicht kennt ihr es? Es ist der Bruder meiner Mutter, meine Mutter ist Ukrainerin, mein Vater Pole...«

Jetzt müßte sie nach unserem Namen, unserer Adresse fragen. Sie fragt nicht. Sie sagt: »Ich ziehe um in eure Nähe, zusammen ist es lustiger! Die haben mich weggeschafft, wie ich gerade stand, nicht mal ein Kleid habe ich zum Wechseln, nicht mal ein Hemd. Meine Mutter sollte mir einen Koffer zur Bahn bringen, aber anscheinend hat sie's nicht geschafft.«

»Keine Sorge«, sagen wir, »du kannst von uns etwas haben. Und zieh um zu uns, neben Elżbieta ist eine Pritsche frei, zusammen ist es lustiger.«

»Ihr gebt mir was? Tatsächlich? Wie gut, jemanden aus der Heimat zu haben, der hilft immer...«

Ich versuche, mich an ihre letzten Worte zu klammern, mein Mißtrauen zu besänftigen. Aber die Wörter entwischen mir, sie sind glitschig, glatt, ohne Gewicht.

Wir schlafen nicht. Bei ruhigem Nachdenken kommt mir Helena Pajączkowskas Besuch nicht so ganz verständlich vor. Auch glaube ich nicht, daß sie uns nicht kennt. Warum ist sie mitten in der Nacht gekommen? Warum hat sie nichts gefragt?

Gegen Morgen sage ich zu Elżbieta: »Die weiß Bescheid. Und ist nur wegen der Sachen gekommen.«

*

»*Aufstehen!*« ruft Schmidt. Er wird uns täglich mit demselben Ruf wecken, zuerst allein, später im Wechsel mit

Ghandi und Müller, jeder wird dieses Wort auf seine Weise ausrufen, Ghandi mit dünnem Kreischen, Müller sanft, Schmidt scharf, in einem Ton, der keine Widerrede duldet.

Im Saal brennt das Licht. Das morgendliche Aufstehen Hunderter von Mädchen hat bereits begonnen. Über den Pritschen der scharfe Geruch verschwitzter Körper. Die Mädchen sitzen auf den Pritschen, flechten Zöpfe, binden ihre Kopftücher um, knöpfen ihre Jacken zu. Ihre Gesichter sind vom Schlaf gedunsen. Die Blechschüsseln klappern rund um die Kessel mit dem Kaffee (der wie der Fluß hier keinen Geruch hat). Vor dem Klo eine lange Schlange – es gibt nur ein einziges.

In der Saalmitte geht Schmidt auf und ab mit seiner karierten Mütze und den hohen Stiefeln, um die Lippen ein Lächeln, das nicht bis zu den Augen reicht. Sein Blick wandert wachsam und durchdringend im Saal umher. Ich kühle mir lange das Gesicht unter dem kalten Wasserstrahl.

»Na, Katharina, gut geschlafen?«

Seine Stimme klingt sanft wie damals, als er sagte: *»Bei uns ist es prima.«*

»Ja, gut.«

»Kannst du Deutsch?«

»Nix gut.«

»Und deine Freundin? Auch nicht? Schade. Es gibt hier einige, die Deutsch beherrschen, die kriegen eine bessere Arbeit. Ich dachte, auch ihr ... Ihr seht nach intelligenten Mädchen aus.«

»Nix verstehen, sprechen zu schnell ...«

»Soso. Nix und nix.« Er lacht auf, und Katarzyna zuckt gleichgültig mit den Achseln, sie hat sich diese Bewegung angewöhnt, wiederholt sie zu häufig.

Ich blickte hinter Schmidt her und sah, wie er zu Stefa

ging. Ich hörte, wie sie fließend Deutsch sprach. Größer als Schmidt, schaute sie von oben auf ihn herab, ruhig, selbstsicher. Sie spielt nicht, dachte ich, sie ist sie selbst geblieben.

Im Durchgang zwischen den Pritschen knien die Mädchen. Wir knien auch, jede neben ihrer Lagerstatt. Dicht neben mir bekreuzigt sich raumgreifend die Huzulin Hania. Sie hat ein aufgequollenes, großes Gesicht, ein gutmütiges Lächeln. Sie ist sehr fromm. Nachts habe ich lange ihr flüsterndes Beten gehört.

Ich kann nicht beten – ich vermag es nicht. Ich verstecke das Gesicht in den Händen und flüstere: »Es muß gelingen, es muß gelingen.« Plötzlich wurde mir klar, daß es das Wort »muß« in keinem Gebet gibt, ich flüsterte also, um zu überleben, um zu überleben.

Auf den Kaffee mußten wir verzichten, an den Kessel war nicht heranzukommen. Und weil wir das Würfelchen Margarine und das Stück Brot, die für das Frühstück bestimmt waren, bereits am Abend gegessen hatten, gingen wir nüchtern zur Arbeit. Wir traten hinaus. Es nieselte, durchdringende Kälte. Unter den Füßen Schneematsch.

»Die neuen hundert?« fragt der Wachmann und beugt den Kahlkopf aus seiner Bude.

»Jawohl, Max, prima Sorte.«

*

Die Lampen sind verdunkelt, die Maschinen schweigen. Pause zwischen der Nacht- und der Tagschicht. Die Fabrik schläft geheimnisvoll im Halbdunkel – undeutlich, bruchstückhaft in der Erinnerung. Nur die Schlosserei und dann der Glaskasten über der Maschinenhalle haben deutliche Umrisse, und ein Stück Treppe, auf der Zosia in Begleitung eines Deutschen hinuntergeht. Als Ganzes existierte die

Fabrik nicht, ich wußte nicht, wie groß sie war, mittelgroß oder klein? Vermutlich mittelgroß, ein Rüstungsbetrieb – Flugzeugteile, Munition, Granaten ... Und drei zu ihr gehörende Lager: die Russinnen aus den Baracken an der Ruhr (»Die Russinnen vom Fluß«, sagten wir), unser Lager und die französische Strafkompanie, eingeschlossen in die Kellerräume der Fabrik.

Der junge Besitzer im schwarzen Anzug spazierte morgens umher, das Gesicht rund und glatt, das Haar wie mit Pomade angeklebt, in den Händen eine schwarze Tasche und ein Bleistift – er notierte, prüfte, kontrollierte, schaute durch die Ausländer hindurch, als wären sie aus Glas, die Mädchen sagten, er sieht aus wie ein Jude.

Auch das Betreten der Fabrik am ersten Morgen ist nicht vergessen, vor allem die Begegnung mit den kriegsgefangenen Franzosen auf dem Hof, wo im Dunkel die Steckrübenhaufen schimmerten, die Nahrung für ihr und unser Lager. Sie kehrten von der Nachtschicht in ihre abgesperrte Unterkunft zurück. Auf den Drillichanzügen trugen sie große Buchstaben, K und G, um den Hals aber phantasievoll geschlungene rote Tücher. Ihre Zurufe weiß ich noch: »Bonjour mesdemoiselles, bonjour mes belles«, und die Freude der Mädchen, daß es hier so fröhliche Burschen gab. Schon begannen in Zeichensprache Unterhaltungen und Scherze. Als plötzlich eine französische Frage fiel, erriet ich es sofort: das war Stefa. »Est-ce que vous êtes ici depuis longtemps?« Da wandten sich die französischen Kriegsgefangenen wie ein Mann von den Mädchen ab, umringten Stefa und parlierten, parlierten, die Mädchen aber, vergessen, verlassen, schauten neidisch drein: »Da hat sich 'ne Französische gefunden.« »Durchaus keine Französische, siehst du nicht, wie schwarz sie ist, die erinnert an jemand ganz anderes ...«

Sehr deutlich dieser Augenblick auf dem dunklen Fabrikhof zu Füßen der hohen Stapel mit Lagernahrung. Und Stefa unterhält sich weiter auf französisch, als höre sie diese Worte nicht. Ich aber sage mir wieder erstaunt: Sie ist sie selbst geblieben, sie spielt nicht.

*

Die Mehrzahl der Mädchen ist schon fortgegangen, Elżbieta auch, zurückgeblieben ist nur eine kleine Gruppe, die auf die Arbeitseinteilung wartet. In dieser Gruppe war auch Marysia.

Kein Detail ihrer Schönheit weckte Verdacht, sie war in ihrem Aussehen untadelig und vollkommen, auf die beste, nämlich ganz natürliche, nicht ins Auge fallende Weise. Sie war durchaus nicht hell, das Haar kastanienbraun, üppig, dicht, die Augen kastanienbraun, feine Züge. Ihr rundes, etwas kindliches Gesicht zog den Blick auf sich durch einnehmende, bescheidene Anmut. Und doch erkannte ich sie auf den ersten Blick und sie mich auch. Sie ärgerte sich und wandte sich ab. Ich spürte, sie war zornig. Ich betrachtete sie, die Verdrießliche, ihr zartes Profil, ihren vorzüglich glockenförmig geschnittenen hellblauen Mantel (ich hatte keinen anderen, wird sie später sagen), ihre Skistiefel und dachte mir: Das ist nun die fünfte und wer weiß, ob die letzte ...

Eine grauhaarige Deutsche blieb am Halleneingang stehen. »Ich komme wegen der Zeichnerin«, sagte sie. Schmidt wies lächelnd auf Marysia, die zu der Deutschen ging und laut in Schuldeutsch sagte: »Ich bin eine Zeichnerin.« Stefa fiel mir ein, sie war nicht hier. Stefa saß bereits im Büro an der Schreibmaschine.

*

Schmidt brachte mich in die Schlosserei. Sie befand sich im Erdgeschoß, in einer kleinen, dunklen Halle. An einer schmalen, unter den Fenstern verlaufenden Werkbank arbeiteten mehrere Meister, die Hallenmitte nahmen Maschinen ein, im Hintergrund glühte die Feuerstelle der Schmiede. Draußen vor den Fenstern verlief der Fabrikkanal, fettes, trübes, gelbliches Wasser. In Zukunft schlich ich mich häufig aus der Tür, setzte mich auf die steinerne Einfassung und schnüffelte, wie der »Fluß« roch. Das abgestandene Wasser duftete ein wenig nach den toten Armen eines kleinen, trägen Flüßchens, ich redete mir ein, ich säße an seinem Ufer.

Auf Schmidts dröhnendes *»Heilitla«* löste sich von der Werkbank ein kleinwüchsiger Meister und humpelte auf uns zu. Das verkürzte Bein hatte ihn gewiß vor der Front bewahrt. Er war jung, kräftig gebaut, das glatte blonde Haar fiel ihm in die Stirn, er warf es mit nervöser Kopfbewegung zurück. Er bewegte sich schnell und gelenkig.

»Das ist Katharina«, sagte Schmidt, »sie wird bei dir arbeiten, ich hoffe, du wirst mit ihr zufrieden sein.«

Er nahm den Meister beiseite und flüsterte ihm etwas ins Ohr. Erst da warf jener einen Blick auf mich, interessiert, aber ohne zu lächeln, im Gegensatz zu Schmidt, der laut auflachte.

Nie werde ich den Inhalt dieses Geflüsters erfahren. Ich sehe Katarzyna mit gleichgültigem Gesichtsausdruck dastehen (wieder zeigt sich diese Trägheit, sie hat ihren Schutzpanzer angelegt), ich sehe die Neugier aufleuchten in Meister Glattkes Augen, ich höre Schmidts Lachen (was für ein Lachen das ist, weiß ich nicht) und sein Flüstern: »Es heißt, sie ist Jüdin ...«

Nachts habe ich mich und Elżbieta lange nach diesem Flüstern gefragt, aufdringlich klangen darin Wörter, die ich nicht gehört hatte und deren ich doch sicher war.

Schmidt ging, und Glattke hatte noch immer kein Wort gesagt, er steht an die Werkbank gelehnt, die Arme auf der Brust gekreuzt, und betrachtet Katarzyna. Die anderen Meister betrachten sie auch mit recht freundlichem Blick. *Sie sieht ja wie ein deutsches Mädchen aus...*

Vor den Fenstern das gelbe Wasser, die blinde Mauer.

»Zunächst müssen wir uns bekannt machen«, läßt sich Glattke schließlich vernehmen und wirft mit energischer Bewegung das Haar aus der Stirn. »Vielleicht erzählst du mir ein bißchen von dir. Woher du kommst, was deine Eltern machen. Verstehst du nicht?« Er wundert sich und erläutert geduldig: *»Deine Eltern, Vater, Mutter...«*

»Vater Bombe kaputt, Mutter tot.«

(Unsere Mütter waren tot, unsere Väter fielen, verschwanden im Krieg, saßen in Gefangenschaft, wurden von Bomben getötet. Niemand interessierte sich für uns, wir hatten keine Verwandten, niemand schickte uns ein Päckchen, niemand schrieb uns regelmäßig, ab und zu tauchte ein Brief auf.)

Mein Vater im Keller des Imkers, seit dem Tod meiner Mutter ist fast ein Jahr vergangen, das kleine leere Zimmer, das schmale Bett an der Wand – nicht denken, nicht denken...

»Meinen Vater hat eine Bombe getötet, meine Mutter lebt nicht mehr«, sagt Katarzyna in trockenem Ton, ohne die Augen von dem gelben Wasser zu lösen, sie redet trocken, sie weiß, gleich wird hinter ihrem Rücken einer der Meister sagen: *»Armes Mädchen«*, und tatsächlich fallen die Worte: *»Armes Mädchen«*, sie zuckt wieder die Achseln, grenzt sich damit ab vom Mitleid.

»Hast du einen Bruder? Eine Schwester?«

»Nix.«

»Du bist also ganz allein, *ganz allein auf dieser Welt.*« In Meister Glattkes Stimme schwingt kein Mitgefühl, Katarzyna blickt ihm jetzt direkt in die Augen und verkündet höflich lächelnd ihr *»nix verstehen«*.

Glattke fragt nicht weiter, er wird aber noch fragen, und das nicht nur einmal.

Zu meinen Pflichten gehört es, die Schlosserei aufzuräumen, die Eisenabfälle und Feilspäne, die den Boden übersäen, mit einem kleinen Wagen wegzuschaffen, die Maschinen mit Schmierfett zu reinigen.

»Der Kommandant Schmidt hat gesagt, du bist ein intelligentes Mädchen, dann wirst du die Arbeit wohl bewältigen.«

Ich greife zum Besen und fege den feinen, glitzernden Staub zusammen.

*

In der Pause lief ich hinaus, um Elżbieta zu suchen. Ich näherte mich ihr nicht, ich wollte nur wissen, wo sie arbeitete.

Im ersten Stock, zwischen den glänzenden Stahlplatten, stieß ich auf Zosia – wir blieben gleichzeitig stehen, niemand war in der Nähe. Sie warf mir einen blauen, erschreckten Blick zu.

»Weißt du, daß man euch schon bei Schmidt angezeigt hat? Was werdet ihr tun?«

»Ich weiß nicht. Vorläufig nichts, ich weiß nicht...«

»Hat er euch schon hinbestellt?«

»Nein, noch nicht.«

»Wir sind hier zu viele, das ist sehr schlecht. Von den anderen wissen sie auch schon. Wir werden alle auffliegen.«

Jemand kam, ich sagte laut: »Beschissene Arbeit«, und Zosia wiederholte: »Beschissen.«

Die glänzenden Platten spiegelten unsere Gesichter – deformiert, verkrüppelt.

Ich fand Elżbieta im dritten Stock an einer funkensprühenden Maschine, deren Zweck ich nicht zu erraten vermochte. Sie saß dort verrußt in Gesellschaft anderer verrußter Mädchen. Wortlos ging ich vorüber.

*

Zum Mittagessen kehrten wir ins Lager zurück. Wieder die Brücke und der Fluß, die mächtige Tür, hinter der Tür der Mief, an der Wand der Kessel mit den Steckrüben und die Köchin mit der Schöpfkelle in der Hand. Neben der Köchin Schmidt.

Warum bestellt er uns nicht, warum fordert er keine Erläuterungen, warum schweigt er? »Er hat Zeit«, sagt Elżbieta, »wir können hier sowieso nicht fliehen.« Warum? Warum können wir hier nicht fliehen? Elżbieta: »Wie denn? Wohin?« Schon am ersten Tag das Wort »Flucht«.

Am Kessel ein Gedränge wie gestern, ohne kräftige Ellbogen kommst du nicht an die Steckrüben, vor Hunger dreht sich dir der Magen um, und die Beine geben nach. An den Waschbecken ist es dagegen leer, nur wenige Mädchen waschen sich die Hände. Pola, vornehm in ihrem aschgrauen Pelz, sorgfältig geschminkt und gekämmt, als käme sie nicht aus der Fabrik, anders als alle, von weitem sichtbar. Aber anders auf ihre und nicht auf unsere Weise, hebt sie sich ab durch ihre Kleidung, die eine höhere Gesellschaftsschicht verrät, sonst durch nichts. Dieses Anderssein schadet ihr nicht, im Gegenteil, sie imponiert und schüchtert ein. Die Mädchen umschmeicheln sie vom ersten Moment an. Mit angehaltenem Atem lauschten sie gestern dem verwickelten Lebenslauf, mal war sie geschieden, mal die Ehefrau eines Volksdeutschen, nur durch einen Irrtum zur Arbeit abtransportiert, nur vorübergehend im Lager, das sie in Kürze verlassen sollte; auf sie wartet eine Stelle in einer Kurpension. Sie lauschten begeistert, sie schauten begeistert. Pola ist vom ersten Augenblick an die Lagerkönigin. Hübsch – schräge Augen, ausgeprägte Backenknochen – voller Charme, sehr weiblich. Zudem lustig und perfide, das werde ich später von Zosia erfahren.

Neben Pola eine kleine, untersetzte Person mit Stupsnase, zu lustigen Späßen aufgelegt. Ich kenne sie, Stefas Freundin, ich habe sie gestern gesehen. Sie scheuert sich verbissen ihre verschmierten Hände. »Verdammte Schweinerei! Ich wasche, wasche, und die Hände bleiben schwarz.« Verdutzt sah ich sie an. Solch ein prächtiges Gesicht und solch ein verräterischer Akzent!

Paraska war die einzige, die ich nicht sofort erkannte (jene nicht gerechnet, die sich unter einem großen karierten Tuch versteckt hielt, und der es niemand ansah), sie ging unter in der Menge der Dorfmädchen. Es waren nicht die hohen Schnürschuhe – wir trugen ähnliche –, nicht der lange Faltenrock oder der graue Pullover aus Schurwolle... Der Gang vielleicht? Das Verhalten? Sie stammte aus einer kleinen Stadt, und nur ihr Akzent verriet sie. Komplexe hatte sie in diesem Zusammenhang nicht, sie redete gern, mit spitzer Zunge, die fröhlichste unter den Mädchen im Saal, fast sorglos. Manchmal nur, selten sagte sie: »Ach, was wißt ihr schon von mir«, und winkte geringschätzig mit der Hand ab. Nur dann sah sie aus wie eine bekümmerte, verarmte Jüdin aus einer Provinzstadt.

*

Abends, als Elżbieta und ich schon auf unseren Pritschen lagen, kam Helena Pajączkowska zu uns. Jetzt sah ich sie genau an. Eine gut gebaute Blondine mit tiefliegenden

Augen und schönem, aber etwas vulgärem Gesicht. Ihre Haut war unrein und fettig. Ich kannte sie nicht. Sie fragte sofort nach den versprochenen Kleidungsstücken. Ich öffnete meinen Koffer, Elżbieta ihr Bündel. Sie enthielten nicht viel, denn wir hatten nur wenig mitnehmen können und die besseren Sachen, die sich zu Geld machen ließen, bei Halinka gelassen. Der Inhalt enttäuschte sie. »Ich dachte, ihr habt mehr und elegantere Sachen.« Sorgsam musterte sie Pullover und Bluse, probierte ein Kleid an und ging schließlich befriedigt mit der Ankündigung davon, daß sie noch an diesem Abend auf die freie Pritsche neben Elżbieta umziehen würde.

Um zehn Uhr schaltete Schmidt das Licht aus. Nach einer Stunde stand ich auf, um nachzusehen, was Helena machte. Doch sie schlief schon. Weder in dieser noch in der nächsten Nacht, noch irgendwann später zog sie zu uns. Sie verlor uns sozusagen aus den Augen.

Wir waren es, die ein paar Wochen später unsere Ecke verließen und in ihre Nähe zogen. Mit Helena Pajączkowska hatte das jedoch nichts zu tun, der Zufall wollte es, daß gerade unter ihrer Pritsche Plätze frei waren. Unser Umzug war das Resultat von Vorgängen, die uns langsam, aber unaufhaltsam ins Unglück führten.

*

Langsam, aber unaufhaltsam entwickelte sich »unser Fall«, nicht nur meiner und Elżbietas, sondern unser gemeinsamer, von dem nun alle im Saal wußten, folglich auch Schmidt.

Die Tage vergingen scheinbar ruhig, es passierte scheinbar nichts konkret Böses, und dennoch ... Dennoch war die Atmosphäre im Saal gespannt, man spürte eine unterschwellige, unruhige Strömung. Es gab Geflüster und Gekicher, zu deutlich, als daß man sich darüber hätte hinwegtäuschen können, manchmal traten Abneigung und Bosheit zutage – nur ein Sekundenbruchteil trennte sie von dem Wort »Jüdin«. Noch fiel es kein einziges Mal laut, doch gab es nicht den geringsten Zweifel: Das Verhältnis zu uns war feindselig, aggressiv, der Abgrund, der uns – trotz unserer Bemühungen – von den anderen trennte, vertiefte sich von Tag zu Tag. Wir waren aus der Stadt und nicht vom Lande, wir waren die »Damen«, obwohl wir gern zu Hilfe kamen, wir wuschen uns oft die Hände, putzten uns täglich die Zähne, Stefa und Marysia saßen in warmen, sauberen Büros, während Pola – so hieß es – ganz elegant an der Maschine aussieht. Der Kommandant redet mit ihnen – hieß es –, er ist ihnen gewogen, sie haben sich seine Gunst erschlichen, uns aber sieht er gar nicht an.

Die wenigen Mädchen aus der Stadt änderten nichts an dieser Situation. Wir gaben uns Mühe, durch nichts aufzufallen, in der Menge zu verschwinden. Vielleicht war das der Fehler? Ich weiß es nicht.

Womit soll man die Vorgänge der folgenden Wochen erklären? Wir erklärten sie uns damals mit der Dummheit derer, die ihre Hand mit im Spiel hatten. Möglicherweise waren sie sich nicht darüber klar, daß sie das Urteil über uns sprachen. Ihre Reaktion am letzten Tag scheint darauf hinzuweisen. Möglicherweise waren sie nicht böse. Doch tief in ihnen verwurzelt steckte das Dickicht eines blinden Hasses, den sie schon mit der Muttermilch eingesogen hatten. Durch diesen Urwald primitiver Instinkte konnte man sich nicht durchkämpfen, weder mit dem Wort noch mit dem Herzen.

*

Es war ein Sonntagnachmittag Ende November 1942. Elżbieta sagte: »Den November haben wir überlebt, vielleicht überleben wir auch den Dezember.« Elżbieta glaubte, der Krieg würde im Januar zu Ende gehen.

Sie lag auf ihrer Pritsche unter der Decke, ihr Kopf ruhte auf einem kleinen Strohkissen mit aufgenähtem Handtuch, der Imitation eines Bezuges. Sie sprach mit leiser Stimme, die ihrem Glauben an das nahe Kriegsende widersprach. Sie war apathisch. Nach der Rückkehr aus der Fabrik legte sie sich hin, blieb mit geschlossenen Augen liegen, dann zog sie einen Packen Fotografien heraus, die sie entgegen aller Vernunft von daheim mitgenommen hatte, und betrachtete lange jede einzelne. Sie floh in die Vergangenheit, sie floh nach Hause.

Ich bat sie: »Steh auf, setz dich mit den anderen Mädchen an den Tisch, es ist nicht gut, sie zu meiden.«

Aber sie sagte: »Ich bin bei der Arbeit mit ihnen zusammen, das reicht, geh doch selbst.«

Die Mädchen saßen im Kreis rund um den großen Ofen in der Saalmitte. Hier verbrachten sie ihre arbeitsfreie Zeit, sie sangen, schrieben Briefe, hielten am Sonntag Gottesdienst und führten endlos lange Gespräche über ihr Zuhause.

»Fräulein Kasia, schreiben Sie für mich einen Brief...«

Es ist die Jüngste im Saal, die dreizehnjährige Anja, die in Vertretung ihrer älteren Schwester gekommen ist. Sie hat flachsblondes Haar, ein Kindergesicht, rote, wohl angefrorene Backen.

Ich schreibe: »Mit den ersten Worten meines Briefes sei gelobt Jesus Christus«, ich male große, krumme Buchstaben, aber Ania wundert sich trotzdem über meine Gewandtheit. Sie selbst kann weder lesen noch schreiben, für die Schule war keine Zeit da – sie mußte Kühe hüten, bei den Nachbarn für Lohn arbeiten.

»Und Sie selbst schreiben keinen Brief?«

»Ich habe schon geschrieben.«

»An Ihre Eltern?«

»Ich habe keine Eltern, ich bin Waise.«

»Fräulein Kasia«, sagt sie deutlich befangen, »ich möchte Sie etwas fragen...«

»Was denn?«

»Es heißt, Sie und die andere und noch eine, die Große, Schwarze, und noch eine...«

»Was denn?«

»Nun ja, daß Sie Jüdinnen...« Anias vergißmeinnichtblaue Augen blicken mich mit der Neugier eines Kindes an.

»Ach, die faseln dummes Zeug, die sind nicht richtig im Kopf, wer wird solchem Geschwätz glauben.«

Ania atmet erleichtert auf.

»Bestimmt sind die nicht richtig im Kopf. Es täte mir leid, Sie ähneln der Tochter des Lehrers in unserem Dorf. Ich mag Juden nicht.«

»Und warum? Das sind doch Menschen wie andere auch.«

Ania lacht: »Jetzt sind aber Sie nicht richtig im Kopf.«

*

So sind die Tage scheinbar ruhig, in Wirklichkeit aber voller Unruhe und Unsicherheit, der Boden ist schlüpfrig, durchfurcht von Vermutungen und Spekulationen. Wir spalten jeden Satzfetzen, jeden Blick, jedes Lachen, betrachten sie wie unter der Lupe – und warten. Das Gefühl der Umzingelung schon in diesen ersten Tagen, die Frage: was weiter?

Schmidt rief mich und sagte: »Zieh deinen Mantel an, warte an der Tür, *schnell, komm!*« »Wohin?« fragte ich, und die Antwort setzte mich in Erstaunen, denn Schmidt sagte: »*Spazieren*«, ein Wort, das es in der Lagersprache nicht gibt, vorläufig jedenfalls, solange sie keine Sonntags-Passierscheine ausgaben. Niemand ist bislang spazierengegangen, einzig Pola hat einmal einen Passierschein bekommen und ist wegen ihrer Stelle in der Pension irgendwohin gefahren. »*Alle spazieren?*« Nicht alle, nur wenige Mädchen.

Ich habe keine Lust zu diesem Spaziergang, ich will nicht zu den Auserwählten gehören. »*Los, los!*« Scharfer Befehlston.

Ich ziehe den Mantel an und binde das Tuch unter dem Kinn zusammen. An der Tür steht Marysia, sonst niemand. »Und die anderen?« Keine anderen, nur wir beide. Marysia schnell, leise: »Daß er ausgerechnet uns ausgewählt hat...« Die Luft betäubt uns. Der Fluß gurgelt unsichtbar in der Dunkelheit, die Straßen sind kaum beleuchtet und leer. Häßlichkeit.

»Viel Zeit haben wir nicht, *ein kleiner Spaziergang*, ein bißchen frische Luft«, lacht Schmidt und fragt: »Sagt mal, gefällt es euch hier? Seid ihr zufrieden?« Er hat uns beide nicht zufällig ausgewählt, denke ich. Nein, es gefällt uns hier nicht. Wir möchten nach Hause. Wir haben Heimweh. Wir wollen zurückkehren.

Marysia spricht ein korrektes Schuldeutsch, sie betont, sie hätte auf dem Gymnasium Deutsch gelernt. Der glockenförmige hellblaue Mantel, die Skischuhe, die handgestrickte bunte Mütze. »*Ich bin Studentin, ich habe Architektur studiert.*« Ich dagegen mit dem straff unter dem Kinn gebundenen Tuch, im Mantel mit einem Ledergürtel – nur »*nix gut verstehen*«. Die eine echt, die andere verkleidet, aber es hilft alles nichts. »Auch ihr habt keine Eltern?« wundert sich Schmidt. »So viele Waisen. Stefanie, die im Büro arbeitet, und ihre fröhliche kleine Kollegin, die haben auch keine Eltern.«

In einem kleinen, dunklen Laden kauft Schmidt Zeitungen und Zigaretten, wir aber Briefpapier, etwas, das wir ganz und gar nicht brauchen. Der Besitzer fragt: »Polinnen?«, und Schmidt bejaht: »Ja, Polinnen.« Beim Rückweg treffen wir auf der Brücke Russinnen, die zu ihren Baracken an der Ruhr gehen.

»Die gehen schon allein, ohne Betreuung, sie sind seit einigen Monaten hier. Aber auch ihr werdet euch in Kürze freier bewegen können. Wir müssen nur erst im Lager Ordnung machen. *Ordnung. Ordnung muß sein.* Angeblich gibt es Jüdinnen im Lager – einige.«

»Unmöglich«, rief Marysia.

»Juden nix Deutschland, Juden Ghetto«, rief ich.

»Möglich, daß es Gerüchte sind, doch das muß man klären. In nächster Zeit wird der Fall genau untersucht, die Papiere überprüft. Falsche Papiere! *Eine Frechheit ist das! Eine jüdische Frechheit!* Die werden dahin geschickt, wo sie hergekommen sind, oder es wird hier an Ort und Stelle mit ihnen Ordnung gemacht.«

Wir stehen am Lagereingang, hinter den Türen hören wir gedämpften Lärm.

»Nun, war's schön auf dem Spaziergang?«

»Sehr schön.«

Wir wechseln kein Wort, Marysia und ich, sondern gehen zu unseren Pritschen.

»Weißt du«, begrüßt mich Elżbieta, »die reden schon laut davon, die dort am Ofen.«

»Über wen?«

»Ganz allgemein. Und er?«

»Er hat gesagt, daß er weiß... und daß sie Ordnung machen müssen.«

Ich beschloß, mit Stefa zu sprechen. Sie war schneller. Noch am Abend kam sie in unsere Ecke.

Von Hanias Pritsche drang lautes Schnarchen herüber, wir konnten frei reden.

»Ich will schon lange mit dir sprechen.«

»Ich auch.«

»Wir sind in derselben Lage. Und Schmidt weiß angeblich von uns.«

»Bestimmt. Er hat ganz offen zu Marysia und mir gesagt...«

»Im Saal war auch davon die Rede.«

»Wir müssen fliehen.«

»Ich denke, das ist noch zu früh. Ich habe den Eindruck, es wird sich beruhigen.«

»Wie denn – beruhigen? Er weiß doch. Begreifst du nicht, was das bedeutet? Was uns droht?«

»Er ist uns eher wohlgesonnen.«

»Ich glaube nicht an sein Wohlwollen, ich habe kein Vertrauen zu ihm. Ich habe Angst vor seinem Wohlwollen. Heute hat er uns deutlich gesagt, daß diese Angelegenheit in nächster Zeit genau untersucht wird. Daß sie unsere Papiere überprüfen und uns nach Polen zurückschicken oder hier an Ort und Stelle mit uns Ordnung machen – so hat er das bezeichnet. Wir müssen fliehen.«

»Laß uns noch ein bißchen warten. Ich bin gegen Improvisieren. Wohin denn fliehen? Unsere Papiere sind bei Schmidt. Fliehen ohne Papiere? Wir müssen uns gegenseitig über jede Beobachtung informieren und uns voneinander fernhalten. Laß uns doch warten. Später sehen wir dann...«

Nach dem Gespräch mit Stefa spüre ich Erleichterung, obgleich mich ihre Argumente nicht überzeugt haben. Aber Stefa ist sehr ruhig und ausgeglichen im Gegensatz zu mir Hitzkopf, vielleicht hat sie wirklich recht. Ich wünsche mir sehr, daß sie recht hat, glaube es aber nicht.

*

Am nächsten Sonntag gab Schmidt zehn Passierscheine aus. Unter den Privilegierten waren sechs von »uns« oder von den »Städtischen« nach unserem Code, der das Wort »Jüdin« ersetzt. Anfangs wollte ich meinen Passierschein unserer Nachbarin Hania abtreten, tat es aber nicht, weil ich beschloß, mich in der Umgebung umzusehen.

Die Mädchen gingen in den Wald spazieren, Elżbieta und ich in die Stadt. Nach kurzer Zeit holten uns Zosia und Anielka ein, das häßliche Mädchen, deren stark kurzsichtige Augen sich hinter dicken Gläsern verbargen. Sie war die einzige, die uns von Anfang an ihre Zuneigung und Freundschaft bekundet hatte. Sie tat das auf natürliche und diskrete Weise, ohne irgend etwas zu fragen.

Wir liefen ziellos durch monotone graue Straßen. Die Stadt selbst interessierte mich nicht, ich wollte nur wissen, wo sie lag. Deshalb suchte ich nach Wegweisern, sie nannten die Entfernungen nach Dortmund und Hagen. Die ganze Zeit über verließ mich der Gedanke nicht, daß wir jetzt fliehen könnten. Wir waren beide zusammen, hatten ein paar Groschen in der Tasche und zwei Stunden Zeit. Wer weiß, wann sich wieder eine solche Gelegenheit bieten würde?

Aber hatte ich nicht Stefa versprochen, vorläufig zu warten? Und war es wirklich vernünftig, blindlings zu fliehen, ohne Plan? Nein, auf eine Flucht war ich nicht vorbereitet oder vielmehr, ich war nur theoretisch darauf vorbereitet.

Ich stand vor einem Schaukasten mit Filmfotos, ein Wehrmachtsoffizier umarmte eine Blondine in rückenfreiem Abendkleid, ich dachte: Flieh! und fühlte nichts, keinen Antrieb.

Aber Zosia erriet meine Gedanken, denn sie sagte plötzlich: »Wenn ihr fliehen wollt, mußt du es mir sagen. Ich fliehe mit euch.«

Als wir ins Lager zurückkehrten, trafen wir den Rest der Mädchen in Gesellschaft einiger Polen an, die auf dem Land bei Bauern arbeiteten. Sogleich bemerkte ich die roten Flecke in Marysias Gesicht und Paraskas übermäßige Redseligkeit. Die jungen Leute bedachten uns mit interessierten Blicken. Abends erzählte mir Stefa, sie seien sofort über die nationale Zusammensetzung des Lagers informiert worden: Ukrainerinnen, Polinnen und sechs Jüdinnen.

*

Elżbieta rüttelte mich. Ich war auf der Stelle hellwach. So hatte man uns mit dem Wort »Aktion« geweckt.

Im Saal war es dunkel, doch niemand schlief. Der Saal dröhnte von Gelächter von wilder, sich steigernder Hysterie. Irgendwo vom Oberstock der Pritschen ertönte der Schrei: »Jüdinnen zurück ins Ghetto!«

Wir lagen erstarrt. Hanias untere Nachbarin saß auf ihrem Bett und lachte leise, verlegen.

»Hania, was ist los, warum lassen sie uns nicht schlafen? Schämen die sich nicht – was denn für Jüdinnen?«

»Ach, eine Dumme...«

»Und selbst wenn es hier Jüdinnen gäbe, was soll das? Sie haben schon genug gelitten.«

Doch was nützte es, Hania zu überzeugen? Sie gehörte ohnehin zu den Ruhigen, die sich nicht in fremde Angelegenheiten mischen. Man hätte aufstehen müssen und es laut sagen – dem ganzen Saal. Aber ich als Verdächtige konnte das nicht tun. Ins Gewissen reden mußte ihnen jemand, der eine reine Herkunft und einen sauberen Leumund hatte. So jemand fand sich nicht.

Vor allem schrie Marusia, die Prostituierte aus Lemberg. Sie saß halb angezogen auf ihrer Pritsche, ihre vollen weißen Brüste waren aus dem Hemd geglitten. Sie schäumte – hochrot vor Anstrengung und Geschrei. Wer weiß, vielleicht wären uns die Nerven durchgegangen. Aber plötzlich ging die Tür auf, und Schmidt machte Licht. In den eilig hochgezogenen Hosen, mit den herabhängenden Hosenträgern sah er nicht bedrohlich aus. Drohend war nur seine Stimme.

»*Ruhe!* Es ist erst vier! Schlafen! *Schlafen!*«

Nachdem er fortgegangen war, lachte niemand mehr laut. Ein ganz leises, von den Wolldecken gedämpftes Lachen zog durch den Saal. Und dieses ganz leise Lachen entsetzte mich mehr als die hysterischen Schreie.

*

Wie zum Trotz begann Glattke morgens ein Gespräch. Er wunderte sich, warum ich so gern nach Polen zurückkehren würde, wo ich doch keine Familie hätte. »Polen ist meine Heimat«, erläuterte ich. Mit einer scharfen, dünnen Feile feilte er einen Eisenstab und fragte, ganz auf diese Arbeit konzentriert, wie nebenbei: »Sag mal, magst du die Juden?«

Nachts konnte ich nicht einschlafen. Immer wieder rekonstruierte ich diesen Augenblick, mein Verhalten, meine Antwort, war ich rot geworden oder blaß?

»Ich alle Menschen gern, wenn Menschen gut.«

Ich erinnerte mich an das Lächeln, mit dem er meine Worte quittiert hatte. Katarzyna sagte zu mir: »Du Idiotin«, und ich zu ihr: »Ich konnte nicht anders.« Ich dachte an Flucht. Warum fliehen wir nicht, worauf warten wir noch? Ich wußte es nicht.

*

Die deutschen Frauen aus dem Büro haben Stefa erzählt, in der Stadt lebten einige einheimische Jüdinnen. Sie kehren die Straßen.

*

Marusia schrie nicht nur in jener Nacht, sondern noch häufig, wenn auch weniger laut. Bald darauf fiel das Wort »Jüdin« zum erstenmal in der persönlichen Begegnung.

Es war schon spät, Schmidt hatte den Saal abgeschlossen, beeilte sich aber nicht auf dem Rückweg. Jemand schaltete das Licht im Saal aus, jemand schrie: »Mach das Licht an, du Jüdin!«

Das Licht ging an, neben dem Schalter stand Paraska.

»Ich bin genauso Jüdin wie du, leck mich doch am Arsch«, wehrte sie sich.

Die Bremsen versagten. Die hungrigen, ihrem Schicksal grollenden Mädchen hatten ein großes Thema gefunden: die Juden.

An der Spitze stand eine kleine Gruppe unter Führung der Prostituierten Marusia, der Rest hörte sich passiv, aber mit Vergnügen die Geschichten und Witze an. Wir versuchten, jede für sich, jede auf eigene Faust, dieses Thema zu unterdrücken. Manche schwiegen für einige Zeit, andere lächelten bedeutsam.

Und dennoch gelang es, sie zur Ruhe zu bringen. Geschafft hat das Paraska, die eines Sonntags, als beide einen Passierschein erhielten, Marusia zu einem Bier einlud. Wovon beim Bier die Rede war, blieb unbekannt. Marusia kam verwandelt, still und sanft zurück.

»Ich habe sie zur Vernunft gebracht«, erklärte Paraska.

Wenige Wochen später erkrankte Marusia schwer und kam ins Krankenhaus. Wir sahen sie nicht wieder.

*

Endlich kam Ordnung in die Essensausgabe. Lena war zur Köchin ernannt worden, ein sanftes Mädchen mit freundlich blickenden Augen und schönen, bis zum Gürtel reichenden Zöpfen, die Nachbarin von Helena Pajączkowska, die behauptete, sie sei wegen dieser Nachbarschaft nicht in unsere Ecke gezogen. Helena arbeitete gleichfalls in der Küche, wurde dick und vulgär.

Die Verpflegungsfragen waren zu dieser Zeit so wichtig geworden wie in jedem Lager. Wir waren hungrig. Bei jeder Mahlzeit gab es Kämpfe um den Nachschlag und um größere Portionen. Die gerechte Lena tat, was sie konnte, erkannte weder Protektion noch kräftige Ellbogen an. Die Steckrübensuppe hatte außer ihrem widerwärtigen Geschmack die Eigenschaft, daß sie den Hunger nur für eine Stunde stillte. »Lena, gib Dickes«, »Lena, gib mehr«... Ich holte mir nie einen Nachschlag.

Beim Treppensteigen gaben meine Knie nach, Elżbieta magerte ab, doch der Wunsch nach einer weiteren Portion wurde von der Furcht gedämpft, ein gefährliches Wort zu hören.

Eines Tages, als ich nach dem Essen meine Schüssel unter dem Wasserhahn wusch, stand plötzlich wie aus dem Nichts Schmidt vor mir.

»Hast du schon gegessen?«

»Ja.«

»Warum nimmst du nicht noch eine Portion?«

»Ich will nicht, ich habe genug.«

Er warf mir einen Blick zu, ich sah, er hatte verstanden. *»Komm.«*

Ich wollte nicht gehen. Er faßte meine Hand und führte mich zum Kessel. »Noch eine Portion«, befahl er.

Ich sagte zu Lena: »Gib erst denen, die noch nicht gegessen haben, hör nicht auf ihn.«

»Noch eine Portion, *sofort!*«

Gehorsam und erstaunt goß mir Lena ein wenig Suppe in die Schüssel.

»Eine volle Schüssel!« befahl er. »*Voll!*«

Empörung im Saal. »Sie ist wegen einer zweiten Portion zum Kommandanten gegangen, andere haben noch nicht einmal die erste gekriegt.«

Ich versuche, Schmidt zu meiden, ich gehe ihm aus dem Weg.

*

Im Saal erschienen zwei Deutsche, die nachts abwechselnd mit Schmidt Dienst taten. Der eine war ein hageres, kleines Männchen, dumm und voll panischer Angst vor Schmidt; wir gaben ihm den Spitznamen Ghandi. Der andere, mit schief sitzendem Hütchen und müdem Gesicht, hieß Müller. Ghandi konnte sich keinen Augenblick lang Autorität verschaffen, auf sein *»Ruhe«* oder *»still sein«* reagierte niemand. Er selbst scherzte übrigens lieber mit den Mädchen, statt zu kommandieren, und erfuhr dank dieser ungezwungenen Beziehungen sofort von den sechs Jüdinnen. Wenn er uns sah, zog er die Brauen zusammen, er sprach nie mit uns.

Ganz anders Müller. Während eines seiner ersten Dienste traf er uns alle bei Zosia an, es war spät, die meisten Mädchen schliefen. *»Schlafen gehen«*, sagte er in der Sprache für Ausländer, *»morgen müde.«* Und nach einer Weile fügte er hinzu: »Ich weiß von dem Verdacht gegen euch. Mir ist es völlig gleichgültig, wer ihr seid.« Er sprach das Wort »Jüdinnen« nicht aus und kam nie wieder auf dieses Thema zurück. Manchmal brachte er uns einige Flaschen gutes dunkles Bier. Er war schüchtern und komisch mit seinem traurigen Gesicht. Aber mit Zosia sprach er über dieses Thema, nur mit ihr. Er verliebte sich in Zosia und schenkte ihr einen Anhänger mit Lämmchen, den sie bis zum heutigen Tage trägt.

*

Jede Woche bei der Postverteilung erwartete ich, daß der Name Katarzyna aufgerufen wurde. Schließlich kam ein Brief.

Halinka schrieb, sie habe keine Hoffnung, Marian aus dem Gefängnis herauszuholen, der Rechtsanwalt habe das von ihrer Kusine aus Z. mitgebrachte Geld erhalten, aber weitere Bemühungen abgelehnt. Der Brief war kurz und schloß mit den Worten: Gott sei Dank, daß es euch geglückt ist. Von Vater kein Wort.

Nachts lag ich schlaflos. Die Angst um meinen Vater kehrte wieder, ebenso die bisher durch die Angst um mich selbst unterdrückte Angst um Marian. Die ins Unterbewußtsein verdrängte Vergangenheit lebte auf, die Gewissensbisse kehrten zurück. Ich lag schlaflos, ich spürte das Weinen in mir, aber meine Augen blieben trocken.

Marysia bekam auch einen Brief, von ihrer Kusine Paulina, die im Sudetenland bei einem Bauern arbeitete. Paulina ging es vortrefflich. Aus ihren vorsichtig formulierten Mitteilungen entnahmen wir, daß niemand sie verdächtigte, Jüdin zu sein, sie hatte keinen Ärger und arbeitete auf dem Hof nicht allzu schwer. Wir beneideten sie. Ich dachte an den Gärtner und den Restaurator in der hessischen Kleinstadt. Paulina und Marysia schrieben einander häufig. Die Umstände weisen darauf hin, daß diese scheinbar belanglose Tatsache über Paulinas, Marysias, Elżbietas und mein Schicksal entschieden hat.

*

Im Lager mehrten sich Krankheiten – Durchfall, Fieber unbekannter Ursache, Krätze. Der Abort war ständig besetzt und schmutzig, der Urin sickerte in den Saal, an der Tür gab es einen stinkenden kleinen See. Die Seife, die wir zugeteilt bekamen, reichte für eine Woche, bei Sparsamen für zwei. Sie war hart und gelblich, die Mädchen sagten: aus Juden gemacht.

Bei der Arbeit passierten Unfälle, abgetrennte Finger, Verbrennungen. Eines Nachts wurde Elżbieta gebracht. Sie arbeitete in der Nachtschicht und war während der Pause, an die Maschine gelehnt, eingeschlafen; in Gang gesetzt, war ihr eines der Zahnräder über den Rücken gefahren.

Die Wunde war tief und scheußlich. Schmidt gab mir etwas Salbe und ein Stück Verbandsstoff, Elżbieta lag einige Tage und ging dann trotz Schmerzen wieder zur Arbeit. Sie wollte nicht allein im Lager liegen, sie fürchtete die Einsamkeit. Jeden Abend versorgte ich ihre Wunde, doch da ich kein antiseptisches Mittel hatte, eiterte sie, statt zu heilen.

Wir regten uns darüber nicht auf, es gab andere, wichtigere Dinge.

Das Auftauchen zweier Deutscher in Zivil, die mit Schmidt in den Saal traten, versetzte uns in Panik. Sie schlossen sich im Dienstzimmer ein, wohin bald danach Stefa gerufen wurde. Sie kam schnell wieder. Die beiden hatten ihre Papiere geprüft, etwas notiert, sie wortlos angeschaut. Zum ersten Mal sah ich Stefa in Erregung, aus dem Gleichgewicht gebracht.

Kurz nach diesem Zwischenfall verließen wir unsere dunkle Ecke und zogen in die Nähe der »Städtischen«. Zwei Plätze nebeneinander fanden sich nur unter den Pritschen von Helena und der Köchin Lena. Wir »wohnten« jetzt alle (denn auch Zosia floh von Pola) nahe beieinander und hörten allen Geboten der Vernunft zum Trotz auf, Vorsicht walten zu lassen. Allein Marusia wahrte noch den Schein: Tagsüber hielt sie sich von uns fern, und nur nachts kam sie zu Gesprächen.

Wir versammelten uns jetzt jeden Abend bei einer von uns. Im ersten Schlaf schliefen die Mädchen fest, die Tür zum Dienstzimmer war abgeschlossen. Wir saßen, eine neben der anderen, eng gedrängt auf einer Pritsche und besprachen die Beobachtungen und Vorgänge des vergangenen Tages: was Schmidt gesagt, wie er sich verhalten, wie jemand hingeschaut, was für eine Bemerkung er gemacht hatte. Doch das Gespräch kam schnell auf unsere persönlichen Angelegenheiten. Leichtsinnig und unvorsichtig wie wir waren, wußten wir alles voneinander. Gemeinsam fühlten wir uns wohl. (Katarzyna verließ mich immer häufiger.)

Wir saßen da auf der engen Pritsche, eine neben der anderen: Zosia, die Älteste, ihre Eltern waren in Bełżec umgekommen, ihr Mann, ein Buchhalter, im Ghetto geblieben; sie wartete auf Nachricht von ihm, die nicht kam. Stefa, die Frau eines Arztes (auf einer kleinen Amateurfotografie sieht man sie einen Feldweg entlanggehen, beide groß, braungebrannt, ein schönes Paar. Auf den Feldern die geschnittenen Garben). Ihr Mann hielt sich auf dem Land versteckt. Marysia, die Architekturstudentin. Ihre Mutter ist bei einer Aktion umgekommen, ihr kleiner Bruder mit ihrem Vater im Ghetto geblieben. Die kleine, schelmische Paraska ist Mutter eines einjährigen Söhnchens; beide, Vater und Sohn, sind im Ghetto der Kleinstadt geblieben.

Und wir zwei. Elżbieta ist die Jüngste.

Es gab im Lager noch eine Jüdin, ich werde sie in Kürze kennenlernen. Im entscheidenden Augenblick verband sie sich mit uns und zerriß dieses Band noch rechtzeitig.

Sieben von hundert. Ich erinnerte mich daran, was der

Leiter des *Sammellagers* in Lemberg gesagt hatte: Ihr habt euch zu spät aufgemacht, jetzt kennen alle diese Methode, ihr hättet früher fahren müssen.

*

Weihnachten nahte. Pakete kamen und Briefe mit beigelegten Oblaten und Wünschen für ein gesundes Fest, hoffentlich das letzte in der Fremde.

Weihnachtliche Stimmung herrschte, es wurde stiller und ruhiger. Das heranrückende Fest weckte Erinnerungen, fremde Dinge schienen in den Hintergrund zu treten.

Im Saal wurde ein Christbaum aufgestellt, es duftete nach Wald. Marysia brachte aus der Zeichenabteilung Seiden- und Buntpapier mit, wir schnitten Schmuck, Sterne, Ketten aus. Die Mädchen wuschen sich und drehten sich Locken, am Tisch wurde laut beratschlagt, ob die Ukrainerinnen, deren Festtage nach dem julianischen Kalender zwei Wochen später waren, am Heiligen Abend mit den Polinnen zusammensitzen sollten. Nein, sie wollten keinen Heiligen Abend mit den Polinnen, für die Polinnen wurde ein besonderer Tisch gedeckt, aber nach dem Abendbrot würden alle zusammen Weihnachtslieder singen.

Diese festliche Atmosphäre reizte Elżbieta. Sie lag schweigend auf der Pritsche, in Gedanken versunken, mehr als sonst sehnte sie sich nach Hause. »Welches Zuhause? Wir haben kein Zuhause, hör auf mit den Erinnerungen.« Es hilft nichts. Elżbieta wird nur während unserer Nachtgespräche aufleben und sehr an Stefa hängen. »Laß uns zusammenhalten«, sagte Stefa, »wir beiden Schwarzen.«

Marysia ist glücklich, denn eine Deutsche aus der Zeichenabteilung hat sie am ersten Feiertag eingeladen; sie wollen zusammen in die Kirche gehen und dann zum Mittagessen. »Das heißt, bei mir in der Zeichenabteilung wissen sie nichts, stimmt's?« fragt sie der Reihe nach jede von uns, und wir antworten: »Bestimmt wissen sie nichts, andernfalls hätte sie dich nicht eingeladen, vergiß nur nicht, Kippen mitzubringen.«

Auf der Pritsche liegend, sah ich die – für mich stumme – Szene an der Tür mit an, die Szene zwischen Schmidt, jener Deutschen, die gekommen war, um für Marysia Urlaub aus dem Lager zu erbitten, und Marysia, die bescheiden, sehr hübsch und mit roten Backen abseits stand. Ich sah Schmidt den Kopf schütteln, irgend etwas sagen und die Deutsche erstarren. Dann trat sie auf Marysia zu und verließ schnell den Saal. Er hat es ihr gesagt! dachte ich, und gleich darauf wiederholte Marysia entsetzt und mit Tränen in den Augen: »Er hat's ihr gesagt, er hat's ihr gesagt!« »Woher weißt du das? Hast du's gehört?« Nein, sie hatte nur Frau Grünes Aufschrei gehört: *»Ach, du lieber Gott!«* und dann das trockene: *»Der Herr Kommandant erlaubt's nicht.«*

Er hat's ihr gesagt.

Wir sitzen verwundert, schweigend. Die Tanne duftet, die Mädchen drehen sich die Locken, Schmidt treibt sich im Saal herum. Eigentlich ist nicht klar, warum wir uns wundern.

Zum feierlichen Abendbrot gibt es Hering in Öl und süßliche Kartoffeln mit Zwiebeln. Der Tisch ist mit einem weißen Laken bedeckt, in den Gesichtern der Mädchen – wir sind fünfzehn Polinnen – spiegelt sich Rührung. Tränen dicht unter den Lidern. Wir teilen uns die Oblate, wir küssen uns. Wieder denke ich, was ich schon einmal gesagt habe: Vielleicht verbinden uns dieser gemeinsame Heilige Abend und die Umarmungen. Wenigstens mit dieser kleinen Gruppe...

Wir essen schweigend. Der Hering ist salzig. »Daß wir Mädchen übers Jahr wieder daheim sind, daß der Krieg zu Ende ist«, wünscht eine von uns mit erhobenem Wasserglas.

Nach dem Abendbrot setzen wir uns alle rund um den Weihnachtsbaum. Krippenlieder, gesungen bei Tadeusz, dem Freund aus Kindertagen, und deshalb wohlbekannt, »In der Krippe liegt er«, »Stille Nacht, heilige Nacht«. Wir singen laut, deutlich. Plötzlich fällt in den Gesang ein Schrei: »Laß sie doch allein singen, laß sie zeigen, was sie können«, und der Chor verstummt. Wir singen weiter. Nur Elżbieta springt von der Bank auf und läuft zu ihrer Pritsche. Sie weint laut und verzweifelt, man hört ihr Weinen im ganzen Saal.

*

Der erste Feiertag ist arbeitsfrei. Im Saal tönt es von Gebeten, Krippenliedern, endlosen Litaneien.

Wir aber durchdenken die Ereignisse vom Vortag: die Sache mit der Deutschen, mit den Krippenliedern, und noch etwas sehr Wichtiges: Schmidts Verhalten uns gegenüber hat sich seit einigen Tagen geändert. Schmidt hat sich geändert. Er ist feindselig, scharf, verächtlich, oder er bemerkt uns nicht, ignoriert uns. Man könnte sagen: Jetzt verhält er sich normal. Seine frühere unnormale Freundlichkeit und Aufmerksamkeit, die mich mißtrauisch machte, gilt jetzt anderen. Abends ist er von einem Haufen Mädchen umringt, er amüsiert sich mit ihnen und scherzt, die am meisten Begünstigten nimmt er mit in die Wirtschaft zu einem Bier. Das Dienstzimmer ist ständig voll, alle Augenblicke läuft dort jemand unter irgendeinem beliebigen Vorwand hinein. Die Mädchen sind von der unverhofften Gnade des Kommandanten begeistert, endlich haben sie »ihren«

Mann. (Der Männermangel setzt manchen immer mehr zu, »die Tugend hat sich aufs Gehirn geschlagen«, wie sie sagen; es gibt auch einige lesbische Paare.) Schmidt bevorzugt einige Mädchen offensichtlich, vor allem Pola, die immer häufiger von der Stelle in dem Kurort spricht.

Der Verlust der Gunst von »Comme-ci-comme-ça« bekümmert uns nicht, im Gegenteil, wir sind befriedigt, daß ein Grund zur Eifersucht weggefallen ist. Nur die Ursache dieser Veränderungen beunruhigt uns. Warum hat Schmidt sich plötzlich so gewandelt? Was weiß er? Was hat er mit uns vor?

Ahnen wir, daß uns nicht viel Zeit bleibt, daß die Geschehnisse auf einem neuen Gleis rollen, in schnellem Tempo, daß diese Feiertage ein Wendepunkt sind?

»Was ist mit euch, Mädchen?« fragte Michasias leise, melodische Stimme. »Stefka, ich habe eine Bitte an dich.«

Michasia ist ein schlankes, melancholisches Mädchen mit langen Zöpfen und einem sehr kleinen Gesicht. Das seltsamste Mädchen im Saal. Manchmal scheint es, als wäre sie nicht normal, vor allem dann, wenn sie lacht, man weiß nicht, warum, ganz leise, überspannt, oder wenn sie ein wenig unsinnig redet. Doch meistens ist sie traurig und schweigsam und wie abwesend, sie wäscht sich alle vierzehn Tage und legt das schwere, karierte Tuch nicht ab, das ihren Kopf und Rücken bedeckt. Sie kennt eine endlose Zahl ukrainischer Volkslieder und singt sie in traurig klagendem Ton. Vor den Deutschen hat sie panische Angst.

»Stefka«, sagt sie auf ukrainisch, »gib mir für heute ein Kleid, ich bin diese Lumpen leid. Ich gebe es dir abends zurück, keine Angst, ich klopfe es aus und verjage die Läuse.«

»Wozu brauchst du ein Kleid, Michasia?«

»Gib's mir, Stefka, gib's mir, ich habe einen Passierschein, ich gehe spazieren, ich will nicht in Lumpen gehen, es ist doch Feiertag.«

Sie zog Stefas Kleid an, ihren Mantel und ihre Schuhe. Die Zöpfe steckte sie sich in Schnecken auf die Ohren, das gewöhnlich von dem Tuch halbverdeckte Gesicht gewann Ausdruck, die Augen wurden riesengroß. Es war nicht mehr dieselbe Michasia, ein neuer Geist schien in sie eingezogen zu sein. Biegsam, mit schmaler Taille, drehte sie sich tanzend in der Runde und rief: »Bin ich nicht hübsch?«

Man betrachtete sie verwundert und schweigend.

»Wenn der Mensch sich anzieht, sieht er ganz anders aus«, stellte sie plötzlich im Ernst fest.

Jemand lachte laut auf. »Ja, ganz anders ... wie eine Jüdin.«

Stefa wußte es, sie kannte sie aus der Vorkriegszeit. Michasia war Jüdin – eine Bäuerin. Sie spielte weiterhin großartig die Rolle eines nicht ganz normalen, primitiven Mädchens – der Vorfall versank in Vergessenheit. Bis zum Schluß hielt sie sich von uns fern und kam nur heimlich zu Stefa, um sich zu informieren. Das Geschehnis am ersten Weihnachtsfeiertag hatte Angst in ihr geweckt – sie glaubte, sie müsse unser Schicksal teilen.

*

Es war unmittelbar nach dem Fest. Mit einer Gummischürze bekleidet, reinigte ich die Maschinen in der Schlosserei. Wir sind leichtsinnig und dumm, dachte ich, wir sollten schnellstens fliehen, aber wir hocken, die Hände im Schoß, und schwatzen. Nach all den Warnzeichen ...

In Gedanken versunken, bemerkte ich Glattke nicht, der neben mir stand und meiner Arbeit zusah. Er war von ihr keineswegs begeistert.

»Ab morgen wirst du im Büro arbeiten, *bei Herrn Klautz*«, sagte er.

Ich erschrak. Noch eine im Büro, noch ein Grund zum Neid.

»*Nix wollen.*«

»Niemand fragt dich nach deiner Meinung, du hast dort zu arbeiten, wo man dich hinschickt.«

Das Büro befand sich im Obergeschoß, in einem verglasten Raum dicht über der Hauptmaschinenhalle, allen Blicken von dort her ausgesetzt. Eine gläserne Innenwand trennte es von dem Zimmer, in dem die Schreibkräfte saßen. Ich war nun in Stefas Nähe. Ohne mich von meinem Platz am Tisch zu rühren, konnte ich sie, über die Schreibmaschine gebeugt, sitzen sehen.

Meine Arbeit bestand im Vermessen von Stahlproben, die zur Produktion von Flugzeugteilen bestimmt waren. Beim Anblick eines Rechenschiebers täuschte ich absolute Unkenntnis vor und konnte tagelang nicht begreifen, wie ich mit diesem Gerät umgehen sollte. Aber Klautz, mein neuer Chef, war geduldig: Er erklärte, demonstrierte, wiederholte – schließlich mußte ich es verstehen.

Klautz, ein brünetter Mann mit Hitlerbärtchen, war mir vom ersten Blick an unsympathisch. Der zusammengepreßte, schmale Mund, die bohrenden Augen verhießen nichts Gutes. Ich durchschaute ihn auf Anhieb: böse, mißgünstig, rachsüchtig. Bei der Arbeit erwies er sich als sehr anspruchsvoll und pedantisch, jeden Irrtum bezahlte ich mit einem Krach, und als ich es eines Tages satt hatte und den Wunsch äußerte, in die Schlosserei zurückzukehren, geriet er in Wut und hielt mir eine Standpauke über die Pflichten der Zwangsarbeiter im Dritten Reich. Zum Glück schaute er mit der Zeit immer seltener in das Büro, er erschien nur noch zur Kontrolle und um die Meßergebnisse abzuholen, die ich in ein dafür bestimmtes Formular eintrug. Mein direkter Chef war ein älterer, jovialer Deutscher, der binnen kurzem zur Wehrmacht geholt wurde. Ich blieb allein mit dem halbwüchsigen Praktikanten Heinz, einem eingebildeten Lümmel aus der HJ. Er versuchte, mir zuzusetzen, aber ich wurde leicht mit ihm fertig. Da schwenkte er um. Er vertraute mir an, daß er sich vor der Einberufung fürchte; am liebsten wäre er aufs Land gefahren, zu seinem Onkel, der Bauer war und über reichlich Speck und Wurst verfügte. Er träumte von der Wurst.

Von meinem Tisch aus überblickte ich die Fabrikhalle. Ich sah, wie die Mädchen aus unserem Lager die schweren, beladenen Wagen schoben, wie sie das Eisenzeug schleppten. Sie hatten verschmierte Gesichter, sie trugen schmutzige Gummischürzen und Holzpantinen. Ich schob den Tisch zur Seite, damit sie mich nicht sehen konnten. Aber ich mußte auch hinuntergehen, zusammen mit Klautz und Heinz. Ich ging, Notizblock und Bleistift in der Hand und rot vor Scham. Sie schauten mir neidisch nach.

*

Eines Morgens fand ich auf meiner Pritsche zehn Tagesrationen Brot. Das war ein Geschenk von Elżbieta zu meinem Geburtstag, den ich selbst vergessen hatte. Elżbieta hatte zehn Tage lang kein Brot gegessen, sondern es für mich beiseite gelegt.

Stefa brachte mir eine Brosche. Abends aßen wir alle gemeinsam das Brot auf.

*

Nach dem Abendbrot gingen sie mit Schmidt fort – Pola, Helena und noch einige Mädchen. Daran war nichts Besonderes, in letzter Zeit gingen sie oft mit dem Kommandanten ein Bier trinken. Aber noch am selben Abend erreichten uns Gerüchte, Schmidt sei mit ihnen nicht in die Wirtschaft gegangen, sondern zum... Zahnarzt. Erst nach einigen Tagen verbreitete sich das Gerücht, das sei kein Zahnarzt gewesen, sie hätten wohl etwas unterschrieben...

Anielka bestätigte diese Nachricht. Das häßliche, kurzsichtige Mädchen trug uns alles zu, was sie an Mitteilungen über uns aufschnappte, wobei sie immer wieder hinzufügte: »Das wird sich in Kürze klären, dann habt ihr Ruhe!« Sie zwang uns nie zu offenem Eingeständnis und tat so, als handle es sich um Gerüchte und grundlose Verdächtigungen. Diesmal – es war ein Sonntagnachmittag – kam sie verängstigt angelaufen und sprudelte, ganz ihrer Gewohnheit entgegen, sofort heraus: »Ich war in der Küche. Schmidt kommt mit zwei Zivilisten. Ich fürchte, es geht um euch. Neulich abend haben sie die Anzeige unterschrieben, ich habe selbst gehört, wie sie es erzählten, vor mir scheuen sie sich nicht. Nur beschwöre ich euch, verratet nicht, daß ich es euch gesagt habe.«

Sie schaut uns mit halbgeschlossenen, kranken Augen an, sie ist nervöser als wir. Denn wir sind plötzlich ganz ruhig. Es ist geschehen. Wer hätte vermuten können, daß »Zahnarzt« das Deckwort sein würde?

In der weit geöffneten Tür stehen Schmidt und zwei Deutsche in Zivilkleidung. Die frische Luft von draußen dringt herein, erst jetzt spürt man, welcher Mief im Saal herrscht. Anielka flieht, Marysia schleicht sich zwischen den Pritschen davon: »Damit sie uns nicht zusammen sehen.«

»Das hat jetzt keine Bedeutung mehr«, sagt Stefa und rührt sich nicht von der Stelle.

Der Lärm legt sich, im Saal setzt durchdringende Stille ein.

»Ja!« sagt Schmidt mit lauter Stimme, »wir sind gekommen, um zu prüfen, ob ihr alle da seid! Ob niemand abgehauen ist!«

Alle drei gehen durch den Saal auf die Pritschen zu.

»Diese, diese, diese«, sagt Schmidt und zeigt auf mich, auf Stefa, Paraska, Zosia, auf Elżbieta und die auf ihrer Pritsche sitzende Marysia.

»Also, alle sind da?«

Sie sind gegangen. Noch ist die frische Luft im Saal zu spüren, doch sie verfliegt bereits in dem dicken Mief.

»Um uns geht es nicht«, sagt eine Stimme erleichtert, »nur um sie.«

*

Es ist geschehen. Warum haben sie uns nicht mitgenommen? Was heißt »ob niemand abgehauen ist«? Warum fliehen wir nicht... Worauf warten wir?

Schmidt ist wieder im Saal, zufrieden, mit gnädigem Gesicht, amüsiert. Er hat einen großen Karton voll Kämme, Nähgarn und Strickwolle mitgebracht.

»Da soll jemand zu sagen wagen, es ginge ihm hier schlecht...«

Welche Freude! Wie viele Hände strecken sich den herrlichen Gaben entgegen! Ohne auf die vielen Mädchen rundum zu achten, ruft Schmidt laut nach Zosia, die einzige von uns, die er bisher beachtet hat, und händigt ihr einen großen roten Kamm und einige Knäuel Wolle aus.

Zosia versteht nicht, was das bedeutet, sie fragt uns, was sich dahinter verbirgt, warum er ausgerechnet sie als erste aufgerufen hat, ausgerechnet sie, die er nicht leiden kann, und das jetzt, nach dem Weggang der Geheimen. »Versteht ihr das?« fragt sie.

Nein. Wir verstehen Schmidt nicht, wir verstehen uns nicht.

Er wirft den leeren Karton in die Ecke und kommt auf mich zu.

»Warum hast du dich nicht gemeldet? Meinst du, Strickwolle und Nähgarn kannst du nicht gebrauchen?«

»*Nix nötig*«, antworte ich.

*

Wieder ist Nacht, lange, schlaflose Nacht. Wir liegen angezogen auf den Pritschen und warten. Durch die dicken Mauern der Fabrikhalle dringt das Jaulen der Entwarnung vom Fliegeralarm. Das Türschloß knirscht, jemand schleicht sich auf Zehenspitzen herein. Wer kehrt denn so spät heim? Und von wo? Und allein? Ich erkannte sie erst, als sie weinend auf meine Pritsche fiel. Es war Helena.

Sie umarmte mich, ich spürte starken Alkoholgeruch und schob sie gewaltsam fort.

»Was ist passiert? Warum weinst du?«

Sie antwortete nicht.

»Rede, wenn du etwas willst, oder laß mich schlafen – hörst du?«

»Kasia, Kasia«, stammelte sie, »was habe ich getan? Wozu bin ich da hingegangen? Kasia, erlaub mir, zusammen mit dir ... weil wir aus derselben ...«

Ich packte sie bei den Armen. »Wo warst du? Rede! Wo warst du? Was hast du getan? Rede!«

Sie riß sich los und kletterte auf ihre Pritsche. Eine Zeitlang hörte ich sie schluchzen, dann fing sie an, laut zu schnarchen. Ich stand auf und ging zu Stefa.

»Die Pajączkowska hat uns verraten, sie ist gerade betrunken zurückgekommen und hat sich verplappert. Sie ist ein glaubwürdiger Zeuge. Ich glaube, sie kennt unseren Familiennamen, das habe ich immer vermutet.«

Ich zog Tabakreste und einen Zeitungsfetzen aus der

Tasche und drehte mir eine Zigarette. Sie entzündete sich nur mühsam und kratzte in der Kehle.

»Wir beide können nicht länger zögern, Stefa.«

Elżbieta wartete auf ihrer Pritsche, sie sah mich an, ohne die Frage auszusprechen.

»Nein, nein. Wir haben so oft gedacht, nun ist Schluß, und immer... irgendwie... jetzt auch... du wirst sehen...«

*

Wir marschierten in Viererreihen zur Arbeit. An der Spitze des Zuges Schmidt, am Ende Ghandi. Das ist etwas Neues, bisher genügte einer.

Wieder fällt nasser Schnee, genauso wie im November. Es ist Ende Januar. Drei Monate.

Das Fabriktor, die Bude des Wachmanns, die Steckrübenhaufen auf dem Hof, die gedämpften Geräusche der Maschinen, das Beben der Luft und der Geruch, dieser besondere Fabrikgeruch nach Schmierfett und Eisen.

Langsam steige ich die Treppe hinan, auf der Hälfte bleibe ich stehen und blicke durch das Fenster. Es ist dunkel, man sieht nichts, gut so, im Sommer wäre es schwieriger, so aber, im Schutz der Nacht, auf dem Weg zur Arbeit, die vorstehende Mauer dicht an der Tür, im Schutz dieser Mauer...

Jemand hat gerufen. Aus dem ersten Stock ist Zosia heruntergekommen, begleitet von einem Deutschen. Das ist niemand aus der Fabrik. Der Deutsche trägt einen dicken Wintermantel und Lederhandschuhe. Zosia ist auch im Mantel, sehr blaß. Aus ihren gebleichten Haaren, die über der Stirn als dunkler Streifen nachwachsen, schaut ein kleiner Kamm. Ich bemerke das alles im Bruchteil einer Sekunde mit jenem seltsamen Blick, der sich in wichtigen Momenten an Kleinigkeiten festhakt. Und ich denke: Sie wird sich um etwas Wasserstoffsuperoxyd bemühen müssen. Den Gedanken begleitet ein Druck auf den Magen, ich weiß, wer dieser Mann ist.

»Wohin gehst du?« frage ich, und sie antwortet, ohne stehenzubleiben: »Ich werde geholt. Ich weiß nicht, wohin und warum.«

Ich lief, um unsere Mädchen zu informieren. An Elżbietas Maschine saß eine Fremde.

»Sie hat sich den Fuß verbrannt und ist ins Lager gebracht worden«, sagte die Fremde.

Ich denke in diesem Augenblick nicht daran, daß ein verbrannter Fuß die Flucht erschweren würde, ich denke an das, was sie vor wenigen Tagen gesagt hat: »Weißt du, wovor ich mich am meisten fürchte? Daß sie uns einzeln holen.«

Die Nachricht über Zosia hat sich blitzschnell in der Fabrik verbreitet.

»So ein hübsches Mädchen, schade«, grämte sich Pola.

Elżbieta liegt mit ihrer Wunde am Fuß. Sie behauptet, gehen, ja sogar laufen zu können. Von Zosia weiß sie bereits. Schmidt hat es ihr gesagt. *»Heute hat man Sophie verhaftet.«* Das heißt, daß morgen ...

Sie will wieder zur Arbeit gehen, sie will nicht allein liegen und warten. Ihr Knöchel ist rot und geschwollen, wie soll sie da einen Schuh anziehen?

Spät am Abend kam Zosia zurück. Wir trauten unseren Augen nicht. Steifen Schritts, ohne jemanden anzusehen, ging sie durch den Saal, legte sich auf ihre Pritsche und zog sich die Decke über den Kopf.

Nachts versammelten wir uns, auch Michasia kam dazu. Zosia bittet, sie nichts zu fragen, sie erinnert sich an nichts. Sie sitzt in ihre Decke gewickelt und zittert vor Kälte. Ständig wiederholt sie: »Laßt mich in Ruhe, ich habe keine Kraft ...«

Sie wußten alles. Sie wußten, woher sie stammte, sie wußten, daß sie verheiratet war. Schon in Lemberg hatte sie Pola gesagt, daß sie einen Mann hat. Pola hat sich ihr Vertrauen erschlichen, und Zosia hat ihr geglaubt. »Du bist eine Jüdin, gib es zu.« Zosia hat es abgestritten. Die Dolmetscherin hat sie ins Gesicht geschlagen. In einem bestimmten Augenblick klingelte das Telefon, der verhörende Gestapomann nahm den Hörer auf. »Ja, ja«, sagte er, »ich habe hier eine dieser Jüdinnen, Sophie Sokalski. Die Namen der anderen? Sofort.« Er las die Namen von einem auf seinem Schreibtisch liegenden Blatt ab.

»Alle?«

»Ja.«

»Meinen auch? Meinen auch?« fragte Michasia fieberhaft. Aber Zosia erinnerte sich nicht, ob Michasias Name auch auf der Liste stand.

*

Marysia und Stefa kehren hartnäckig zu dem Vorschlag zurück, Schmidt zu bestechen, in dieser Frage kommt es zum erstenmal zum Streit zwischen uns. Elżbieta und ich sind dagegen, wir meinen, wir sollten so schnell wie möglich fliehen, ohne auf den Sonntag zu warten. Was nützt eine Bestechung, wenn sich der Fall in den Händen der Gestapo befindet? Und womit bestechen? Wir beide haben nichts. Doch die Mehrheit ist anderer Ansicht. Und wenn es uns gelänge, argumentieren sie, irgendwelche Informationen zu bekommen? Zu erfahren, ob sie tatsächlich in Polen die Echtheit unserer Papiere überprüfen, und wenn ja, ob schon eine Antwort eingetroffen ist? Das Risiko der Flucht ist größer als das der Bestechung.

Am nächsten Morgen übergaben Marysia und Paraska Schmidt eine goldene Uhr, einen goldenen Füller, einige

Goldmünzen, eine Kette und die Offiziersstiefel, die Stefa gehörten. Sie kamen mit triumphierenden Mienen zurück. »Seht ihr, er hat es angenommen, und zwar gern.«

Die optimistische Stimmung hielt bis zum Mittag an. In der Mittagspause gab Schmidt Paraska das Päckchen mit den Worten zurück: »Ich bin nicht so kleinlich.«

Der Tag verging ruhig, keine wurde geholt. Diesmal beschlossen wir einträchtig, bei Nacht einen Fluchtplan mit allen Einzelheiten zu entwerfen.

Doch in derselben Nacht rückte Paraska mit einem Vorschlag heraus, der uns verblüffte und die Flucht vertagte. Paraska verkündete, sie werde mit Schmidt schlafen und aus ihm herausholen, was er wirklich wußte.

Paraska, wie immer lachend: »Ich werde ihn auf andere Weise bestechen.«

Stefa nach einer langen Weile: »Bist du dir so sicher?«

Paraska sorglos: »Ja.«

*

Anderntags zog Elżbieta mühsam den Schuh über ihren geschwollenen Fuß und schleppte sich humpelnd zur Arbeit. Im Saal wurde plötzlich ohne jeden Anlaß laut über ein Ereignis in Frankfurt gesprochen, wo einige Jüdinnen, die sich mit arischen Papieren versteckt hatten, aufgehängt worden waren. Eine von ihnen wurde durch zehn Unterschriften gerettet, die bezeugten, sie sei eine echte Polin. Waren das vielleicht nur sadistische Gerüchte mit dem Ziel, uns einzuschüchtern? Wer weiß? Wie sollte man hier zehn Unterschriften zusammenkriegen? Anielka würde bestimmt unterschreiben, Hania, unsere frühere Nachbarin, die Huzulin, vielleicht auch, aber dieselbe Hania hatte vor kurzem zu mir gesagt: »Wenn das stimmt, daß ihr Jüdinnen seid, dann wundere ich mich sehr, daß ihr euch nicht scheut, so zu lügen. Das ist doch eine furchtbare Sünde.«

Ich arbeite nervös, dazu behelligt mich Heinz mit seiner Sorge, zur Wehrmacht geholt zu werden. *»Auch Kinder Krieg machen?«* frage ich. Er ist dermaßen erregt, daß er die Ironie nicht versteht. Ich sitze mit dem Rücken zur Tür, und jedes Quietschen läßt mein Herz schneller schlagen. Ich fange einen Blick von Stefa auf, die sich tiefer als sonst über ihre Maschine beugt, immer wieder blickt sie zu mir herüber. Was wird uns Paraskas Nacht bringen?

Während der Mittagspause sprach niemand mehr von den Jüdinnen in Frankfurt, denn eine neue Nachricht verbreitete sich: Helena Pajączkowska ist zur Telefonistin avanciert, sie sitzt mit den Kopfhörern auf den Ohren und trägt ein neues Kleid und einen neuen Pullover.

*

Paraska hat Wort gehalten – heute um elf Uhr nachts erwartet Schmidt sie im Dienstzimmer. Von Marysia hat sie sich ein Nachthemd geborgt, sie ist sehr nervös und wiederholt ständig, daß sie sich für uns aufopfert. Das klingt lächerlich, aber niemand lacht.

»Denk daran«, sagen wir, »es geht um uns alle, nicht nur um dich.« »Keine Angst«, versichert sie, »ich denke daran.« Wir legten uns beizeiten hin. Um zehn Uhr schaltete Schmidt das Licht aus, die Gespräche verstummten, der Saal versank in Schlaf. Paraska öffnete vorsichtig die Tür zum Waschraum, um ins Dienstzimmer des Kommandanten zu gelangen. Ihre kleine Gestalt mit dem bodenlangen Nachthemd huschte durch den Türspalt. Dann schloß sich die Tür.

Eine Stunde verging, zwei. Von der Nervenanspannung erschöpft, schlief ich plötzlich tief ein. Elżbietas Flüstern weckte mich: »Sie ist wieder da.« Ich schlich mich zu Stefa. Auf der Pritsche nebenan lag Paraska in tiefem Schlaf. Stefa kannte noch keine Einzelheiten, Paraska hatte ihren Bericht auf den schon nahen Morgen verschoben.

Auf dem Weg zur Fabrik flüsterte Stefa: »Nachher im Büro.« Es blieb keine Zeit zu fragen, ob die Nachrichten gut oder schlecht seien.

In nervöser Eile füllte ich die Formulare aus, trug die Maße ein. Klautz wunderte sich über meinen Fleiß. *»Sonst bist du ja immer stinkfaul.«* Ich konnte den Augenblick nicht erwarten, da er das Zimmer verließ. Kaum hatte sich hinter ihm die Tür geschlossen, kam Stefa herbeigelaufen.

Paraskas Bericht war kurz und bündig gewesen. Schmidt hatte mitgeteilt, wir hätten noch Zeit, er werde uns wissen lassen, wenn es Zeit sei zu fliehen, an welchem Tag, zu welcher Stunde. Paraska glaubte ihm, sie hatte offen und ohne Umschweife mit ihm gesprochen.

Stefa fügte noch hinzu, Schmidt kenne meinen und Elżbietas Familiennamen und wisse, daß wir Schwestern sind.

*

Abends verbreitete sich plötzlich das Gerücht, am Donnerstag kämen sie uns holen. Ich weiß nicht, wer diese Nachricht als erster in Umlauf gesetzt hat, es gelang uns nie, die Quelle der Gerüchte aufzudecken, die plötzlich im Saal auftauchten und im Flüsterton von Mund zu Mund liefen.

Es wurde auch über Pola gesprochen, sie sei aus dem Lager entlassen und fahre in den nächsten Tagen ab, um ihre Stellung in dem Kurort anzutreten.

Es war Sonnabend. Bis zum Donnerstag noch vier Tage.

Diese Nacht verbrachte Paraska wieder bei Schmidt. Er

wiederholte seinen Rat vom Vortag: warten, er sage Bescheid.

Sonntag. Keine Passierscheine. Die Mädchen nähen, schreiben Briefe, singen. Früher, an den vergangenen Sonntagen, haben wir auch gesungen, das Singen brachte Erleichterung, es ersetzte den Schrei. Heute aber hat keine von uns Lust zu singen.

Wir liegen auf unseren Pritschen und warten.

Abends führte Schmidt einen jungen Burschen mit einem Akkordeon herein. Wir erkannten auf Anhieb, daß er Ausländer war, obwohl er kein Wort sagte, sondern nur mit schläfrigem, erschöpftem Blick vor sich hin schaute. Schmidt hieß ihn sich an der Wand hinsetzen und bemerkte laut und nachdrücklich: »*Wir sorgen dafür, daß ihr auch Vergnügen habt! Heut wird getanzt!*«

Wir trauten unseren Ohren nicht. Tanz? Eine beschwingte Polkamelodie erklang, und binnen kurzem tanzte der ganze Saal.

»Komm«, sagte ich zu Marysia, »man muß die Fassung bewahren.« Sogar Elżbieta erhob sich von ihrer Pritsche und tanzte humpelnd mit Stefa. Nach einer Weile wurde es leiser, die Saalmitte leerte sich. Die Mädchen standen an der Wand und flüsterten miteinander. Unter den wenigen tanzenden Paaren war Schmidt mit Paraska.

»Mit einer Jüdin tanzt er«, ging das Geflüster. »Aber du, Paraska, wirst nicht lange mehr tanzen.«

Die Musik verstummte, der Harmonikaspieler wischte sich den Schweiß von der Stirn. Da begannen die Mädchen, erst schüchtern und leise, dann laut und lauter, den »Letzten Sonntag« zu singen. Sie scharten sich alle zu einem Haufen und sangen immer herausfordernder. »Hört her«, riefen sie, »wir singen das für euch, es ist euer letzter Sonntag!«

Ich habe noch ein Stück Seife, denke ich eilig, das verkaufe ich, denn ich muß rauchen, nichts begehre ich in diesem Augenblick mehr als eine Zigarette. »Wieviel gibst du?« »Fünf.« »Gib zehn.« »Sieben.« »Gib her.« Gierig zog ich den Rauch ein, mir wurde schwindlig. Und jetzt singen wir, wir überschreien sie! Stefa, Marysia, Zosia, Elżbieta, Paraska!

Das ist der letzte Sonntag,
bitte versag ihn mir nicht,
schau mir zärtlich ins Gesicht
zum letzten Mal...

Zosia hielt es nicht aus, sie floh auf ihre Pritsche, unter die Decke. Stefas Gesicht ohne jeden Tropfen Blut. Marysias bebte vom zurückgehaltenen Weinen. Aber wir sangen weiter:

...schenk mir den einen Sonntag,
den letzten Sonntag, dann mag
die Welt vergeh'n.

Der Saal wiegte sich, die schweißnassen Mädchengesichter verschwammen zu einem Fleck, zu einem offenen Mund: Der letzte Sonntag! Der Gesang ging in Geschrei über, sie würgten an den Worten, sie verschluckten sich am Lachen, sie stampften mit den Füßen. Das waren nicht die Mädchen, die hier zusammen mit uns eingetroffen waren, das waren Furien.

Der Harmonikaspieler rührte sich nicht von der Stelle, in seinen Augen spiegelte sich das Entsetzen, er versuchte einige Akkorde, doch hundert gesunde Kehlen überschrien ihn mit der einen, wie wahnsinnig wiederholten Melodie.

»*Was ist hier los?*« rief Schmidt durchdringend.

Für einen Augenblick setzte Stille ein, völlige Stille, so fest hatte er sie am Zügel.

Mitten in der Menge ließ sich Pola mit ihrem weichen, singenden Akzent vernehmen: »*Wir singen einen polnischen Tango. Er heißt ›Der letzte Sonntag‹.*« Und lachte kurz und sinnlich auf.

*

Montag. Klautz tobt – in den letzten Messungen sind zahlreiche Fehler. Er schreit: »Das sieht nach Sabotage aus, sei nicht so unverschämt, du, du... Gib acht, ich warne dich.«

Dienstag. Ich bin schon im Büro. Stefa fehlt. Ich sehe beunruhigt den leeren Platz vor ihrer Maschine. Sie hat zusammen mit allen das Lager verlassen, eine Stunde ist vergangen, sie fehlt immer noch. Endlich kommt sie. Ihr Gesicht ist zur Maske erstarrt, sie ist sehr blaß, zu mir schaut sie nicht herüber.

Du mußt kommen und etwas sagen, beschwöre ich sie in Gedanken, jetzt sofort, steh auf und komm...

Meinen Gedanken gehorchend, steht sie auf und ist gleich bei mir. Der Blick, mit dem sie mich anschaut, weckt plötzlich Angst um Elżbieta in mir.

»Schmidt hat Paraska gesagt, sie solle heute abend bereit sein zum Aufbruch.«

»Wieso – Paraska?« Meine Stimme ist heiser.

»Er will Paraska helfen – und mir als ihrer besten Freundin. Nur uns.« Ich kriege kein Wort heraus. Wir blicken einander in die Augen.

»Ich weiß, ich weiß, wir haben gesagt, wir müssen alle zusammen, gleichzeitig, ich weiß... aber versteh doch, er will nicht, er...«

»Ich verstehe. In Ordnung.« Meine Stimme klingt wieder normal. »Es ist großartig, daß er euch helfen will.«

»Du mußt verstehen. Versteh doch bitte. Versteh!«

»Ich verstehe.«

»Zurück bitte!« rief es aus dem anderen Zimmer.

»Ihr müßt auch fliehen, so schnell wie möglich«, sagte sie im Hinausgehen.

Vor mir liegen schmale Aluminiumstreifen. Ich messe, addiere, kennzeichne die Streifen. Ein schnelles Aufblikken genügt, um Stefa zu sehen. Sie sitzt gebeugt, den Kopf in die Hände gestützt, und schaut aus dem Fenster. Draußen fällt schmutziger, nasser Schnee. Er fällt und fällt und tilgt jede Spur. Heute abend wird er auch fallen. Wir müssen alle zusammen fliehen, die Flucht einer einzigen könnte den übrigen schaden, alle sind wir verdächtig, wir müssen uns gemeinsam retten. Ich tue das nicht für mich, ich opfere mich für euch alle...

Alles in Ordnung. Paraska hat mit Schmidt geschlafen, und Stefa ist ihre Freundin. Dem Anschein nach ist alles in Ordnung. Ich kann nicht arbeiten, ich weiß nur eines: Wenn Paraska und Stefa verschwinden, dürfen wir nicht im Lager bleiben. Auch wir müssen heute abend fliehen.

Durch die Glaswand blicken wir uns an. Sie ist schon auf der anderen Seite, in Sicherheit.

Ich weiß nicht, was sie in meinen Augen liest, sie springt vom Stuhl auf und stürzt, ohne die Deutsche zu beachten, die ihr etwas nachruft, in mein Zimmer.

»Du verurteilst uns.«

»Nein. Ich verurteile nicht, ich verstehe.«

Ich müßte sie umarmen, ich habe sie doch so gern, aber ich stehe steif da, und meine Stimme ist matt und trocken. Verüble ich es ihr? Ich verüble es Stefa nicht, und doch kann ich mich nicht aufraffen, sie zu umarmen, zu küssen, zu sagen: Ich freue mich, daß es euch gelungen ist. Ich habe gefesselte Hände und ein kaltes Herz.

»Ich verstehe alles«, sage ich, immer noch in trockenem, mißmutigem Ton, »aber du mußt auch verstehen. Ich weiß nicht, was mit uns wird, was wir tun sollen, ob es uns gelingt zu fliehen.«

»Ihr müßt fliehen«, wiederholt Stefa mechanisch. Sie ist bereits auf der anderen Seite.

»Sag mal«, versuche ich es noch einmal, »hätte Paraska ihn nicht herumkriegen können?«

»Nein. Er war kaum einverstanden, mich mitzunehmen.«

*

Wir sind keine geschlossene Gruppe mehr. Stefa und Paraska sitzen zusammen, wir vier getrennt, betäubt, ratlos. Wir haben beschlossen, es heute zu versuchen, gleich nach dem Abrücken der Nachtschicht. Wir täuschen uns selbst, denn wir glauben nicht, daß Schmidt die Tür nicht verriegelt.

Der Kommandant ist bereits im Saal, laut, aktiv, scharf. Er hat heute ein verbissenes Gesicht, ein Gesicht, das uns mit Angst erfüllt. *»Schneller essen, schnell, schnell«,* treibt er uns schreiend an, *»los,* die Nachtschicht, fertigmachen zur Arbeit!«

Paraska arbeitet heute in der Nachtschicht. Und erst jetzt werden mir Schmidts Worte klar: Es ist noch Zeit, ich gebe euch Bescheid. Er hat auf Paraskas Nachtschicht gewartet. Und sie? Wußte sie, daß es sich nur um zwei Tage handelte und daß Schmidt nur ihr zur Flucht verhelfen würde und mit ihr Stefa, sonst aber keiner?

Paraska steht neben ihrer Pritsche, fertig zum Fortgehen, rund wie eine Kugel, sie hat mehrere Kleidungsstücke übereinandergezogen. Auch Stefa ist dicker als gewöhnlich. Um den Hals hat sie sich einen dicken Wollschal gewickelt. Nervös blickt sie zu uns herüber. Die Nachtschicht sammelt sich an der Tür, gleich wird sie den Saal verlassen.

Elżbieta stand als erste auf, ich folgte ihr. Mit einer schnellen Bewegung umarmte sie Stefa und sagte: »Ich freue mich, daß es euch gelungen ist.« Ich sagte: »Bleibt gesund.«

Paraska drängte: »Schneller, vorsichtiger.« Stefa und ich küßten uns, sie hatte Tränen in den Augen. Im letzten Augenblick traten Marysia und Zosia heran und sagten: »Lebt wohl.«

»Aber jetzt los!« rief Schmidt. Paraska lief los, sie blickte sich ungeduldig nach Stefa um, einmal und noch einmal.

Auf unsere Pritschen geduckt, warteten wir, bis die Nachtschicht den Saal verlassen hatte, und gingen dann mit ruhigen Schritten zur Tür. Sie war verschlossen.

*

Wir stecken in der Klemme. Die Tür verriegelt, die Fenster mit Brettern vernagelt. In wenigen Minuten wird man in der Fabrik Paraskas Fehlen entdecken und herkommen, um sie zu holen. Dann wird man Stefas Fehlen bemerken. Und dann, nach einer Stunde oder zwei, wird man uns holen kommen. So wird alles zu Ende gehen. Niemand wird wissen, wo und auf welche Weise. Plötzlich befällt mich heftige Neugier: Was werde ich empfinden? Wie mich verhalten? Ich trinke Wasser aus dem Hahn, um nüchtern zu werden, dann hole ich meine Portion Brot und Margarine hervor und esse. In Momenten großer Spannung muß ich essen und rauchen. Es gibt keine Kippen.

Ruhe. Ruhig, logisch. Keine Panik, kein Theater. Wenn sie uns nachts nicht holen, fliehen wir morgen früh auf dem Weg zur Arbeit. Man muß sich normal anziehen, um keinen Verdacht zu wecken, gleich nach dem Hinausgehen nach links durch die Mauerlücke springen, dann im Schutz der Mauer geradeaus.

Als ein Schlüssel im Türschloß knirscht, greift Elżbieta nach meiner Hand. Aber es ist nur Ghandi, der heute nacht Dienst hat.

»Warum ist Paraska nicht zur Arbeit gegangen?« brüllt er durch den Saal.

»Sie ist, sie ist gegangen, wir haben sie hinausgehen sehen«, versichern einige Stimmen.

»Aber in der Fabrik fehlt sie!«

Paraskas und Stefas Pritschen sind leer, die grauen Lagerdecken sorgfältig zusammengefaltet.

»Und wo ist die lange Schwarze? Wo ist Tarkowski?«

»Stefa ist auch gegangen«, fällt plötzlich einem der Mädchen ein. *»Stefa Fabrik gehen.«*

»Was?! Wohin ist sie gegangen? Sie arbeitet im Büro und hat nachts in der Fabrik nichts zu suchen! *Wo ist sie, diese Schwarze?«*

Er sucht, er läuft zwischen den Pritschen herum, schaut sogar in den Abort und rennt laut schimpfend aus dem Saal. Er fürchtet sich vor Schmidt. Wenn er wüßte...

»Sind sie vielleicht geflohen?« tauchen Fragen auf.

Alle blicken jetzt uns an. Wir wissen nichts. Sie sind in die Fabrik gegangen, auch Stefa, sie sollte auf der Maschine etwas schreiben. Aber Ghandi kehrt bereits zurück, er kehrt zurück mit einem Mädchen der Nachtschicht und läßt sich ihre Worte übersetzen. Das Mädchen hat gesehen, wie Stefa und Paraska auf dem Weg zur Fabrik am Fluß plötzlich abgebogen sind, wo auf dem Weg zum russischen Lager ein Auto stand. Sie sind auf dieses Auto zugegangen.

»Sie sind geflohen!« Ghandi zitterte vor Wut. »Sie sind geflohen, die beiden Jüdinnen sind geflohen. *Weg sind sie!* – Und die anderen?« erinnerte er sich plötzlich.

Er brauchte uns nicht zu suchen, wir saßen nebeneinander auf einer Pritsche.

Nach seinem Fortgehen brodelte es. Ist das wahr? Was haben die für Glück! Es ist ihnen gelungen. Wer weiß, ob es ihnen gelungen ist, vielleicht werden sie geschnappt. Daß der Kommandant nichts bemerkt hat! Der Kommandant hielt doch zu Paraska. Ach was, hielt oder nicht, er hätte sie nie fliehen lassen. Euch haben sie nichts gesagt? Nein. Und ihr flieht nicht? Flieht, Mädchen, es ist besser, wenn ihr flieht. Wie sollen sie fliehen, wenn der Riegel verschlossen ist? Morgen ist noch Zeit. Ach wo, bis zum Morgen werden sie geholt. Vielleicht auch nicht, es hieß doch, am Donnerstag, und morgen ist erst Mittwoch. Flieht, wir sagen nichts.

Nein, wir fliehen nicht. Wir bestreiten es, wir fürchten uns, die Wahrheit zu sagen, obwohl die Mädchen in diesem Augenblick ehrlich bewegt sind. Als wären sie plötzlich erschrocken und zur Vernunft gekommen. Zum erstenmal sind sie, wie sie hätten sein müssen. Aber die letzten Monate hatten den Rest Vertrauen aus uns herausgewaschen. Mit der Bitte, das Geheimnis streng zu wahren, verraten wir einigen Mädchen unseren Plan: Wir fliehen morgen abend. »Morgen abend fliehen sie, morgen abend«, tuschelt es gleich darauf im ganzen Saal. »Geb's Gott, daß sie nicht vorher geholt werden, es wäre doch schade ...«

Nur Anielka glaubt es nicht, und Anielka sagen wir die Wahrheit. Sie will zusammen mit uns fliehen. Das können wir nicht verstehen. »Bist du etwa auch eine ›Städtische‹?« fragen wir und vergessen dabei, daß sie unseren Code nicht kennt. »Ich bin aus der Stadt«, antwortet sie verwundert, »ich stamme aus Lemberg, aber was hat das damit zu tun?«

Nein, sie ist keine Jüdin. Michasia flieht auch, obwohl

ihr Name nicht auf der Liste steht. Sie hat vom Lager genug und würde sich allein nicht zur Flucht aufraffen. Außerdem – sie fühlt sich mit uns verbunden.

Ob sie weiß, was ihr droht, fragen wir. Ja, nur ist es für sie nicht so gefährlich wie für uns, weil sie wirklich Polin ist. Sie ließ sich nicht abhalten.

Nacht. Stefa und Paraska sind schon weit hinter der Stadt. Wohin fahren sie? Mit wem fahren sie in dem kleinen Auto, das am Fluß stand?

Ich liege auf dem Rücken, mit dem Mantel zugedeckt. Ich liege steif und reglos, ich habe Angst, mich zu bewegen und die Augen zu öffnen. So fühle ich mich wohl. Ich werde nicht weiter überlegen und Pläne schmieden, es lohnt nicht. Man muß den Dingen ihren Lauf lassen. Alle jungen Leute in unserer Familie sind umgekommen, vielleicht ist es vorbestimmt, daß auch wir...

Bei diesem Gedanken richte ich mich auf. Nein, so darf man nicht denken, es gibt keine Vorherbestimmung, so oft ist es schon gelungen, morgen früh im Dunklen wird niemand etwas merken, ein Sprung durch die Mauerlücke und dann gradeaus, gradeaus. Was kommt, das kommt, es wird gelingen, es muß gelingen, es ist immer gelungen, dann in den Wald und abends auf den Bahnhof und mit dem Zug weiter.

»Kasia, schläfst du nicht?« fragt Helena Pajączkowska von der oberen Pritsche.

Seit jener Nacht, als sie betrunken heimkehrte, habe ich mit ihr kein Wort gewechselt.

»Kasia, ich wollte nur fragen...«

Ich schweige.

»Ich wollte nur fragen, wenn... etwas mit euch... wenn sie euch... darf ich mir dann eure Sachen nehmen?«

Ich hielt mir mit den Händen die Ohren zu.

Zwei Uhr nachts. Vielleicht kommen sie nicht. Ich

schlief ein. Ich träumte von einem Garten, Bäumen, Marians Stimme rief meinen Namen. Mein Herz schlug heftig. Ich setzte mich auf. Von oben beugte sich Helenas Kopf hinunter.

»Kasia, vergiß bloß nicht, den Kofferschlüssel dazulassen.«

*

Wir haben uns unter dem Hahn gewaschen, unsere Schuhe geputzt, den Kaffee getrunken. Alles wie jeden Tag. Im Kopf kein Gedanke – Leere. Ghandi steht in der Tür und läßt uns nicht aus den Augen. Das Gedränge an der Tür wächst. Das tägliche *»Fertig? Also los!«*. Ich ergreife Elżbietas Hand, noch eine Minute oder zwei. Ich blicke mich um, gleich hinter mir Zosias riesengroße blaue Augen, Marysias blauer Mantel.

»Majewska – zu mir!«

Ghandis Hände tasten mich ab, suchen in meinen Taschen. Dort ist nichts als ein schmutziges Taschentuch. Es ist sehr still. Die Mädchen beobachten verwundert, wie Ghandi Zosia, Elżbieta und Marysia durchsucht. Endlich dringt die kalte Luft von draußen wie eine Welle herein. Vor der Tür dichte Dunkelheit. Ich drücke Elżbietas Hand kräftig, der Wind reißt uns mit, wir laufen atemlos, Elżbieta humpelt, sie läuft mühsam, schneller, schneller, Schritte dicht hinter uns, jemand verfolgt uns, schneller, schneller... Ich bekam keine Luft mehr, taumelte und lehnte mich an etwas Hartes. Ein Zaun, ein gewöhnlicher Holzzaun. Hinter uns laufen Marysia, Michasia, Anielka. Zosia fehlte. Wir warteten, daß sie käme, doch hörte man keine Schritte, ringsum Stille und Dunkel.

Wir liefen weiter, ohne zu wissen, wohin, Hauptsache weg vom Lager. Die schlammige Gasse ging in hartes Straßenpflaster über, wir verlangsamten unsere Schritte.

Noch waren die Straßen leer, die Stadt erwachte erst aus dem Schlaf.

Elżbieta, Michasia und Anielka wechselten auf die andere Straßenseite hinüber, wir gingen nun parallel, durch die Fahrbahn getrennt.

An der Ecke tauchte eine Männergestalt auf. Mütze, hohe Stiefel, elastischer Schritt. Noch ehe er näher kam, erkannten wir ihn.

Wir stehen Auge in Auge. Auf der anderen Seite sind die Schritte verstummt, auch die drei sind stehengeblieben.

Schmidt fragte: *»Wohin?«*

»Wir hauen ab«, antwortete ich.

»Ihr haut also ab«, wiederholte er und zog langsam die Hand aus der Tasche. Diese Bewegung hatte ich schon einmal gesehen. Er wird uns erschießen, dachte ich. Er hob den Arm und stellte auf seiner Uhr die Zeit fest.

»Um sieben Uhr fährt ein Zug ab. Das schafft ihr noch. Fahrt mit dem Zug, verliert keine Zeit.«

Er zog aus seiner Brieftasche einen Zettel, schrieb ein paar Worte und gab ihn Marysia.

»Das ist meine Anschrift. Schreibt.«

Das Staunen verschlug uns die Sprache.

»Tapfer seid ihr, tapfer.«

Er drehte sich um und ging fort.

»Elsbeth!« rief ich auf deutsch, ich hatte nicht bemerkt, daß sie dicht neben uns stand. »Wo sind die anderen?«

»Sie haben Angst gekriegt und sind umgekehrt.«

Da liefen wir, ohne noch einen Augenblick zu überlegen, in Richtung Bahnhof.

4

Wir liefen immer weiter in die noch dunkle Stadt hinein und wußten nur, daß der Bahnhof im Zentrum lag; ich erinnere mich nicht an diesen Lauf, wir waren wie betäubt durch die Begegnung mit Schmidt und durch seine Worte, ich sehe uns nicht laufen, ich höre nicht unsere Schritte. Das Bahngleis dagegen, das unverhofft die Fahrbahn kreuzt, ist wie eine deutliche Fotografie: die Fahrbahn, an dieser Stelle schmal, schräg dazu die Schienenstränge, die hier von hohen Tunnelmauern eingefaßt sind, der Tunnel biegt nach rechts ab, offen, ohne Gewölbe. Wortlos und einmütig laufen wir die Schienen entlang, und von nun an ist alles – trotz der Dunkelheit – deutlich. Wir laufen im Schutz der Mauern, wir stolpern auf den Gleisen, der Schotter knirscht unter unseren Tritten. Laute, hastige Atemzüge. Weit vor uns ein kleines Licht, jemand ruft: »Bist du es, Josef?«, einmal, noch einmal, wir drücken uns an die rauhen Steine der Mauer, die kalte, klebrige Angst saugt uns fest. Eine ganze Weile hängt das kleine Licht reglos, dann herrscht wieder dichte Finsternis. Ich weiß nicht, wie lange dieser Lauf gedauert hat.

Plötzlich wurde es hell im Tunnel, an seinem Ende lag der Bahnhofsvorplatz im grauen Licht des frühen Morgens.

Wir schauten aus unserem Versteck: eine Mädchenkolonne ging auf den Bahnhof zu. An den grauen Kopftüchern und der Art, wie sie eng um den Kopf gebunden waren, erkannten wir in ihnen Russinnen. Es konnten die Russinnen aus unserer Fabrik sein, denn sie sollten demnächst in eine andere Stadt verlegt werden, doch ebensogut konnten es Russinnen aus einem anderen Lager sein. Lager gab es in dieser Stadt mehr als Fabriken.

Die Mädchenkolonne ging um das Stationsgebäude herum und entschwand unseren Blicken. Gleich darauf fuhr ein Personenauto vor, dem eine Frau in hellem Pelz, begleitet von einem Offizier, entstieg. Die Angst durchfuhr uns, sie seien unseretwegen gekommen und würden auf uns warten, *»die werden uns nicht entwischen«*.

Die Uhr über dem Eingang zeigte sechs Uhr vierzig – höchste Zeit. Schweigend wanden wir Turbane aus unseren Schals – die deutschen Frauen in der Fabrik trugen solche, und wir mußten den Deutschen möglichst ähnlich sehen, auch so sauber und gepflegt, jedes Haar an seiner Stelle, jeder Knopf an seiner Stelle, der Gesichtsausdruck ruhig und ein bißchen stumpf.

Marysias Wangen glühten, meine waren heiß wie Feuer, Elżbietas aber blaß und blutleer.

Niemand wartet auf uns. Die kleine Bahnhofshalle ist voller Menschen, die mit dem Siebenuhrzug zur Arbeit fahren. Die flachen Mützen der Männer erinnerten uns sogleich an unseren Ghandi, seine krächzende Stimme *»ihr haut uns nicht ab«*. Manche schauten uns mit einem Blick an, der besagte, dich habe ich hier noch nicht gesehen. Ich suchte die Frau im Pelz und den Offizier – sie standen, von Zigarettenrauch umwölkt, in einer Fensternische und blickten einander in die Augen.

Meine Stimme: *»Bitte dreimal dritter Klasse«*, ist ein wenig höher als normal, meine Finger, die das Geld zählen, zittern ein bißchen. Es ist kurz vor sieben, Klautz ist schon im Büro erschienen, um die Messungen aus den letzten Tagen abzuholen, *»sei nicht frech, du, du ...«*, nie hat er dieses Wort ausgesprochen, heute wird er es bestimmt aussprechen, alle werden es sagen: *»Das waren Jüdinnen, die abgehauen sind.«* Wenn doch der Zug schon...

Ein Vorortzug fuhr ein, also nur eine kurze Strecke. »Ich extra«, sagte Marysia flüsternd, »wir treffen uns am Ausgang.« Das war vernünftiger, doch ich wußte, sie fürchtete Elżbietas schwarzes Haar und floh davor – diese Angst steckte die ganze Zeit in ihr.

Elżbieta und ich betraten ein verrauchtes Abteil. Ich sog den Rauch ein und spürte heftiges Verlangen nach einer Zigarette. Ein Platz war noch frei, Elżbieta setzte sich, schloß die Augen und tat, als schliefe sie. Ich trat ans Fenster. Zwischen den schmalen Bahnen rinnender Tropfen an der Scheibe sah man die letzten Buchstaben des Stationsnamens, »r« und »g«, dann überzog milchweißer Dampf die Scheibe, die Buchstaben verschwanden, es war, als wäre ein milchweißer Vorhang über die Lagermonate gefallen, über den Saal mit den Pritschen, über die Mädchen und Schmidt.

Meine Knie geben nach, ich überlasse mich dem rhythmischen Schaukeln des Zuges, entspanne mich. Es kommt mir vor, als stiege ich hoch, immer höher, die Freude wächst, ich atme tief.

Ein kurzer Moment der Euphorie, schon fällt sie in sich zusammen und hinterläßt ein schmerzhaftes Saugen in der Magengrube. Freu dich nicht, der erste Schritt ist vielleicht der schwierigste, er entscheidet aber über nichts. Wir kommen an, steigen aus – und was dann? Wohin dann?

Elżbieta öffnet die Augen, wir blicken uns mit einem leichten, schüchternen Lächeln an.

Das Städtchen war klein und leer. Wir schritten munter durch die Hauptstraße und summten halblaut: *»Es geht alles vorüber, es geht alles vorbei«*, wir trugen den damals beliebten Schlager vor uns her wie ein Transparent: seht her, drei *deutsche Mädchen*, fröhlich, mit sich und dem Leben zufrieden, *»auf jeden Dezember folgt wieder ein Mai«*, sie singen und gehen mit schnellen Schritten wie Leute, die einem bestimmten Ziel entgegeneilen. Eigentlich weiß man nicht, wem unser Singen gilt, denn die Straße ist leer, mag sein, wir singen nur für uns, daß alles vorübergeht, vorbeigeht, und erst hinter der Stadt verstummen wir und entfernen das Lächeln von den Lippen.

Wir bogen ab in ein nahes Wäldchen. Eine junge Schonung, die Bäume dünn und nackt, doch im Vergleich mit der nach allen vier Himmelsrichtungen offenen Chaussee kam sie uns hinreichend sicher vor. Wir beschlossen, hier bis zum Abend zu bleiben und erst in der Dämmerung weiterzufahren. Schweigend lagen wir auf einem Laubhaufen. So viele Dinge galt es zu besprechen, auf so viele Fragen eine Antwort zu suchen. Wir lagen da, plötzlich erschöpft, betäubt von der Waldluft. Über den sehr blassen Himmel mit seiner ausgewaschenen blauen Farbe glitten spinnwebzarte Wölkchen. Es gab keine Sonne, doch wenn man hinaufblickte, mußte man die Augen zukneifen. Unten, in einem kleinen, flachen Kessel verlief ein deutlich ausgetretener Pfad, aus der Ferne drang Hundegebell herüber.

Wir schliefen lange. Jetzt stand die Sonne direkt über uns, weiß, winterlich, kalt. Ohne uns von dem Laubhaufen zu erheben, redeten wir über Schmidt, immer nur über ihn, ständig dasselbe, immer noch hielt er uns am Bändel. Ein sinnloses Gespräch, das nicht endgültig klären konnte, wie er wirklich war. Keinerlei Gewißheit. Zunächst scheinbar freundlich (scheinbar, weil man nicht wußte, ob er mit seiner Freundlichkeit nicht absichtlich den Neid gegen uns schürte) oder wirklich freundlich? Später offen feindlich. Unsere große Angst vor ihm und der Mangel an

Vertrauen. Und doch hatte er uns geholfen. Paraska hatte er geholfen, weil er mit ihr geschlafen hatte. Das war *Rassenschande*, dafür konnte er zur Rechenschaft gezogen werden. Hatte Paraska das vorausgesehen? Doch auch uns hatte er laufenlassen. Er hatte getan, was seine Pflicht war, er hatte die Gestapo benachrichtigt und uns dann geholfen. Er hatte nicht die Absicht gehabt, uns zu helfen, sondern war uns zufällig begegnet. Er war uns begegnet, hatte uns aber nicht aufgehalten. Er hätte uns aufhalten können. Er hatte gesagt, der Zug fährt um sieben, schreibt mir... Er hatte uns seine Adresse gegeben. Wie stand es also? Man weiß es nicht. Oder vielmehr... Ach, Schluß mit diesem Gespräch, das zu nichts führt, wir werden jetzt und hier, auf diesem Haufen vertrockneter Blätter nichts klären. Nach dem Krieg vielleicht – sofern wir überleben (vergiß nie, diese Wörter hinzuzufügen). Nach dem Krieg möchte ich auch Helena wegen jener Nacht fragen, als sie betrunken heimkehrte und auf meiner Pritsche weinte. Hatte sie die Anzeige aus eigenem Antrieb unterschrieben, oder hatte Schmidt, dem sie schon früher die Wahrheit über uns gesagt hatte, das nun von ihr gefordert und sie hatte zugestimmt, sicher eifrig zugestimmt, angesichts der Belohnung, der Stelle als Telefonistin? Noch weiß ich nicht, daß ich weder sie noch Schmidt nach dem Krieg treffen werde, weil sie bei einem Luftangriff sterben werden.

»Schreiben wir ihm?« fragte Marysia.

»Jetzt nicht. Nach dem Krieg... sofern...«

»An Paulina aber muß ich schreiben. Ich muß sie warnen, daß sie mir durch die deutsche Bekannte kein Päckchen schickt. Das könnte ihr schaden. Außerdem möchte ich den Kontakt mit ihr nicht verlieren. Ich schreibe an Paulina«, wiederholt sie und wartet ab, was wir sagen. Wir schweigen, wir sagen nicht, schreib nicht, das ist gefährlich, wir wissen, daß sie in jedem Fall an Paulina schreiben wird.

Nur das Wichtigste erwähnen wir mit keinem Wort. Wir umkreisen es, umgehen es von fern, schieben es fort. Wieder überfällt uns die Müdigkeit, die Sonne ist kalt, wärmt aber doch, die Lider fallen uns zu. Eine Bahnstunde vom Lager entfernt, man sucht uns, wir aber liegen tief schlafend in einem Wäldchen.

*

Katarzyna, Elżbieta und Marysia blieben auf dem Laubhaufen. An Katarzynas Stelle trat jetzt Joanna Pilecka, an Elżbietas Stelle Jadwiga Kotula – das waren unsere Schulkameradinnen, von denen wir wußten, daß man sie zur Arbeit nach Deutschland geschafft hatte. Marysia nahm den Namen Anna Kloc an. Kein Ausweis bestätigte diese neuen Namen; daß wir keine Ausweise hatten, mußten wir irgendwie erklären und begründen.

Joanna, Jadwiga und Anna – die drei schlichten Mädchen vom Lande sind aus einem Transport geflohen, während der Zug auf dem Bahnhof irgendeiner deutschen Stadt hielt. Sie sind geflohen und sofort auf demselben Bahnhof aufgegriffen und wieder in den Zug gesetzt worden. Um ihnen eine erneute Flucht unmöglich zu machen – sie drohten nämlich, sie würden wieder fliehen, nach Hause, nach Polen –, nahm man ihnen die Papiere ab. Das beeindruckte sie nicht sonderlich. Sie flohen beim nächsten Halt – ohne Papiere.

*

Wir verließen das Wäldchen in der Abenddämmerung und kehrten zu dem nun verlassenen und dunklen Bahnhof zurück. Der nächste Zug fuhr nach Hagen. Es wäre gut, mit einem großen Satz von hier weit wegzukommen, nach München?, nach Wien?, aber das war ausgeschlossen, wenn man Fahrkarten für größere Entfernungen kaufen wollte, mußte man seinen Ausweis vorzeigen. Wir mußten in kleinen Teilstrecken fahren. Diesmal stiegen wir zu dritt in denselben Wagen – Anna wollte sich nicht mehr von uns trennen.

In dem langen, offenen Abteil sitzt eine junge Frau in Trauer, sonst niemand. Wir setzen uns weit weg von ihr. Ich blicke nicht zu der Deutschen hin, sondern auf die dunkle Fensterscheibe, dort spiegelt sich ihr uns zugewandtes Gesicht. Ich sehe auch die kunstvollen Turbane auf unseren Köpfen. Das Licht ist trübe und gelblich wie in jenem Zuge, dessen Scheibe den hellen Fleck der sämischledernen Handschuhe des jungen Spitzels spiegelte. Mir gefällt diese Deutsche nicht, die uns hartnäckig anstarrt, obwohl sie, anders als der junge Spitzel, in uns nur zur Arbeit verschleppte Ausländerinnen sieht, die illegal, ohne Passierschein reisen – vielleicht geflüchtet aus einer Fabrik oder von einem Bauernhof. Mir gefällt ihr witternder Blick nicht.

Während sie dem Schaffner ihre Fahrkarte gab, wies sie mit einer Kopfbewegung auf uns. Der Zug bremste gerade und fuhr in einen Bahnhof ein, der Schaffner sagte: *»Ich komme gleich zurück«* und ging. Wir stiegen ebenfalls aus, schnell, an der nächsten Tür, die Station war klein, der Bahnsteig leer, wir liefen die Treppe hinunter, der Kontrolleur am Ausgang wunderte sich über unsere Eile. Bestimmt hätte er sich noch mehr gewundert, wenn er festgestellt hätte, daß wir unsere eben erst begonnene Fahrt bereits an der ersten Station wieder unterbrachen. Doch er wunderte sich nicht.

Das unvermutete Aufheulen der Sirene betäubt uns, die

Leute rennen und wir auch, sie in die Luftschutzkeller, wir aus der Stadt, aus der Stadt – schwarze Halden am Weg, schwarze Schornsteine und dann eine große Brücke.

Wir liefen den Steilhang hinunter auf eine sumpfige Wiese. Es roch nach Fluß (immer noch dieselbe lehmfarbene Ruhr?). Wir setzten uns hinter die mächtigen Brükkenpfeiler, die bunten »Christbäume« hingen schon über uns, die Scheinwerfer glitten über den Himmel, wir hörten das schwere Brummen der Bomber. Das Pfeifen und die Explosionen verschlugen uns den Atem. Wir saßen gebückt, den Kopf zwischen den Armen, die Erde bebte unter uns.

Als es still und dunkel wird, klettern wir hinauf zur Chaussee und gehen weiter.

Nachts werden wir gehen und tagsüber im Wald schlafen. Wir werden gehen – möglichst weit weg vom Lager, wir werden gehen, solange unsere Kräfte reichen.

*

Vergeblich versuchten wir, aus diesem Wald zu gelangen, der vermutlich weder riesig noch unergründlich war, doch die Nacht steigerte seine Ausmaße, die Dunkelheit vertiefte seine Abgründe, die vom Wind bewegten Äste stöhnten und das feine, aber unablässige Rascheln der Blätter umfloß uns wie ein ansteigender Bach. Wir hatten den Weg verloren.

Wir drangen durch dichtes Unterholz, bogen mit den Armen Sträucher auseinander, lösten ihre Wirrnis, blieben alle Augenblicke stehen und lauschten auf andere Stimmen als die des Waldes, auf ein Auto zum Beispiel oder auf das Bellen eines Hundes, aber umsonst. Der Himmel über uns war dunkel und mondlos, trotz der winterlichen Jahreszeit wehte ein warmer Wind.

Unerwartet ging es im Wald steil bergauf, wir stiegen hinan, orientierungslos, alles schien uns plötzlich vergeblich zu sein, ebenso wie unsere Versuche, auf die Chaussee hinauszugelangen. Anna, die voranging, schrie plötzlich auf, ließ sich zu Boden fallen und begann zu weinen. Wir standen an derselben Stelle, von der wir am Abend aufgebrochen waren. Das Gras war noch niedergedrückt, wo wir den ganzen Tag lang gelagert hatten, und der große, flach abgeschnittene Baumstumpf mitten auf der Lichtung schloß jeden Irrtum aus.

Ich schloß die Augen und bemühte mich, den Moment zurückzurufen, als wir im Morgengrauen diese Lichtung betraten, als wir, die nassen Zweige auseinanderbiegend, den kreisförmigen Kahlschlag erblickt hatten und den etwas höheren Baumstumpf in der Mitte. Es war ein quälendes Bemühen, und zunächst tauchte der Augenblick vom Morgen des Vortages auf, als wir – ähnlich wie heute – mit den Armen die Zweige von Haselsträuchern beiseite geschoben und auf eine Lichtung getreten waren, die ähnlich groß wie diese gewesen war, aber ohne die Spur eines Kahlschlags und ohne den Baumstumpf. Es war unsere erste Rast im Walde gewesen, nach der ersten Nacht unseres Marsches, jetzt aber ging es um die zweite Rast, um den zweiten Tag. Ich vertrieb die vor meinen Augen so deutlich erscheinende andere Lichtung und erinnerte mich, wie ich das Haselgesträuch beiseite geschoben hatte, denn ich war vorangegangen, hinter mir Jadwiga, hinter Jadwiga Anna, »Hier können wir bleiben«, hatte ich gesagt und die Worte flüsternd wiederholt, ohne die Augen zu öffnen, hier können wir bleiben, hatte ich gesagt und mich gebückt, denn unter meinen Füßen hatte etwas im Gras geraschelt, es war eine leere Zigarettenschachtel Marke Sulima gewesen, ich hatte sie aufgehoben und gleich wieder weggeworfen. Das Zurückrufen dieser Einzelheiten quälte mich sehr, doch jetzt wußte ich, was ich zu suchen hatte. Ich umrundete die Lichtung und suchte die Sulima-Schachtel. Sie lag auf einem Moospolster. Ich schob die Zweige beiseite, nein, dort gab es keinen Pfad, jetzt erinnerte ich mich: Der Pfad endete weiter unten an der Stelle, wo von einem Baum der gebrochene, trockene Ast herabhing, den wir frühmorgens für die Gestalt eines hageren Menschen gehalten hatten.

Langsam stiegen wir hinunter und suchten in der Dunkelheit nach den morgens bemerkten Erkennungszeichen – die Blechschachtel auf dem Pfad, eine Strohgarbe, die großen Farninseln, das sorgfältig zusammengelegte, auf den Abtransport wartende Klafterholz.

Wir mußten warten, ehe wir die Chaussee betraten, gerade fuhr dort eine Lastwagenkolonne vorbei.

Wir lagen im Straßengraben, der Schnee taute unter der Wärme unserer Körper, ich spürte, wie sich die Feuchtigkeit an meiner Brust ausbreitete. Der Graben war tief genug und dank den Schneeresten fast so bequem wie ein Bett.

Als Stille eintrat und Dunkelheit von neuem die Chaussee einhüllte, gingen wir weiter, in der nun schon festgelegten Ordnung: im Gänsemarsch, am Rand des Asphalts, nahe dem Graben, unserer einzigen Deckung. Jadwigas hinkender Schritt störte den Marschrhythmus.

Ich versuchte, mich nur auf das Gehen zu konzentrieren, an nichts anderes zu denken, nicht zurückzukehren, nicht vorauszueilen, doch ständig schien mir das Gehen ein Traum zu sein, aus dem mich der Ruf »*Aufstehen!*« wekken würde, als läge ich auf der Pritsche und döste. Immer wieder ließ meine gespannte Aufmerksamkeit nach. »Wir gehen im Kreis«, wiederholte Anna mehrfach. Ich beachtete ihre Worte nicht mehr.

An der Kreuzung stand ein Wegweiser – wie eine Windmühle mit reglos ausgestreckten Armen. Mühsam entzifferten wir die Aufschriften. Die Ortsnamen sagten uns nichts, wir kannten sie nicht. Wie in der vorangehenden Nacht wählten wir also den Ort mit dem Namen, der für unsere Ohren am freundlichsten klang. Das war einfach, weil alle außer einem rauh klangen, voller zusammengedrängter Silben, einer aber hatte einen sanften Klang und erinnerte – warum nur? – an eine Wiese; außerdem schien er eine Belohnung anzukündigen.

Wir gingen also in Richtung einer Stadt?, eines Städtchens? namens Iserlohn. In dieser Nacht fuhren viele Autos, immer wieder mußten wir uns in den Graben legen. Unsere Kleider, Strümpfe, Schuhe waren völlig durchnäßt. Der Weitermarsch fiel uns immer schwerer. Jadwiga zog ihr verletztes Bein nach, aber das Tempo unseres Marsches verringerte sich entschieden, nicht wegen Jadwigas Bein, sondern weil wir nun die zweite Nacht mit leerem Magen marschierten.

Irgendwann einmal bogen wir, durch Erschöpfung umnebelt, von der Chaussee ab – wir wunderten uns über das plötzlich weiche Gelände unter unseren Füßen, das Fehlen des Asphalt, die Nachgiebigkeit des Bodens, die uns in Schlaf wiegte. Das Licht eines Autos blinkte in der Ferne. Eilig kehrten wir um, aber vergebens – die Chaussee blieb verschwunden, als hätte es sie hier nie gegeben. Wir liefen jetzt zwischen dunklen, schweigenden Häusern auf einer gewundenen, schmalen Dorfstraße; im ersten Augenblick packte uns die Angst vor den Hunden. Sie könnten, durch unsere Schritte geweckt, laut bellen. Nach einer Weile, als kein Laut die Stille unterbrach, packte uns die Angst gerade vor dieser Stille. Wir irrten mit vorgestreckten Händen zwischen den Häusern umher und versuchten, aus dem Dorf hinauszukommen. Doch die Häuser umzingelten uns. Häuser und Wände, Zäune und Leitern, Bänke, Bäume, Brunnen. Wir gingen vorsichtig auf Zehenspitzen, um die Schlafenden unter ihren Federbetten und die Hunde in ihren Hütten auf den Höfen nicht zu wecken, man hörte keinen Laut in diesem stummen, schweigenden Dorf.

»Wundert dich das nicht?« fragte Anna im Flüsterton, »kein einziger Hund bellt, hier wohnt niemand, das Dorf ist ausgestorben«, und während ich ihre Worte vernahm, sah ich nicht mehr die Schlafenden unter ihren Federbetten und die Hunde in ihren Hütten, ich sah leergeräumte Zimmer und kahle Wände und vernahm die von keinem Atemzug durchbrochene Stille.

Zornig sagte ich: »Was redest du für Unsinn«, im stillen aber gab ich Anna recht. Dies war kein gewöhnliches Dorf.

»Alle Leute sind weggeschafft, evakuiert«, flüsterte sie mit fiebriger Stimme, »in der Nähe muß ein Lager sein ...«

Du bist verrückt! wollte ich schreien, schrie aber nicht.

Ich blickte zum Himmel auf und suchte die ersten Anzeichen der Morgendämmerung – er war dunkel, zwischen den Haufenwolken gab es keinen Stern.

Ich bemerkte nicht einmal, wie wir aus dem Labyrinth der Häuser hinausgelangten und auf einen morastigen Feldweg in die offene Landschaft traten. Dann hörte ich Annas Aufschrei. Meine Kraftlosigkeit mühsam überwindend, lief ich zu ihr, Jadwiga mir nach.

»Berührt ihn«, sagte Anna, und ein Unterton von Triumph lag in ihrer Stimme. »Es ist, wie ich gesagt habe. Draht ...«

Nachdem sie das gesagt hatte, setzte sie sich auf den Boden, Jadwiga folgte ihrem Beispiel. Ich streckte die Hand vor, der Draht war kalt, glatt, feucht.

Eine Zeitlang versuchte ich, meine Gedanken zu konzentrieren und mich an etwas sehr Wichtiges zu erinnern, doch meine Gedanken zerstoben, und ich konnte sie absolut nicht einfangen. Ich spürte, wie auch ich zu Boden sank. Gleich, gleich werde ich mich erinnern, dachte ich. Das war mein letzter Gedanke vor dem Schlaf, der mir binnen einer Sekunde die Besinnung raubte.

Hähnekrähen weckte uns. Wir lagen auf einem Pfad an der Drahtumzäunung einer Weide, in der Nähe eines kleinen, engen Dorfes. Hinter den Fenstern hingen Gardinen, in den Töpfen blühten Blumen, auf der Wiese stand ein Ziehbrunnen mit einem Trog, es fehlten nur die weidenden Kühe – sie überwinterten noch in den Ställen.

Eilig standen wir auf, unsere Augen suchten den Wald. Er war nicht weit, gleich hinter der Weide. Ein dichter, alter Wald.

Am Waldrand krochen wir unter die Büsche.

»Wie konntest du nur«, fiel mir ein. »Das war doch ein ganz gewöhnlicher, glatter Draht.«

Und wir schliefen weiter.

*

Von Zeit zu Zeit weckte uns der Hunger, eine schwarze, schmerzhafte Leere drückte im Magen, dann versanken wir wieder in quälenden, flachen Schlummer. Schlimm war der Tag, der der dritten Marschnacht voranging, schlimm die Erinnerung an das ausgestorbene Dorf, beunruhigend die Leichtigkeit, mit der ich Annas Hirngespinst erlegen war, ihrer Vision von leeren Häusern und einem Lager. Hunger und Hirngespinste. Nur die Vernunft bewahren. Höchstens noch eine Marschnacht, mehr schaffen wir nicht, dachte ich und hörte schon im nächsten Augenblick Agafjas Pantoffeln schlappen, der Deine ist gekommen, sagte sie, ich lief auf die Veranda, dort stand ein seltsam verkleideter Marian in elegantem Pelz, hohen Stiefeln und einem Hut mit glänzender Feder, ich bin gekommen, um Abschied zu nehmen oder zu bleiben. Stöhnend erwachte ich. Die Leere lag wie ein Stein im Magen. Wenn ich die Augen aufschlug, sah ich Jadwiga und Anna unter den Büschen, ihre grauen Gesichter, und ich sah mich selbst, als betrachtete ich mich, gespalten in eine liegende und eine schauende Joanna.

Quälender Halbschlaf, Traumgesichte. Wir mußten möglichst schnell an die Tür eines Bauern im Dorf klopfen, *Pole* sagen und *Arbeit*, im Lager hatte es geheißen, wenn man einen Deutschen treffe, der Arbeitskräfte brauche, könne es geschehen, daß er selbst unter Umgehung der Polizei die Formalitäten auf dem *Arbeitsamt* erledige. Doch bei Anbruch der Dämmerung beschlossen wir einhellig, noch eine dritte Nacht zu gehen, und schoben feige den entscheidenden Augenblick des Anklopfens hinaus, den Augenblick, der uns Gutes eintragen konnte und sehr Schlimmes.

Die Beine trugen uns nur mehr mühsam, und schon ganz zu Anfang dieser Nacht erblickte Jadwiga ein großes weißes Haus. Es verstellte ihr den Weg und zwang sie zur Flucht auf die Mitte der Chaussee. Dann sah sie noch weitere große Häuser, alle weiß und schön, sie beschrieb sie in allen Einzelheiten, doch wir führten sie, ohne auf Widerstand und Klagen zu achten, untergehakt am Chausseerand voran, ganz nahe am Graben, unserem einzigen Schutz. Wenn sie zu sich kam, sagte sie: »Ich habe Halluzinationen.«

Auf einem Hügel setzten wir uns hinter eine Baumgruppe. Vor uns lag ein Dorf, das sich nicht umgehen ließ. Weit entfernt, zu unserer Rechten, blinkten schwankend die Lichter einer anderen Ortschaft. Jadwiga drückte sich Schnee an die Augen. Dann verschwanden die Häuser. Auf der Chaussee fuhr knatternd ein Motorrad vorbei, gleich darauf ein zweites und ein drittes.

»Die Verfolgung«, meinte Anna, »man verfolgt uns... Sieh mal...« Ich warf einen Blick auf die fernen gelben Lichter. Sie zitterten wie eine Kerzenflamme und rasten plötzlich los. Sie näherten sich in irrsinnigem Tempo. Wieder ertönte das Knattern eines Motors, und wieder sagte Anna: »Man verfolgt uns, das ist die Verfolgung.«

Nachdem sie sich uns genähert hatten, sprangen die Lichter zurück, kehrten um zu einer fernen Stelle und begannen abermals mit ihrer irrsinnigen Fahrt. Es drehte sich mir im Kopf. Ich legte mich auf die Erde und schloß die Augen. Halluzinationen, Hirngespinste. Wir müssen uns melden, dachte ich wieder, sofort, hier, in diesem Dorf.

Das einstöckige Häuschen stand einsam auf einer kleinen Erhebung, durch die zugezogenen Gardinen sickerte Licht. Es war nicht spät. Jadwiga setzte sich auf die Bank am Eingang, Anna und ich traten zur Tür. »Kein Wort auf deutsch«, sagte ich zu Anna und klopfte an.

Wir hörten Schritte, eine Frauenstimme fragte: *»Wer ist da?«* Wir antworteten nicht. *»Wer ist denn da?«* fragte die Frau zum zweiten Mal, lauter schon, ungeduldig. Die Tür ging auf. Eine alte Frau mit grauem Haar blickte uns verwundert an. *»Pole, Arbeit«*, sagten wir beide gleichzeitig.

Da öffnete sich die Tür weiter, sie zog uns hinein und drehte den Schlüssel um.

Das Zimmer war groß, schwach beleuchtet, kärglich möbliert. Eine Holztreppe führte ins Obergeschoß.

Die Frau rief laut: *»Walter, komm schnell.«* Ein junger, beleibter Deutscher in offenem Hemd kam die Stufen herunter.

»Was sind das für Mädchen, Mama? *Wer ist denn das?«*

»Sie haben nur zwei Worte gesagt, *Pole* und *Arbeit*. Mir scheint, man muß ...«

Er kam näher, er hatte leicht vorgewölbte Augen und eine ungesunde Haut.

»Von wo seid ihr geflohen, aus welcher Fabrik?«

»Nix Fabrik.«

»Papiere!«

»Nix.«

Er pfiff durch die Zähne.

»Ich rufe die Polizei an«, sagte er zu seiner Mutter, »und sage, sie sollen in die *Wirtschaft* kommen. Gib inzwischen auf sie acht.«

Die Deutsche fragte: *»Essen?«* und holte schnell zwei Scheiben Brot mit Rübensirup.

»Wir – drei«, zeigte ich mit den Fingern.

»Du lieber Gott! Wo ist denn die dritte?«

Ich ging mit ihr vor das Haus. Jadwiga erhob sich von der Bank.

»Was haben sie gesagt?«

»Komm, du kriegst Brot mit Sirup.«

»Aber was haben sie gesagt?«

»Ihr Sohn ruft die Behörden an.« (Ich sagte absichtlich Behörden und nicht Polizei, um nicht zu verraten, daß ich die Worte des Deutschen verstanden hatte.) Wir kauten mühsam das Brot, unsere Kiefer waren wie eingerostet.

Walter kehrte in einer grünen Jägerjoppe zurück, als er Jadwiga erblickte, blieb er wie angewurzelt stehen.

»Was ist denn das? Noch eine? Wie viele sind es denn, zum Teufel?«

Kaum hatten wir die Schwelle der Gastwirtschaft überschritten, verstand ich, warum er uns hergeführt hatte. An der Spüle in der Küche stand ein junges Mädchen in Holzpantinen, ein braungebrannter Bursche trank an einem Tisch Kaffee. Es waren Polen.

»Du wirst dolmetschen«, sagte der Deutsche zu dem Burschen, »gleich kommt die Polizei. Das sind Polinnen, man weiß nicht, wo sie geflohen sind, sie sprechen kein Wort Deutsch.«

»Sie sind Pole?« rief ich. »Wie gut, denn wir können uns nicht verständigen. Sagen Sie ihm, daß wir aus einem Transport geflohen sind.«

»Gleich kommt der Gendarm, dem werde ich's sagen«, antwortete er unfreundlich, und das Mädchen sagte, ohne ihre Arbeit zu unterbrechen: »Wozu mußtet ihr fliehen, wenn sie euch schnappen, schlagen sie euch.«

Zwei Gendarmen standen auf der Schwelle. Der Bursche dolmetschte unsere Geschichte über die Flucht aus dem Zuge, einer der Gendarmen, der ältere, schnurrbärtige, notierte.

Wieder ließ sich das Mädchen vernehmen: »Wozu habt ihr das getan? Nach Polen fliehen könnt ihr doch nicht, das ist zu weit.«

Man führte uns über die Dorfstraße, zwischen Bäumen.

Die Ruhe dieses Weges, die sanften Lichter in den Fenstern. Das Gefühl plötzlich eintretender Erleichterung.

*

Die Nacht verbrachten wir in einer Haftzelle auf einer einzigen Pritsche. Die Wand über uns war mit Namen und Inschriften gesprenkelt – bis zum Frühjahr durchhalten, vive la liberté, wir zeigen es den Deutschen, es lebe Polen. Polnische, französische, russische Namen, polnische am meisten. Wir sagten uns, alle, die hier ihre schriftliche Spur hinterlassen hatten, sind zur Arbeit verschleppte Menschen, Flüchtlinge wie wir. Wir sagten uns, unser Fall ist keine Ausnahme, und wußten doch, daß dies nicht stimmte, daß die Ähnlichkeit nur scheinbar war. Doch die Worte gaben uns Hoffnung.

Ein Traum weckte mich. Über das Bett meiner kranken

Mutter gebeugt, stand ein junger SS-Mann, ich sah sein Gesicht deutlich. Ich betrachtete ihn – wie damals aus der Zimmerecke, in die er uns mit dem Befehl, uns nicht zu rühren, gescheucht hatte. Ich vertrieb dieses Bild mit aller Kraft und blickte zu dem vergitterten Fenster hinüber, in dem schon der Morgen dämmerte.

(Aber die Vernehmung, die morgens mit Hilfe eines amtlichen Dolmetschers stattfand, fehlt in meiner Erinnerung. Warum ist der Dolmetscher verschwunden? Seine Fragen, unsere Antworten? Die Fahrt mit dem Zug zur Stadt? Nur ein Satz des schnurrbärtigen Gendarmen ist übriggeblieben: »Bring sie nach Iserlohn zum *Arbeitsamt.*« Nach Iserlohn! In die Stadt, die wir nachts an der Straßenkreuzung als Ziel unseres Marsches ausgewählt hatten. Doch auch die Stadt fehlt in der Erinnerung. Ich weiß, der Gendarm führte uns vom Bahnhof durch die Straßen zum *Arbeitsamt* und zurück zum Bahnhof, ein Beamter mit rotem Haar, wie ein Eichhörnchen. Ich weiß, aber ich sehe es nicht.)

*

Im *Arbeitsamt* saß hinter seinem Schreibtisch ein Deutscher von mächtigem Körperbau, ein vorquellendes Auge verunstaltete sein Gesicht. Er wußte bereits von uns. *»Das sind also diese drei.«* Das Zyklopenauge ruhte schwer auf uns, sein Blick enthielt Drohung, Mißtrauen und Verachtung. Ich spürte, wie sich ein dümmliches Lächeln auf meinem Gesicht ausbreitete, ich hatte es längere Zeit nicht benutzt, es wartete in Bereitschaft. Der Beamte fertigte den Gendarm ab, er las das Protokoll genau. Als er mit der Lektüre fertig war, zog er heftig eine Schublade auf, entnahm ihr einen Gummiknüppel und legte ihn vor sich auf den Schreibtisch.

»Keine Lügen!« schrie er. »Keine Ausflüchte! Andernfalls ... *Verstanden?«*

Wir schüttelten verneinend die Köpfe. »Nix ... nix ...«

»Dolmetscher!«

Ein kleines buckliges Männchen kam hereingelaufen, blieb vor uns stehen und sagte in seinem schlesischen Polnisch: »Ich spreche ein bißchen polnisch und werde übersetzen, was ihr sagt, aber ihr sollt die Wahrheit sagen, sonst geht's euch schlecht. Woher ihr seid geflohen?«

Ich schaute ihn an wie eine Offenbarung.

»Sie«, rief ich, »der Herrgott hat Sie uns vom Himmel gesandt, helfen Sie uns! Warum schreit der so? Dort steht es doch, wir sind aus dem Zug geflohen.«

Meine Stimme war tränenerstickt und wehklagend.

»Wie hieß die Station? Wer hat ihnen die Papiere abgenommen?« knurrte der Zyklop. Er glaubte mir nicht.

»Wir wissen nicht, wie die Station hieß, sie hieß irgendwie auf deutsch, wir verstehen die Sprache nicht. Sie war groß. Der Zug hielt lange. Wohin wir geflohen sind? Ach, lieber Mann, wohin denn sonst als nach Polen? Sagen Sie ihm, wir wollen zurück nach Hause ...«

»Nach Polen?« wetterte der Deutsche. *»Quatsch!* Zu Fuß, ohne Geld, ohne Papiere? *So dumm sind die doch nicht.«* Die Ader auf seiner Stirn schwoll an.

»Und woher wußtet ihr den Weg?« fragte der Dolmetscher.

»Nach der Sonne, lieber Mann, nach der Sonne am Himmel.«

Meine Stimme brach, versagte, ich begann zu weinen. Ich weinte echte Tränen. Der Dolmetscher sagte: »Still, still, *genug.* Ich sag's ihm, *sei still, genug, genug.«*

Mit dem Handrücken wischte ich mir die Augen.

»Sie sind doch Pole, Sie verstehen, daß wir ...«

Ach, wie leicht ich weinte, mit welcher Wonne! Ich war

ein dummes, einfaches Mädchen, das der Sonne am Himmel folgend nach Polen floh, ich sagte mir: Das hast du gut gespielt, gut gespielt, aber gib acht, überspann die Saite nicht.

Schluchzend sagte ich: »In eine Fabrik wollten sie uns schaffen, wir haben zu Hause nie eine Fabrik gesehen, wir haben auf dem Acker gearbeitet, in der Landwirtschaft, was wissen wir von Maschinen ...«

»Ach, *dumm* seid ihr. Nach Polen kommt ihr auch in einem Monat nicht, und die Arbeit hier auf dem Feld ist dieselbe.«

»Dann sagen Sie ihm, daß wir Feldarbeit gewöhnt sind, er soll uns aufs Land schicken.«

»Könnt ihr melken?«

»Und wie!«

Der Beamte hob die Hände, ergriff mit den Fingern ein unsichtbares Kuheuter, zog ein paarmal daran und ließ uns fragen, wie viele Kühe jede von uns zu Hause gehabt hatte. Noch einmal wischte ich mir die Augen.

Jadwiga hatte zu Hause drei Kühe, Anna zwei, ich eine Ziege.

Sie schickten uns in drei verschiedene Ortschaften, was uns eine eventuelle Flucht erschweren sollte, die, wie der Zyklop drohte, uns unweigerlich ins Konzentrationslager brächte.

Anna fuhr als erste ab. Sie wurde von einem Bauern geholt, der eher einem Gutsbesitzer als einem Bauern glich. Eine grüne, paspelierte Jacke, ein Jägerhut, lange, auf Hochglanz polierte Stiefel. Wir beide fuhren mit der Bahn, begleitet von dem rothaarigen Mitarbeiter des *Arbeitsamts*. Die erste Trennung seit der Flucht aus dem Ghetto. Auf einer kleinen Station erwartete uns eine mit zwei Rassepferden bespannte Kutsche, auf dem Bock saß ein alter Mann mit langem grauen Bart. Rundum Wiesen und Wälder. Jadwigas Gesicht war schmerzerfüllt wie damals bei Halinka. Ich sagte schnell – gleichfalls wie bei Halinka: »Heul nicht«, obgleich Jadwiga auch diesmal nicht weinte. Ich sagte noch: »Ich komme.« Sie stieg in die Kutsche, spindeldürr, erst jetzt bemerkte ich, wie abgemagert sie war. Sie schaute sich um, einmal und noch einmal. Der Alte sagte etwas zu ihr, sie schüttelte den Kopf, vermutlich zum Zeichen, daß sie nichts verstand. Die Kutsche fuhr ab, der Zug setzte sich in Bewegung. Durch das Fenster betrachtete ich die nebelverhangene Landschaft und riß die Augen weit auf, um die Tränen zurückzuhalten.

Auf einem kleinen, belebten Bahnhof stiegen wir aus. Große Plakate geboten Vorsicht: *»Pst! Feind hört mit!«* Neben dem Plakat stand ein hochgewachsener Mann mittleren Alters, dessen längliches Gesicht an einen Wolf erinnerte. Er war dunkel und hatte kleine schwarze Augen.

»Das ist diese Polin, Joanna«, sagte der Beamte. »Und das ist dein Chef, Herr Schulz.«

Ich lächelte. Joanna wird anders sein als Katarzyna, fröhlich, sorglos, töricht, aber durchaus nicht dümmlich.

»Kannst du melken?« fragte Schulz. Er trug wie Annas Bauer einen grünen Jägeranzug und wirkte auch eher wie ein Jäger, nicht wie ein Bauer vom Dorf.

»Sie versteht kein Wort«, erläuterte der rothaarige Beamte.

»Macht nichts, wir haben zwei Polen, die werden es ihr beibringen. Hauptsache, sie kann melken. *Johanna, kannst du ... so?«* Er jonglierte mit den Händen in der Luft herum. Diese Bewegung kannte ich schon. Ich hielt das Lachen zurück.

»Ja, ja, sie melkt prima«, beruhigte ihn der Rothaarige, er pries die mitgebrachte Ware an. Dann drohte er mir mit dem Finger: *»Nix weglaufen!«* und ließ uns allein.

Zu meiner Verwunderung waren wir in einer Kleinstadt aus dem Zug gestiegen und nicht auf dem Land. An der Straße standen rote Ziegelhäuser. Eines davon gehörte meinem »Chef« Wilhelm Schulz, ein zweistöckiges, schmales Haus, das sich weit in den Hof erstreckte; dort erhob sich eine große Scheune mit einem meerblauen Tor. Ich betrachtete dieses Tor oft vom Fenster meiner Stube im Oberstock aus, das Blau wirkte beruhigend. Die Scheune und der weitläufige quadratische Hof, der sich an das Haus anschloß, bestätigten meine Vermutung, daß es sich doch um einen landwirtschaftlichen Betrieb handelte. Schulz stieß eine niedrige Tür auf (es war nicht der Haupteingang), und wir betraten eine dunkle, sauber aufgeräumte Küche. An einem runden Tisch saß eine Frau mittleren Alters. Sie hatte sehr weiße Haut, glattes dunkles Haar und ein hübsches, aber wenig anmutiges, kaltes Gesicht. »Wir sind da«, sagte Schulz, »sie heißt Johanna. Deutsch kann sie nicht und hat auch keine Sachen ...«

Während sie sich diese Erläuterungen anhörte, goß Klothilde Schulz Erbsensuppe mit Speck in einen Teller und sagte: »Iß das, danach putzt du die Fenster. Heute ist Sonnabend, am Sonnabend putzt man die Fenster.« Sie hatte eine hohe, scharfe Stimme, ihre Bewegungen waren energisch und schnell. Dann öffnete sie eine Seitentür, hinter der ich zu meiner Verwunderung das Maul einer Kuh erblickte, und rief: »Janek!« Gleich darauf betrat ein buckliger Junge unbestimmbaren Alters die Küche. Wir gaben uns die Hand.

»Die Alte sagt, du sollst die Suppe essen und dann die Fenster putzen. Bei denen hier gibt es verdammt viel Arbeit. Wir werden dir mit der Zeit alles erzählen, das heißt, Walenty wird's dir erzählen, der ist klüger als ich... Kannst du melken? Denn seit das Mädchen, eine Serbin, weg ist, muß ich die ganze Scheiße allein machen.«

Die Suppe verschlang ich im Nu. Der Speck, den ich früher nicht ertragen hatte, schmeckte jetzt wie ein Leckerbissen. Klothilde verschwand für eine Weile und kam mit einem alten, an den Ellbogen zerrissenen, rotkarierten Kleid zurück. Im ersten Moment wollte ich mich entrüsten, doch zum Glück unterdrückte ich diese Reaktion. Ich würde das Kleid flicken und das, was ich gerade trug, für den Fall einer neuen Flucht beiseite legen.

5

Sie nahm sich vor, einen Monat zu warten, nach einem Monat beschloß sie, nicht mehr zu warten, die Angst vor dem Erscheinen der Polizei abzuschütteln, die Angst, daß man sie fände, diese wichtigste, dominierende, aber nicht einzige Angst. Denn es gab noch andere Ängste, kleinere, doch auch sie bedeuteten Gefahr, wie zum Beispiel die Furcht, ihre Unkenntnis bäuerlicher Sitten, ihre Unfähigkeit, bestimmte Tätigkeiten auszuüben, könnten Mißtrauen und Verdacht erwecken, könnten verraten, daß sie nicht die war, für die sie sich ausgab. Sorgfältig versteckte sie die Eiterbeulen auf den Handflächen und in den Fingerbeugen, die von der Arbeit mit dem Spaten herrührten, und brachte das Ignorieren des Schmerzes zur Perfektion – doch ihre Unfähigkeit zu melken konnte sie nicht verbergen, ebensowenig den Mangel an Übung beim Fensterputzen – das zeigte sich schon am ersten Tag, je länger sie putzte, desto trüber wurden die Scheiben – und beim Schweinefüttern. Sie konnte ihre Unerfahrenheit höchstens kaschieren, auf vielerlei Weise die Aufmerksamkeit von sich ablenken und sich das nicht vorhandene Wissen möglichst schnell aneignen. Sie wurde durchtrieben und listig, schaute zu, ahmte nach, versteckte, verbarg sich hinter Gelächter und Scherz. Die Kühe hörten auf, zornig mit dem Schwanz zu wedeln. Nach einer Woche molk sie dreimal täglich fünf Kühe, die anderen fünf molk Janek, Walenty kümmerte sich nicht um die Kühe, sondern nur um die Pferde. Von Klothildes entsetzlich lauter Klingel geweckt, kam sie fröhlich heruntergelaufen, arbeitete in der Küche, auf dem Feld, im Garten, im Schweinestall, sang »Die Enten über dem Wasser, die Gänse über dem Wasser«, »Schwarze Augen«, »Du gehst dort oben und ich im Tal« – nur diese drei Lieder kannte sie auswendig. Janek kicherte, das ist aber ein fröhliches Mädchen, diese Joanna, der verschlossene Walenty lächelte ein wenig. Er allein hatte die Eiterbeulen bemerkt – als er unvermittelt ihre Hand ergriff, sie hochhob und umdrehte, war er erschrocken. Um Gottes willen, Mädchen! Er hatte ihr ein Stück Speck zum Auflegen gegeben und den Bauersleuten kein Wort gesagt, sondern nur gescherzt, sie habe zarte Hände wie zum Klavierspielen, aber nicht zum Graben.

Walenty, ein verheirateter Mann aus Pommerellen, der ganz gut Deutsch konnte, die rechte Hand des »Chefs«, weckte bei ihr leichte Unruhe. Er saß bei Tisch – sie aßen zu dritt – sauber gekleidet im Gegensatz zu dem unordentlichen Janek, den er deutlich verachtete, hübsch, rundes Gesicht, schon recht kahl. Das unter dem Kinn zugeknöpfte weiße Hemd verlieh ihm das Aussehen eines Dorfgeistlichen. Er sprach wenig und lächelte sarkastisch. Die in der Nähe lebenden Polen achteten ihn, doch hatte er keine Freunde. Von ihm hieß es, er sei ein ordentlicher Kerl, aber auch ein Egoist. Sein Verhalten zu den »Chefs« war von diskreter Distanz bestimmt, das achteten sie und handelten ähnlich.

Die »Chefs« gehörten zur Klasse der *Großbauern.* Sie waren teils Bauern, teils Städter. Einmal hatte sie Klothilde morgens im Kuhstall mit hochgeschlagenem Rock angetroffen, ein anderes Mal war sie abends festlich gekleidet ins Auto gestiegen, in Pelz und Hut und Parfümduft – sie fuhr ins Theater. Die Hauswirtschaft führte sie mit eiserner Hand. Alles verlief regelmäßig und pedantisch, jeder

Wochentag hatte unabänderlich sein Gericht, Brennesselspinat gab es am Dienstag, Kartoffelplätzchen am Freitag, Fleisch an Sonn- und Feiertagen. Im Keller standen – wie die Bücher einer Bibliothek – Reihen von Weckgläsern mit gepökeltem Schweinefleisch auf den Regalbrettern, jedes Glas mit einer Nummer und dem Datum des Schlachttages. Zur Zeit aß man den Jahrgang 40. Klothilde hatte sie stolz durch dieses Königreich der geschlachteten Schweine, des eingemachten Obstes und Gemüses geführt. Ihr Stolz war völlig berechtigt, doch Joanna blieb gleichgültig und versagte ihr die Bewunderung.

Der zum Abwarten bestimmte Monat verging, die Schmerzen im Kreuz, die Folge stundenlanger Feldarbeit, verschwanden, die Eiterbeulen hinterließen Narben. Schnell, aber nicht zu schnell begriff sie die deutsche Sprache, sie kannte immer mehr Wörter, sie bastelte sogar Sätze, wobei sie unabänderlich die Infinitivform der fremden Sprache benutzte.

Janek erläuterte, diese Sprache sei leicht, ein deutsches Wort genüge für zwei polnische, Joanna weiß es noch, wie er sagte: »einmal« steht für »einmal« und für »Eimer«, »bese« steht für »Besen« und für »böse«, »schmeckt« steht für »schmeckt« und für »Speck«.

Sie ging mit Schulz auf die Polizei, wo man ihr einen Ausweis mit Stempeln und Fingerabdrücken aushändigte, der legal bestätigte, sie sei Joanna Pilecka. Zum erstenmal empfand sie etwas wie stille Befriedigung.

Sie freundete sich mit Marysia vom Grafen an und ging am Sonntag mit Walenty und Janek zur gräflichen Besitzung, die sich einige Kilometer hinter dem Städtchen erstreckte. Marysia war dort Dienstmädchen, Jurek Gärtner. Am Sonntag trafen sich die Polen bei ihnen. Das Frühjahr nahte, der Park wurde grün, junge Entengrütze überzog die Teiche. Die hoch aufgeschossene, stattliche

Marysia hatte eine runde Stube im zweiten Stock des Schloßturms. Voller Stolz zeigte sie Joanna den im Nachtschränkchen verborgenen Nachttopf aus Porzellan. »Siehst du, was ich für einen Komfort habe?« Morgens goß sie den Inhalt auf die Kronen der hohen Bäume. Sie lachten beide. Joanna genoß den weiten Blick auf Parkbäume, Alleen, Rasenflächen, Beete und weiter entfernt auf die Wiesen, Wiesen ohne Ende, durch die breit und glatt immer noch derselbe Fluß floß, die Ruhr.

»Was schaust du so?« fragte Marysia, »da gibt es nichts zu betrachten.«

Eines Tages begegneten sie beim Hinuntergehen auf der Wendeltreppe dem Grafen in Uniform und mit Monokel – er war auf Urlaub gekommen. Das Ghetto stand ihr lebendig vor Augen. Mit einem Finger hob der Graf ihr Kinn und wunderte sich: *»Die sieht aus wie eine Deutsche.«*

Im Häuschen des Gärtners Jurek wusch sie sich die Berührung ab.

Als sie zum erstenmal dort hinkam, sprach Jurek jenen berühmten Satz aus, er lobte Hitler wegen der Ordnung, die er mit den Juden machte. Ein unter dem Fenster sitzender großer, braungebrannter Bursche rief: »Wie kannst du so reden! Schämst du dich nicht? Du weißt doch, was er mit den Juden ...«

»Schaut an«, lachte Jurek auf, »bist du etwa Jude?«

Da dachte sie, merke dir diesen Burschen; noch kannte sie seinen Vornamen, Gienek, nicht.

Nie wieder vernahm sie Bemerkungen über die Juden.

An diesem Sonntagnachmittag spielten die Burschen Karten: der verwegene, flachsblonde Jurek, der elegante Adam, der schöne apfelbäckige Józef, selbst Besitzer eines großen Hofes bei Posen, Staszek mit seinen von Dauerwellen gesträubten Haaren und Gienek, der Tischler aus Lodz, der für die Juden eingetreten war. Mädchen gab es nur zwei, Marysia vom Grafen und sie, Joanna. Sie unterhielten sich. Marysia vom Grafen vertraute ihr jede Woche ihre Liebe zu Jurek an, der versprochen hatte, er werde sich nach dem Krieg von seiner Frau scheiden lassen und sie heiraten. »Meinst du, ich kann ihm glauben?« fragte sie, und Joanna bemühte sich, ihre Zweifel zu zerstreuen.

Um sechs Uhr endete der Sonntag, sie mußten zurück zum abendlichen Melken. Inzwischen molk sie schnell und geschickt. Im Frühling hatte man die Kühe auf die Wiesen gebracht, früh, mittags und abends ging sie mit Janek auf die ferne Weide. Der Handwagen mit den Milchkannen klapperte lärmend über das Straßenpflaster, die Kannen dröhnten. Von überall hörte man im Städtchen dasselbe Klappern und Dröhnen.

Auf der Weide duftete die Erde. Beim Klappern des Handwagens näherten sich die Kühe schwerfällig und warteten geduldig, bis man sie von der Last ihrer Milch befreite. Sie gewann ihren traurigen, gleichgültigen Blick lieb. Die Kühe trugen menschliche Namen, eine von ihnen hieß Hedwig.

Auf dem Rückweg beeilten sie sich nicht. »Langsam«, sagte sie zu Janek, »wir kriegen noch genug zu tun (zu »tun« sagte sie, nicht zu »arbeiten«), laß die Alte warten.« Sie bot ihm eine Zigarette an, zufrieden legte er sich hin und paffte. Die Zigaretten hatte Gienek ihr gebracht. Sie paffte auch. Die Erde duftete, der Wind duftete. Ihre Beziehung zur Natur war so nah und intim wie noch nie. Die Farben, die Gerüche waren plötzlich unentbehrlich geworden, der Hunger nach Schönheit erwacht. Sie hielt diese Empfindungen für unwürdig, sie meinte, wenn sie so empfand, verriete sie die in Polen Zurückgelassenen.

Mit dem Einzug des Frühlings wurden die Blicke der Burschen klebrig und erwartungsvoll. Wenn der hübsche, apfelbäckige Józef sah, was das Geflügel auf dem Hof trieb, seufzte er: »Der Hahn hat's gut, mal die eine, mal die andere.« Er lachte gutmütig und dröhnend.

Sie sprach jetzt des öfteren von der Treue zu ihrem Verlobten in Polen und von ihrer gegenwärtigen großen Liebe. Mit Gienek hatte sie ein langes Gespräch über dieses Thema. Marysia vom Grafen flüsterte ihr mit tadelndem Tonfall ins Ohr: »Was bist du immer so heilig? Dumm bist du, wir haben nur, was wir genießen, der Frühling ist die Zeit der Liebe.«

Eines Tages überraschte Walenty sie mit einem Besuch, es war sehr spät, sie lag schon im Bett. Er stand in der Tür, ein wenig blaß, und duftete nach Maiglöckchenseife. Sie fragte: »Und wenn jemand so zu deiner Frau käme, spät in der Nacht, was würdest du sagen?« Einige Tage lief er gekränkt herum.

Wenn sie abends nach oben in ihre Stube ging, blieb sie manchmal für einen Moment auf halbem Weg vor dem Zimmer der Bauersleute stehen. Sie lauschte. Die Stimme des Radiosprechers klang gedämpft und undeutlich. Eine Uhr tickte laut. *Schwere Kämpfe.* Wo sich diese schweren Kämpfe abspielten, konnte sie nicht aufschnappen. Zeitungen waren ihr nicht zugänglich, sie fragte Walenty, der selbst wenig wußte, und sie wollte nicht allzuviel nach Dingen fragen, die sie nicht übermäßig zu interessieren hatten.

Als sie einmal an der Tür lauschte, vernahm sie Beethovens Siebente, deren zweiten Teil. Sie floh eilig. In ihrer Stube schloß sie die Tür hinter sich und blieb mit sich allein – ohne Joanna. Den ganzen Abend würgte diese Musik sie.

Sie schrieb an dem Tischchen unter dem Fenster, vor dem die bei Nacht schwarze und nicht blaue Scheune aufragte, sie schrieb Briefe an Jadwiga, seltener an Anna. Sie schrieb Briefe an Marian und ihren Vater, und sobald sie fertig war, riß sie sie in kleine Fetzen. Sie schrieb

Notizen, die sie unter einem lockeren Brett des Fußbodens versteckte, auf das Brett stellte sie einen Stuhl mit der Waschschüssel und dem Wasserkrug. Später mußte sie diese Notizen vernichten.

Drei Monate vergingen seit dem Tag gleich nach ihrem Eintreffen, da sie einen Brief mit den neuen Adressen von sich und Jadwiga an Halinka geschickt hatte. Halinka schwieg. Abends dachte sie an dieses Schweigen, sie fürchtete es mehr als manche Bilder, die an ihren Augen vorbeizogen und in ihre Träume drangen. Sie schlief schnell ein, erschöpft und stets mit herabhängenden Händen, die immer noch erstarrten, gefühllos wie ein Stück Holz.

*

Im Frühjahr, wohl im April, traf ein Brief von ihrem Vater an Jadwiga ein. Als Absender war der Direktor der Grundschule in Z. angegeben, und sie erfuhren erst nach dem Krieg, daß dies der zweite Brief war, den ihr Vater geschrieben hatte. Der erste, ein Abschiedsbrief, war nicht eingetroffen, weil er nicht abgesandt worden war. Ihr Vater hatte ihn nach dem Verlassen des ukrainischen Familiengrabes geschrieben. Dorthin hatte ihn der Imker aus dem Überwinterungskeller der Bienen gebracht und versprochen, allwöchentlich mit dem nötigen Lebensmittelvorrat zu kommen; dann hatte er das schmiedeeiserne Tor der Familiengrabstätte abgeschlossen. Als er es nach zwei Wochen öffnete, fand er ihren Vater zwar noch am Leben, aber völlig entkräftet vor. Vater übernachtete fortan in Scheunen, eine Nacht hier, die andere dort, und suchte vergebens nach einem ständigen Versteck. In einer dieser Scheunen schrieb er einen Abschiedsbrief an uns und einen anderen an seinen Freund, den Direktor der Grundschule, mit der Bitte, einen Unterschlupf für ihn zu suchen. »Ich nehme es Dir nicht übel«, schrieb er, »wenn Du meine Bitte nicht ausführen kannst. Die Schwierigkeiten sind ungeheuer. Eines aber mußt Du mir versprechen, nämlich daß Du nach dem Krieg den beiliegenden Brief meinen Töchtern gibst.«

Der Direktor der Grundschule las den Brief, den ihm ein blutjunger Hirte gebracht hatte, und schrieb zurück: »Gib mir fünf Tage Zeit.« Gemeinsam mit einem Freund, einem ehemaligen Senator der Bauernpartei, fand er für Vater einen Unterschlupf auf dem Lande, den Abschiedsbrief aber zerriß er.

»Liebstes Fräulein Jadwiga, Tag und Nacht denke ich an Sie in Liebe und Sehnsucht, und wie ein nach Wasser dürstender Wanderer in der Wüste warte ich auf den Augenblick, da wir uns treffen. Ich wohne jetzt auf dem Lande und ernähre mich von Milch und Schwarzbrot...« So schrieb er aus seinem unterirdischen Versteck.

Als ich Jadwigas Brief öffnete (Margarete, die Tochter des Ehepaars Schulz, brachte ihn in die Küche mit den Worten: »Meinst du etwa, ich bin dein Briefträger, der dir täglich Briefe bringen wird?« und warf ihn auf den Tisch), fiel als erstes das Blatt mit der wohlbekannten, eckigen, steilen Schrift heraus. Die Tinte war grün, und diese grünen, steilen Buchstaben hüpften mir vor den Augen wie Heuschrecken, ich war außerstande, auch nur ein Wort zu lesen. Ich rannte aus der Küche. Im Stall, auf dem Stroh, las ich lange meines Vaters Brief.

Bald darauf erhielt Jadwiga ein in Z. aufgegebenes kleines Päckchen. Der Absender war ihr unbekannt, bekannt war ihr dagegen der Inhalt des Päckchens, ein enges dunkelblaues Kleid, das unserer Tante Stefania gehörte. Außer dem Kleid enthielt das Päckchen nichts mehr. Tante Stefania gab auf diese Weise ein Zeichen: ich lebe. Was für Worte hätte sie auch schreiben sollen? Als sie das Kleid, durch wen immer, abschickte, war sie noch im Ghetto, aber kurze Zeit später, wahrscheinlich noch ehe ihr Zeichen bei Jadwiga eintraf, wurde sie zusammen mit allen anderen auf dem Anger bei der Bahnstation erschossen. Von dem Brief und dem Zeichen aus dem Ghetto erschüttert, dachte ich im ersten Moment nicht daran, daß Halinka, während sie unsere Anschriften nach Z. weitergegeben, selber kein Wort geschrieben hatte. Nur sie aber konnte mir mitteilen, wie es um Marian stand. Und erst abends traf mich wie ein Hieb mit dem Beil der Gedanke, warum sie es vorzog zu schweigen.

*

Ich fuhr zu Jadwiga. Diesmal war Schulz unerwarteterweise mit meiner Reise einverstanden (ohne Einverständnis des Bauern gab die Polizei keinen Passierschein), obwohl er sich davor bis jetzt gedrückt hatte, so gut er konnte. Als Walenty hörte, daß ich zu meiner Freundin fahren wollte, verkündete er, er werde mitkommen, es sei denn, fügte er ironisch hinzu, seine Begleitung sei mir nicht lieb. Mir war klar, daß seine Anwesenheit uns die Begegnung, auf die wir so lange gewartet hatten, zerstören und ein freies Gespräch unmöglich machen würde, wußte aber, wie sensibel Walenty war und wie leicht man ihn verletzen konnte. Ich wollte ihn nicht kränken (hatte ich Angst?).

Schließlich zerstörte nicht nur seine Anwesenheit unsere Begegnung, die jetzt, nach dem Eintreffen des Briefes von unserem Vater, gewiß voller Freude gewesen wäre, sondern ein anderer Brief, der unmittelbar vor dem für meinen Besuch bei Jadwiga vorgesehenen Sonntag eintraf.

Eigentlich nicht der Brief – er war von Anna –, sondern der blaue, an Paulina adressierte und mit einem Vermerk versehene Umschlag, mit dem der Brief von Anna an ihre Kusine im Sudetenland zurückgekommen war. Der Vermerk in kleinen Frakturbuchstaben (geschrieben von dem Bauern? vom örtlichen Briefträger?) lautete: *Paulina Kostecka zur Zeit Gestapo.*

Es dauerte eine ganze Weile, bevor ich die eng aufgereihten Buchstaben entzifferte, doch das Wort Gestapo sprang mir sofort ins Auge, so daß ich den Inhalt erriet, ehe ich die übrigen Wörter entziffert hatte. *Paulina Kostecka zur Zeit Gestapo.* Ich kann den Vermerk auf dem Umschlag nicht lesen, schrieb Anna, ich verstehe nicht, warum der Brief zurückgekommen ist.

Meine Hand zitterte. Plötzlich von einer Schwäche in den Beinen befallen, setzte ich mich, und so blieb mir der Augenblick im Gedächtnis: Ich sitze am Tisch in Klothilde Schulz' Küche, den blauen Umschlag in der Hand, gebeugt, konzentriert und aufmerksam, neben mir Margarete (denn wie üblich hatte sie den Brief gebracht und auf den Tisch geworfen), am Fußboden der Eimer mit den Kartoffeln, die ich eben noch geschält hatte.

Zur Zeit Gestapo. Der Instinkt gab mir sofort das Wort Flucht ein, das von nun an in mir blieb, das mir keine Ruhe ließ und mit dem ich dann zu Jadwiga fuhr; der festlich gekleidete Walenty reiste mit mir, zum erstenmal seit zwei Jahren unternahm er eine weite, nämlich einstündige Bahnfahrt. Nicht nur seine Anwesenheit störte unsere Begegnung, die wegen der Nachricht von unserem Vater hätte fröhlich sein können und es in gewissem Sinne auch war, denn Jadwiga lebte seit dem Empfang von Vaters Brief in einer freudigen Stimmung, die sich durch nichts verdunkeln ließ. Weder durch den Vermerk *Paulina Kostecka zur Zeit Gestapo* noch durch das Wort Flucht, das ich ihr sofort hinwarf. Sie lehnte es ab, das habe mit uns nichts zu tun.

»Was denn«, fragte ich (wir waren allein in ihrer Stube, nur kurz, für wenige Augenblicke, denn die Bäuerin erlaubte ihr nicht, in ihrer Stube Gäste zu empfangen), »überleg mal, das Päckchen, das Paulina durch eine deutsche Bekannte an Anna im Lager schicken sollte. Überleg mal, wenn die Deutsche dort nach Anna und unserer Flucht hingekommen ist, das bedeutet...«

»Fünf Monate sind inzwischen vergangen. Außerdem konnte Paulina aus anderen Gründen reinfallen, und vermutlich war es so. Die Sudeten sind weit weg.« Sie schob die nie mit eigenen Augen gesehene Kusine von Anna, die jetzt auf der Gestapo saß, beiseite und erwähnte immer wieder den Brief unseres Vaters, sie sagte, der habe ihr Kraft gegeben, »du begreifst nicht, wie er mir geholfen hat«, sagte sie, »du weißt nicht, wie schlecht es mir hier geht.«

Ich wußte, daß sie es sehr schlecht hatte, sie schrieb über die Schikanen der Deutschen, doch jeder ihrer Briefe schloß mit dem Satz: »Außerdem ist alles in Ordnung«, und angesichts dieses Satzes verloren andere Dinge an Gewicht, traten in den Hintergrund. Nur das eine war wichtig: Niemand verdächtigte sie, weder die widerwärtige Bäuerin noch der Pole Stefan oder der Serbe Branko oder der Russe Wiktor.

Zu viert dienten sie dort als Sklaven – ein großer Besitz, der Mann der Bäuerin an der Front. Die Wirtschaft führte Stefan, und das rettete Jadwiga, denn er half ihr und schützte sie vor Schikanen. Groß, schwarzhaarig, energisch – die Deutsche rechnete mit ihm und fürchtete sich, ihn zu verlieren. Mit seinem Lächeln erinnerte er an Gienek, es war gut und vertrauensvoll.

Wir gingen alle spazieren, mit langsamen Schritten wie Bauern am Sonntag, und führten ein karges Gespräch über landwirtschaftliche Dinge und über die Bauern. Jadwiga und ich tauschten heimlich Blicke, sie mußten die Worte ersetzen. Jadwiga war elend und spindeldürr, sie trug Tante Stefanias dunkelblaues Kleid, ihre Hände waren die einer alten, abgearbeiteten Frau.

Zurück zur Bahnstation gingen wir allein. Jadwiga und Branko mußten zu den Kühen, Stefan und Wiktor zu den Pferden. Aus dem Fenster im ersten Stock blickte die Bäuerin unfreundlich hinter uns her.

Walenty saß niedergeschlagen im Zug, Stefan war nicht sein Geschmack gewesen, »und deine Freundin«, sagte er, »sieht ein bißchen aus wie eine Jüdin.«

»Das muß ich ihr erzählen. Sie wird lachen«, antwortete ich.

*

Ich schrieb an Anna, sie solle kommen, ich wollte mit ihr reden. Am nächsten Sonntag tauchte sie auf, ein wenig abgezehrt, aber immer noch hübsch. Zu meiner Verwunderung teilte sie voll und ganz Jadwigas Ansicht, sie gebrauchte sogar dieselben Wörter. »Die arme Paulina, aber das hat mit uns nichts zu tun. Außerdem ist das Sudetenland so weit weg.« Nein, sie glaubte nicht, daß wir fliehen mußten, sie meinte, ich übertreibe...

Mit Freude und Erleichterung hörte ich sie an. Langsam wurde das Wort Flucht undeutlicher in mir, eines Tages stellte ich fest, daß es ganz verblaßt war.

Gerade an jenem Sonntag hatte Walenty auf dem Bahnhof Worte gesagt, die ich nicht vergessen konnte.

*

Anna und Jadwiga hatten recht gehabt. Schon waren drei Wochen seit der Rückkehr des an Paulina geschriebenen Briefes vergangen. Ich dachte nicht mehr daran.

Einmal nur saß ich im Traum unter der Trauerweide am

Ufer unseres Flüßchens, und Anna kam mit dem blauen Umschlag in der Hand. *Zur Zeit Gestapo*, sagte sie laut auf deutsch und ging in ihrem glockenförmig geschnittenen blauen Mantel weiter. Der Himmel spiegelte sich im Fluß, dessen Wasser eine blaue Farbe annahm, aber ich bemerkte plötzlich, daß es nicht der Fluß war, sondern das Scheunentor vor meinem Fenster.

In Klothildes Morgenklingeln hörte ich Alarm. Sie stand am Fuß der Treppe mit strichförmig zusammengepreßten Lippen und hielt mühsam ihren Zorn zurück. Klothilde ließ ihm nur selten die Zügel schießen, und wenn sie es tat, dann auf ruhige, ironische Weise. Unser Verhältnis zueinander war kühl und korrekt. Ich hatte mich nie um ihre Sympathie bemüht, sie hatte nie die Stimme erhoben. Sie war trocken, aber gerecht. Diesmal schrie sie: »Was denkst du dir! Weißt du nicht, daß du nachts keinen Besuch haben darfst? Dazu noch männlichen.«

Ich hatte keine Ahnung, worum es ging, und sagte, mich besuche nachts niemand, niemals.

»Lüg nicht!«

»Ich lüge nicht«, rief ich nun auch empört.

»Und wer war heute nacht unter deinem Fenster? Wer hat dich gerufen, wer gepfiffen? Tu nicht so, als ob du nichts wüßtest. Auf wen hast du gewartet?«

Ehrlich verblüfft schaute ich sie an und dachte: Ist sie verrückt geworden? Hat sie geträumt?

»*Vielleicht Sie träumen? Niemand rufen, niemand pfeifen. Ich auf niemand warten, ich schlafen.*«

»Träumen? Herr Schulz ist auf den Hof gelaufen, aber dein Besucher konnte entfliehen. Wir haben beide gehört, wie er zur Straße lief.«

*

Der Tag war schwül und heiß, über den Himmel zogen gelbgraue Wolken, die Erde strahlte feuchte Wärme aus.

Nach dem Mittagessen gingen wir aufs Feld.

»Bestimmt gibt es ein Gewitter«, prophezeite Walenty und wies auf den Schwarm kleiner Fliegen, der in der Luft kreiste. »Wir werden naß werden bei dieser beschissenen Arbeit.«

Das Ehepaar Schulz und Margarete waren uns ein ganzes Stück Wegs voraus, sie gingen, die Hacken über der Schulter, mit munteren, eifrigen Schritten. Wir schleppten uns, taub für ihre Zurufe, träge hinterdrein.

»Laß sie doch rufen«, spottete Janek, »wir machen langsam, wir sind doch nicht dumm.«

»Du hast ein großes Maul unter eigenen Leuten, aber wenn es ernst wird, machst du dir in die Hosen.« Walenty lachte.

Janek antwortete nicht. Jeder wußte, Walenty hatte immer recht; sich mit ihm zu streiten, hatte keinen Sinn, weil es doch zu seinen Gunsten ausging. Oft tat mir der etwas dümmliche, brave Janek leid, an den nichts herankam als Schlafbedürfnis und Hunger. Er und Walenty wohnen seit drei Jahren in einer Stube, sie sind sich so fremd wie am ersten Tag. Walenty sah ein wenig herab auf die törichte Gesellschaft, für ihn gehörte es sich nicht, mit einem Droschkenpferd befreundet zu sein (Janek besaß angeblich eine Droschke in einer Sommerfrische, womit er sich häufig aufspielte).

»So ist es immer mit ihm«, wandte er sich an mich, »er jammert und schimpft, bebt aber vor Angst! Es ist leicht, auf polnisch stark zu sein, wenn die anderen einen nicht verstehen.«

»Was denn, ich kenne deren Sprache nicht wie du.«

»Dann lern sie, guck dir Joanna an, noch kein halbes Jahr ist sie hier und fängt schon an zu reden... Du aber?

Du kannst gerade genug, den Alten um Tabak zu bitten oder auf dem Feld zu sagen, daß du *scheißen* gehst.«

Der Weg führte am Rand eines Hügels entlang. Unten rauchte eine Fabrik, und weiter entfernt floß die Ruhr durch Wiesen. Wälder und Wiesen standen in saftigen Farben, man roch, daß der Frühling dem Sommer Platz machte.

»Wenn ich wütend werde, gehe ich in die Fabrik, da ist um sechs Feierabend, man kann sich ausschlafen, hier aber – ewig die Kuhschwänze putzen und Grünzeug fressen ist Scheiße.«

»Ich schaue den Kühen nicht untern Schwanz«, brüstete sich Walenty. Er verachtete meine und Janeks Arbeit im Kuhstall.

»Was ist das für ein Unterschied, ob Kühen oder Pferden«, warf ich ein.

»Was für ein Unterschied? Mädchen, du hast...«

Ich zog es vor, die Diskussion über die Pferde- und Kuhstall-Hierarchie nicht fortzusetzen. Dabei hatte ich geglaubt, all ihre Geheimnisse ergründet zu haben. Ich war in ruhiger, guter Stimmung. Seit dem Eintreffen des blauen Umschlags mit dem Frakturschrift-Vermerk waren drei Wochen vergangen. Es zeigte sich, Anna und Jadwiga hatten recht: Paulinas Verhaftung hatte mit uns nichts zu tun.

Am Weg wachsen gelbe Feldblumen, ich werde welche pflücken und sie mir ins Zimmer stellen. Schon sieht man den Acker, der bis an den Wald reicht, mit den grünen Reihen der jungen Rüben. Klothilde und Margarete knien bereits – das Verziehen findet auf Knien statt –, Schulz steht, die Knie mit Säcken umwickelt, und wartet. Er ist zornig und flucht vor sich hin. Diese Szene wiederholt sich jedesmal, immer kommen wir verspätet auf das Feld. Anfangs tobten und schrien sie, doch weil sie sahen, daß das keinen Erfolg hatte, beschränkten sie sich jetzt auf leises zorniges Murren.

Ich binde Lappen aus alten Säcken um und befestige sie mit Schnur. Wenige Regentropfen fallen, die Ankündigung eines Platzregens.

»Herrgott! Bewegt euch schneller, zum Teufel! Walenty und Janek – zur Frau! Joanna geht hinter mir.«

Das war etwas Neues, wir wunderten uns alle drei.

»Paß auf, daß Klothilde dir nicht die Knochen bricht«, lachte Walenty.

»Du bist dumm«, antwortete ich mechanisch.

Bis jetzt hatten wir immer zu dritt gearbeitet, Walenty, Janek und ich. Was bedeutete diese Neuerung? Ein leichter Krampf in der Kehle, ein Zeichen der Unruhe. Gehorsam knie ich neben Schulz nieder, von den Burschen und den beiden Frauen trennen uns einige Meter.

Aufmerksam ziehe ich die Rübenpflänzchen heraus, die in Büscheln wachsen, und lasse die zwei, drei kräftigsten stehen, sie müssen Platz haben – *Lebensraum!* –, um zu dicken Rüben heranzuwachsen, die man im Herbst in den Keller einfährt. Im Herbst! Was im Herbst sein wird – wer weiß das schon? Vorläufig regnet es dünn und fein, der Boden ist glitschig, beim Rutschen auf allen vieren hinterlassen meine Knie und Hände tiefe Spuren.

Schulz unterbricht die Arbeit, steht auf, schaut mich an.

»Sag mal, Johanna, deine Freundin, die dich vor kurzem besucht hat, *wie heißt sie – Anna?* – ist Jüdin, nicht wahr?«

Amüsiert von dieser Frage, blicke ich ihm in die Augen (immer dieselbe einleitende Reaktion: Amüsiertheit. Jedesmal wiederholt sich dasselbe).

»Was?« Ich stütze mich mit den Händen fest auf die Erde, um ihr Zittern zu verstecken.

»Sie ist Jüdin, eine *Jüdin*, du verstehst doch wohl, was ich sage.«

»*Was Chef sagen*«, antworte ich mit beleidigter Stimme. »*Anna nix Jude.*«

»Und die andere ist auch Jüdin. Ihr seid zusammen geflohen, *stimmt's?*«

»Ja. *Ich das schon sagen.* Wir zusammen aus Transport geflohen.«

»Oder vielleicht nicht aus einem Transport, sondern aus dem Lager bei einer Fabrik?«

»*Nix Lager.* Wir aus Transport geflohen.«

»*Soso.* Du bist hellblond, Johanna, aber ...«

Ich halte seinem Blick stand. »Aber was?« Der vorschriftsmäßige Ausdruck amüsierter Verwunderung schwindet nicht aus meinem Gesicht. Schulz kniet sich hin, das Gespräch ist beendet.

Ich ziehe die Pflänzchen heraus und singe mit lauter Stimme. »Was grölst du so?« ruft Walenty. Ich gröle, weil ich schreien möchte. Wie im Lager, wie im Lager. Und durch das Dröhnen des Herzens, durch das Rauschen in den Ohren empfinde ich ganz einfachen, kindlichen Kummer und möchte weinen. Sie haben uns gefunden, es ist mißlungen, die ganze Mühe umsonst. Alles liegt in Trümmern. Und plötzlich die Erleuchtung, der Gedanke, es war Anna, Anna, die heute nacht unter meinem Fenster stand, sie hat gepfiffen, sie wollte warnen, benachrichtigen. *Paulina Kostecka zur Zeit Gestapo,* Annas Adresse in den Händen der Gestapo, die Mühlen der Gestapo laufen langsam, aber genau, kaum drei Wochen sind vergangen (kaum oder schon?), die erste Reaktion war richtig: Flucht, ich hätte nicht auf die Beschwichtigungen hören sollen, daß das Sudetenland weit sei und daß das nichts mit uns zu tun hatte. Klothilde hatte gesagt: schwere männliche Schritte. Vielleicht war es ein Abgesandter von Anna gewesen? Unwichtig. Jemand wollte mich warnen, mir sagen ...

Ich bin schon ruhig. Ich singe »Schwarze Augen« und höre, wie Walenty zu Klothilde sagt: »*Johanna ist lustig, Johanna hat einen Schatz, sie ist verliebt*«, und zum erstenmal bin ich ihm dankbar.

*

Der Regen vertrieb uns vom Feld. Es goß in Strömen, duftend, frühlingshaft. Der Duft würgte mich. Wir liefen wassertriefend.

»Was wollte der Alte von dir?«

»Er hat gesagt, er muß auf mich aufpassen, weil ich faul bin.«

»Und darüber hast du so gelacht?«

»Nun ja, soll er doch aufpassen.«

Beim Laufen legte ich mir in Gedanken einen Plan zurecht, wir fliehen morgen, ein Glück, daß morgen Sonntag ist, nachmittags fahre ich zu Jadwiga und dann mit ihr zusammen weiter, heute muß ich für Jadwiga Schuhe besorgen, ich habe einen *Bezugsschein für Holzschuhe*, doch in Holzschuhen kann man nicht reisen, ich muß den Schuster bereden, daß er mir Lederschuhe verkauft, er hat sich schon einmal bereden lassen, die kirschroten Pumps sind der Beweis, vielleicht gelingt es mir auch diesmal, was heißt »vielleicht gelingt es?«, es muß gelingen, Jadwiga muß für die Reise Lederschuhe haben und wird sie haben, für die weite Reise, wer weiß, wohin. Wer weiß auch, wie man herauskriegt, ob Anna wirklich geflohen ist, wir können sie nicht allein zurücklassen, womöglich sind die Vermutungen, daß sie es war, die nachts unter meinem Fenster gepfiffen hat, sie oder ein Abgesandter von ihr, womöglich sind diese Vermutungen falsch und die Wahrheit ist völlig anders? Warum weiß man nicht, wie man das herauskriegt? Lüg nicht. Du weißt doch, daß es da nur eine

Methode gibt, du weißt es seit einer ganzen Weile und denkst, während du durch den Regen läufst: Gienek. Seit einer ganzen Weile weißt du, daß du ohne Hilfe nicht auskommst, und du kannst nur Gienek um Hilfe bitten, nur Gienek, der während deines ersten Besuchs bei Marysia und Jurek die Juden in Schutz genommen hat, und du dachtest, merk dir diesen Burschen, der zudem noch dein Freund geblieben ist trotz des langen Gesprächs über die Liebe und deiner Ablehnung. Darum lüge nicht. Also belüge ich mich nicht mehr selbst, sondern denke, er wird mir helfen, ihm sage ich die Wahrheit. Ihn will ich nicht betrügen. Trotz aller heiligen Grundsätze werde ich zum erstenmal jemanden in unser Geheimnis einweihen, vielleicht fehlt mir die Kraft, einen neuen Schlag zu ertragen.

Wir haben bereits Abendbrot gegessen, ich habe abgewaschen. Die Sonne scheint wieder, am Samstag ist früh Feierabend. Aus dem Zimmer der Bauersleute dringt Musik und Klothildes *Plattdeutsch*, Margarete dreht sich Locken zum Sonntag, im Badezimmer brennt der Ofen für das Familienbad (sie baden der Reihe nach in demselben Wasser).

Die bisher angenehme Atmosphäre der Samstagabende mit der Aussicht auf Freizeit am Sonntag ist mir plötzlich verhaßt, ihre Gemütlichkeit und Ruhe stoßen mich ab.

Unbewegt und gedankenlos sitze ich in meiner Stube. Die ins Schloß fallende Haustür weckt mich aus der Erstarrung. Schulz ist in die Stadt gegangen. Wohin? In welcher Angelegenheit? Sonst hat er am Samstagabend nie das Haus verlassen. Ich hole Jadwigas Briefe aus der Schublade und meine Notizen unter dem lockeren Brett hervor, ich zerreiße sie in kleine Fetzen und werfe sie im Kuhstall in den Abort. Dann melde ich Klothilde, daß ich wegen Schuhen zum Schuster gehe.

Der greise Schuster erfreut sich unter den Polen eines

guten Rufes, angeblich kommt man immer mit ihm zurecht, heute aber sagt er *»ausgeschlossen«*, er kann nicht. Doch in Holzschuhen zu reisen, ist ganz und gar nicht ratsam, *»Ach, Herr Joseph«*, rufe ich, »haben Sie vergessen, daß die hübschen kirschroten *Lederschuhe* hohe Absätze haben? Haben Sie je versucht, nach einem ganzen Tag schwerer Arbeit auf hohen Absätzen zu gehen?«

Der greise Joseph lacht über diesen Scherz: *»Ha, ha, sind alle Polen so witzig?«* Noch ein Weilchen wird er sich sträuben, am Schluß aber unter den Ladentisch greifen. *»Zum letzten Mal ...«*

Auf der Straße mache ich ein paar Schritte auf das Haus zu, wo Gienek arbeitet – und kehre um. Ich werde ihn nicht in unsere Angelegenheiten hineinziehen. Bestimmt war es Anna, wer sonst hätte es sein können? Plötzlich sah ich einen Polizisten am Tisch in Klothildes Küche sitzen und auf mich warten – und die Schachtel mit den Schuhen erschien mir sinnlos.

Aus einer Nebenstraße rief Gieneks Stimme: »Wohin denn? Warte!« Er kam vom Feld zurück, noch sonnenverbrannter als sonst, groß, stark, ruhig, mit elastischen Schritten. Ich zeigte ihm die Schuhe, er pfiff bewundernd.

»Großartig. Morgen ziehst du sie an, und wir gehen spazieren ...«

Ich antwortete nicht, darum fragte er: »Was ist mit dir?«

»Nichts.«

»Mich kannst du nicht täuschen. Hast du dich mit deiner Bäuerin gestritten? Pfeif drauf.«

»Ich habe mich mit niemandem gestritten.«

»Aber irgend etwas bedrückt dich, das sehe ich doch. Sag es, vielleicht kann ich dir helfen, du weißt doch ...«

»Komm heute abend um neun in den Hohlweg hinter den Gärten, dann sage ich's dir.«

»Etwas Ernstes?«

Sorge lag in seiner Stimme.

*

In meiner Stube öffnete ich das Fenster. Der Wind trug den Levkojenduft aus den Gärten herein. Bis zum Treffen mit Gienek hatte ich noch eine Stunde Zeit. Ich legte mich aufs Bett, und die Erinnerung an die letzten Lagertage, die Erinnerung an das Warten erwachte wieder mit ungewöhnlicher Kraft. Wir hatten ratlos auf unseren Pritschen gelegen, hatten den Tod erlebt in den Augenblicken des Zweifels und die Auferstehung bei jedem Aufleuchten der Hoffnung. Dort waren wir alle zusammen gewesen, jetzt dagegen war ich einsam, und Jadwiga war einsam, und diese Einsamkeit war schwer zu ertragen. Ich sprang auf: Schulz war zurückgekehrt. Allein zurückgekehrt. Seine erregte Stimme klang von unten herauf, er erzählte Klothilde etwas. Margarete lachte laut, das Radio verstummte, die Schritte verhallten. Sie gingen schlafen.

Vorsichtig stieg ich die Treppe hinab. Die Stalltür zum Hof war abgeschlossen. Ich tastete den Balken an der Wand entlang und irrte mich nicht, der Schlüssel lag in der Ecke, weit weg von der Tür. Ich kehrte um und ging in das Zimmer der Burschen. Janek lag auf dem Bett, starrte zur Decke und paffte seine Pfeife. Ich beneidete ihn wegen dieser ruhigen Untätigkeit. Walenty schrieb einen Brief, als er mich sah, legte er den Bleistift weg.

»Setz dich, warum bist du nicht gekommen? Alle waren hier, aber jetzt sind sie schon schlafen gegangen.«

»Ich gehe noch mal weg. In einer Stunde komme ich wieder und wollte euch bitten...«

»Du gehst fort? Was ist denn das Neues? Und dein Verlobter?« spottete er. Ich tat, als hörte ich nicht.

»Weißt du, der Alte hat die Tür zum Hof abgeschlossen, aber ich habe den Schlüssel gefunden. Bitte schließ hinter mir zu, wenn ich zurückkomme, rufe ich.«

»Er hat die Tür zugeschlossen, sagst du? Dieser Hundesohn! Auch das sind neue Sitten.«

Im Hohlweg setzte ich mich auf einen umgestürzten Baumstamm und wartete. Der Himmel war klar, mit Sternen übersät, in der Luft hing der Duft des Regens. Was werde ich Gienek sagen? Wie sage ich's ihm? Plötzlich bedauerte ich meinen Schritt, ich fühlte mich zu dieser Beichte nicht in der Lage, ich fürchtete die Worte, die ich würde laut aussprechen müssen. Gienek kam mit schnellen Schritten, setzte sich und legte seinen Arm um mich. Ich kam seiner Frage zuvor und sagte: »Weißt du, ich bin Jüdin.«

»Na und?«

Ich war gefaßt auf einen Ausdruck der Verwunderung, auf Verwirrung, auf einen Moment befangenen Schweigens – auf alles, nur nicht auf diese gewöhnlichen, normalen Worte. Plötzlich wich die Spannung der letzten Stunden, ich spürte Tränen unter meinen Lidern. Ich biß mir auf die Lippen – ich wollte um Gottes willen nicht weinen.

»Was macht es, daß du Jüdin bist?« wiederholte er lächelnd.

Ich erzählte ihm alles. Er hörte aufmerksam zu und unterbrach mich, nun wirklich verwundert, mit keinem Wort. Das Lächeln verschwand aus seinem Gesicht, jetzt erst verstand er.

Er war empört, als ich sagte, ich bäte ihn nur um eines, um Auskunft, ob Anna geflohen sei.

»Red keinen Unsinn und sei nicht kindisch«, rief er. »Ich fahre zu Anna, ich fahre auch zu Jadwiga, ich fahre, nicht du, du darfst das nicht, und für mich ist es eine Kleinigkeit.«

Morgen früh würde er zu Anna fahren, nachmittags zu Jadwiga, er würde ihr sagen, daß sie abends auf dem Bahnhof sein soll, reisefertig, ihm drohe nichts, sagte er, er liebe sogar solche Geschichten. Und dann fragte er noch, ob mein Verlobter wirklich existiere oder ob ich ihn mir ebenso ausgedacht hätte wie die Katarzyna und die Joanna.

Durch die Gärten kehre ich zurück, die Levkojen duften, die Reseden duften.

Vorsichtig die Pforte öffnen, vorsichtig, auf Zehenspitzen über den Hof. Unter den Fenstern der Burschen (ihre Stube im Wirtschaftsteil des Gehöfts liegt weit weg von der Schulzschen Wohnung) rufe ich Walenty. Er kommt sofort herunter. Er ist ärgerlich. »Wo treibst du dich bei Nacht herum, Mädchen? Gib acht, ich rate dir gut, du bekommst noch Schwierigkeiten.«

Ohne das Kleid auszuziehen, werfe ich mich aufs Bett. Nur noch der Tag morgen. Das Kleid vorbereiten. Auf dem Mantel die Flecken entfernen, die noch an die Nächte im Wald erinnern. Wir fahren nach Süden, ganz nach unten, in die Umgebung des Sees nahe der Schweizer Grenze. Sofern nicht vorher die Polizei kommt. Sofern – immer diese Bedingungsform.

*

Als ich mittags mit Janek auf die Weide ging, bemerkte ich Gienek, der pfeifend, die Hände in den Hosentaschen, herankam. Ich dachte, vielleicht hat er seine Absicht geändert, er kann (oder will?) nicht fahren, und ein schmerzhafter Druck entstand in der Magengrube.

»Siehst du, wer da ist, Joanna?« Janek freute sich. »Es gibt Zigaretten.«

Gienek erklärte, daß er auf die Wiese gekommen sei, um

festzustellen, ob sich das Gras zum Mähen eigne, aber da er uns getroffen habe, könne er ein wenig pausieren, er habe es nicht eilig. Ich verstand, er hatte eine Nachricht für mich.

Ich setzte mich, den Eimer zwischen den Knien, neben die Kuh, er legte sich nicht weit von mir ins Gras. Wir warteten ein Weilchen, bis Janek, mit einer Sulima beglückt, sich entfernte.

»Du kannst nicht fahren?«

»Anna ist geflohen. Sie ist weg.«

Die Kuh schlug aus, sie wedelte zornig mit dem Schwanz – der schnelle, nervöse Krampf meiner Finger hatte ihr weh getan.

»Warst du dort?«

»Nein. Ich habe am Bahnhof einen Bekannten getroffen, er hat's mir von selbst erzählt, ich brauchte ihn nicht mal zu fragen.«

»Was ... hat er gesagt?«

»Daß bei ihnen ein Mädchen war, die hat beim reichsten Bauern gearbeitet, ist aber auf und davon. Angeblich war sie eine Jüdin, deshalb. Die Polizei hat sie gesucht. So ein hübsches Mädchen, sah gar nicht aus wie eine Jüdin.«

Erst waren wir sechs, dann vier, dann drei. Hör auf, sagte ich mir (wieder redete ich mit mir selbst), wozu dieses dumme Zählen, du hast doch gewußt, daß sie geflohen ist, du wolltest nur für alle Fälle, um dein Gewissen zu beruhigen ... Sie war nicht gefühlvoll, eher kühl, und doch, damals auf dem Bahnhof, im letzten Augenblick, der Zug fuhr schon am Bahnsteig ein ... Der rötliche Glanz in ihrem Haar und Walentys Worte, seine prophetischen, unguten Worte, wir verabschiedeten uns so, als wäre es für immer. Was hast du? Warum für immer? Ich wußte: für immer.

»Du hast doch erwartet, daß sie geflohen ist, worum geht es dir dann?« sagte Gienek.

Wirklich, ich weiß nicht, worum es mir geht, vielleicht

darum, daß ich damals nicht imstande war, sie und Jadwiga zu überzeugen, daß ich mich damals von ihnen beruhigen ließ, weil das leichter, bequemer war, vielleicht geht es mir darum, daß es spät ist, wer weiß, ob nicht zu spät.

Die Kuh stieß den Eimer um, die Milch ergoß sich und versickerte im Gras.

»Ich warte um acht im Hohlweg. Und mach dir keine Sorgen, alles wird gut.«

Janek kam heran, wir rauchten noch jeder eine Sulima.

»Gienek ist ein großartiger Kerl«, meditierte Janek auf dem Heimweg. »Er übernimmt sich nicht bei der Arbeit, raucht herrschaftliche Zigaretten, gefällt den Weibern ...«

Klothilde erkundigte sich genau, ob ich nachmittags fortginge. Es sei doch Sonntag. »Wohin?« »Nach Niederwiesen« »Mit Walenty?« »Ja, mit Walenty.« »Du mußt pünktlich um sechs zurück sein.« Als ob man vor sechs nicht fliehen könnte.

Im Park des Grafen waren die Rhododendren aufgeblüht und die Rasenflächen weich geworden wie Teppiche. Jurek hatte ein Tischchen vor das kleine Holzhaus gestellt, die Sonne wärmte schon. Sie spielten Sechsundsechzig und sonnten sich. Alles scheinbar wie jeden Sonntag und dennoch anders. Joannas Auge schaute nicht hin, Joannas Ohr hörte nicht zu. Derbes Gelächter, grobe Scherze, immer dieselben Gespräche, die dumpfe Sonntagsruhe der Knechte und Sklaven. Die Glücklichen!

Marysia: »Hat Adam dir geschrieben?«

»Ja.«

»Du gefällst ihm, er dir auch?«

Wie würde sich Adam verhalten, wenn ich es ihm sagte? Ich würde es ihm nie sagen. Du hast etwas Fremdes an dir, ich weiß nicht, worauf das beruht, du bist ein seltsames Mädchen. – Ich will nicht wissen, wie er sich verhalten würde.

»Ich verstehe nicht, warum du ein solches Rührmichnichtan bist, das ist nicht normal. Hat er schon geschrieben, daß er dich liebt?«

»Nein.«

»Wenn er das schreibt, sagst du's mir dann?«

»Ja. Wenn überhaupt jemandem, dann dir.«

Dir könnte ich die Wahrheit sagen, du bist ein gutes, anständiges Mädchen, für das es nichts gibt als die Liebe. Joanna hat dich sehr gemocht. Aber du bist ein Plappermaul, und dein Jurek meint, Hitlers einziger Vorzug sei, nun, du weißt schon, was...

»Überhaupt hast du Glück. Gienek ist in dich vernarrt, aber, unter uns gesagt, Adam sieht besser aus, ich habe Schnurrbärte sehr gern.«

Marysia blinzelt mit den Augen in die sanfte Sonne, der Wind von der Ruhr verweht ihre dünnen Haare. Ihr volles, rosafarbenes Gesicht mit den kleinen Äuglein erinnert an ein liebes Marzipanschweinchen. Es ist mir unangenehm, aber ich muß sie um die Rückgabe des Geldes bitten, das ich ihr geliehen habe. Ich besitze alles in allem dreißig Mark und weiß nicht, wieviel Jadwiga hat.

»Meine Liebe, ich gebe es dir nach dem 1. wieder, ich habe zwei karierte Hemden für Jurek gekauft, du weißt doch, wie wütend er auf mich war, sogar die Hand hat er gegen mich erhoben... denn Jurek...«

Zurück gehe ich mit Staszek, er ist stolz auf seine Dauerwelle, die er sich zum Sommer hat machen lassen. Glücklicherweise ist er ein wortkarger Junge, und der einzige Satz, den er sagt, betrifft den Krieg und lautet: »Es heißt, die Deutschen kriegen Senge an der Front.«

Feierabend. Die Küche ist aufgeräumt, vor der Tür steht die Reihe der gescheuerten Milchkannen, die ich nicht mehr schleppen werde. Jetzt noch zum Abschiedsbesuch bei den Burschen. Morgen werden sie's erfahren.

Ich kann keinen Moment still sitzen, im Stehen zünde ich mir eine Zigarette an, Gienek ist schon zurückgekommen, in zwei Stunden treffe ich Jadwiga, wir steigen in den Zug...

»Der Alte fährt morgen nach Iserlohn«, sagt Walenty, »wir werden bei der Arbeit trödeln können.«

Schulz fährt zum *Arbeitsamt*, wegen einer neuen Arbeiterin.

»Na, dann bis morgen«, sage ich und gehe schnell. Morgen werden sie's erfahren.

Ich zog das neue Kleid an, flocht mir Zöpfe, ergriff die Schuhe für Jadwiga, nahm den Mantel und die Handtasche mit dem halben Hufeisen und den dreißig Mark. Auf dem Dachboden schob ich die Leiter an die Öffnung zum Hinunterwerfen des Heus und stieg direkt in den Stall. Ich umging so die Küche und die benachbarten Zimmer des Bauern. Vom Hof aus nahm ich die wenigen Stufen zu dem Weg zwischen den Gärten. Von hier aus sah man Schulz' Gehöft wie auf dem Präsentierteller, es war ein klarer, reiner Abend. In dem von der Sonne erhellten Fenster leuchtet Janeks Gestalt im weißen Hemd kurz auf.

Gienek wartete schon. Er saß auf dem Baumstamm, an derselben Stelle, wo er gestern meine Beichte vernommen hatte. Meine Schritte hörte er nicht und fuhr erschrocken zusammen, als ich seine Schulter berührte. Es ist etwas passiert, dachte ich verzweifelt, sie haben Jadwiga geholt, er ist zu spät gekommen.

»Sie ist sehr krank, in diesem Zustand kann sie nicht reisen. Die Polizei war bei ihr.«

Er sagte das in leisem, weichem Ton, als wäre ich krank und nicht sie, der Ton seiner Stimme reizte mich sehr.

»Erzähl von Anfang an«, sagte ich trocken. Verwundert sah er zu mir hin, und weil er weiterhin wortlos dastand, fügte ich zornig hinzu: »Rede schon, ich höre.«

Gienek hatte mit Stefan gesprochen, der Bescheid wußte. Jadwiga hatte er nicht gesehen.

»Sie hat hohes Fieber, sie kann nicht essen, sie kann nicht trinken, sie behält keine Nahrung bei sich. Sie ist ohnmächtig geworden. Vor der Bäuerin verbirgt sie ihren Zustand. Stefan hilft ihr dabei, er nimmt ihr alle schweren Arbeiten ab. Sie muß verbergen, wie krank sie ist, sie muß arbeiten. Krank geworden ist sie am Tag, bevor die Polizei kam. Die Bäuerin rief: Komm her, du verfluchte Jüdin. Auf dem Hof warteten zwei Gestapoleute. Stefan hatte dann das Gespräch belauscht. Nur auf die hartnäckige Bitte der Bäuerin hin waren die Gestapoleute einverstanden, Jadwiga so lange dazulassen, bis das Arbeitsamt eine neue Arbeiterin schickte. Sie bürgte dafür, daß sie nicht fliehen würde. *Einige Tage.* Sie gingen und nahmen den *Ausweis* mit. Gleich nach ihrem Fortgang benachrichtigte die Bäuerin das *Arbeitsamt*. Du verfluchte Jüdin, sagte sie zu Jadwiga.«

Ich schweige versteinert. Wir schaffen es nicht.

»Stefan kommt am Mittwoch abend mit der Nachricht, wann Jadwiga in der Lage sein wird, zu fliehen.«

Drei Tage! Wir schaffen es nicht.

»Sie muß die Kraft haben«, sage ich.

»Sie ist sehr krank.«

»Sie muß die Kraft haben, sie muß...«

»Beruhige dich.«

Ich möchte Gienek klarmachen, daß ich nicht auf ihn zornig bin, ich möchte sagen, wie dankbar ich ihm bin für seine Güte, aber mir fehlt die Kraft dazu. Erst an der Gartenpforte bitte ich ihn, sich nicht zu ärgern, was täte ich ohne dich, frage ich weniger ihn als mich selbst.

Reseden, Levkojen – wie im Haus am Fluß. Nur die Frösche quaken nicht. Im Zimmer der Burschen ist es noch hell.

Ich muß eine Stunde schlafen und dann ruhig alles durchdenken, immer noch glaube ich an die heilsame Wirkung des Schlafs. Hinten im Hof lacht jemand. Es ist Walenty, der mich lachend fragt, warum ich im Mantel zum Stelldichein gehe, ob mein Kavalier mich nicht zu wärmen vermag.

*

Die Tage sind ein einziges Warten, Warten auf Nachricht von Jadwiga und auf das Kommen der Polizei. Mühsam kämpfe ich mich durch die Zeit wie durch tiefe Schneewehen, Schritt für Schritt, Stunde für Stunde, kein Augenblick Erholung bei der anstrengenden Arbeit des Wartens. Höchstens nachts. Nachts ist es sicherer, denn warum sollten sie sich bemühen in den Stunden, die zum Schlafen bestimmt sind?

Nachts überlege ich, haben sie vielleicht auch Schulz erlaubt, mich zu behalten, bis er eine neue Arbeiterin kriegt? Aber schon beim Morgengrauen, beim ersten Tageslicht sage ich mir, sie werden so oder so kommen, und sei es nur, um mir dieselben Fragen zu stellen wie Jadwiga, und so beginne ich schon beim Morgengrauen zu warten, gleichzeitig aber laufe ich fröhlich die Treppe hinunter, lade willig die Kannen auf den Handwagen, melke die Kühe, füttere die Schweine und rutsche, ohne den Schmerz im Kreuz zu spüren, über den auch Janek und Walenty nach ein paar Stunden Arbeit klagen, auf den Knien durch das Rübenfeld, denn das Verziehen geht weiter. In der körperlichen Anstrengung suche ich Erleichterung, sie bewahrt mich vor den Gespenstern meiner Phantasie.

Aus diesen Tagen mühseligen Wartens ist mir das Bild mit der Wiese und der Eisenbahn geblieben, das war an dem Tag, als langsam ein Gewitter aufzog – unter den regenschweren schwarzen Wolken harkten wir das Heu auf der Wiese zusammen. An ihr entlang schob sich die Schlange des Zuges. Während sie meinen Blicken entschwand, spürte ich deutlich und greifbar die Bedrohung, die Unmöglichkeit, mich aus der Umklammerung zu befreien. Vergebliches Ringen, vergebliche Anstrengung! Der Ring preßte mir die Rippen zusammen, die Welt verstummte und wurde dunkel, schwere, dichte Stille sank herab. Ich warf den Rechen auf die Erde, riß meine Bluse auf und holte mühsam Luft.

*

Marysia schickte mir unverhofft das geliehene Geld zurück. Ich bat Gienek, bei »seinem« Deutschen zwei Hüte und zwei Paar Handschuhe zu kaufen. Es war ein Deutscher, der Gienek verschiedene Dinge für seine Schwester verkauft hatte – sie arbeitete in einer Fabrik bei Berlin –, man brauchte nicht zu befürchten, der Kauf könne Verdacht wecken. Gienek brachte Handschuhe aus dünnem Leder in der Spitzelfarbe beige und eine Mütze, die wie das Paar Handschuhe war, ungewöhnlich elegant. Einen breitkrempigen Strohhut versprach er in wenigen Tagen zu liefern. Gienek lächelte, ihn amüsierten diese Hüte, der mitleidige Ton verschwand aus seiner Stimme.

*

Am Mittwoch abend schlich ich mich durch das Stallfenster aus dem Haus, ich wollte die Burschen nicht bitten, die Tür abzuschließen und zu öffnen, ich wußte, daß ich erst spätnachts zurückkehren würde.

Lange mühte ich mich mit dem Fenster ab, lange rieb ich die mistbeschmutzten Schuhe im Gras sauber.

Gienek und ich nahmen den Weg parallel zum Bahngleis. Stefan wollte uns hier aus der nahen Stadt entgegenkommen und dann möglichst schnell zum Bahnhof zurückgehen, um den letzten Zug noch zu erreichen.

Dunkelheit, der Weg unbenutzt, mit Gras überwachsen. Wir gingen schnell, um ihm Zeit zu ersparen. Erst gewahrten wir den Lichtpunkt seiner glühenden Zigarette, dann erreichte uns sein keuchender Atem.

Er faßte nach meiner Hand und sagte: »Sie ist noch zu schwach, sie kann sich kaum auf den Beinen halten. Sie hat dir einen Brief geschrieben.«

Er zog ein gefaltetes Blatt aus der Tasche, im Dunkeln konnte ich es nicht lesen. Es gelingt nicht, dachte ich. Mir war kalt.

»Sie bittet, daß du nicht auf sie wartest«, sagte Stefan. Im Licht eines Streichholzes bemerkte ich seinen unruhigen, fragenden Blick.

»Sag ihr, daß ich übermorgen um zehn Uhr abends am Bahnhof auf sie warte«, sagte ich. Von der Zigarette und der Dunkelheit drehte sich's mir im Kopf. »Sie muß kommen, sie muß.«

Er schüttelte verneinend den Kopf. »Ausgeschlossen. Du weißt nicht ...«

»Also wann?«

»Am Sonntag. Da wird es ihr auch leichter fallen, sich aus dem Haus zu schleichen. Wirst du warten?«

»Um vier auf dem Bahnhof. Versprichst du das?«

»Ja, das verspreche ich.«

Ganz fest halte ich seine Hände, ich weiß nicht, wie ich ihm danken soll. Immer wieder sage ich mechanisch: »Stefan, Stefan, ich danke dir, ich danke ...«

Wir kehren zurück. Immer noch ist mir kalt. »Hörst du, wie die Grillen zirpen?« frage ich Gienek, aber er antwortet nicht, er sagt auch nicht wie jeden Tag, »sorg dich nicht«, sondern geht schnell und wortlos davon.

In meiner Stube mache ich kein Licht, beim Schein eines Streichholzes lese ich Jadwigas Brief. »Liebe Joanna, flieh ohne mich. Du darfst nicht länger warten. Flieh! Du gehst zu unserem Vater, ich gehe zu unserer Mutter. Sei glücklich. Ich danke dir für alles.«

Ich decke mich mit dem Kissen zu und weine laut.

*

Walenty hat es zufällig gehört und kam mit der Nachricht sofort angelaufen: Sie haben noch ein Mädchen zur Arbeit gekriegt, sie soll nächste Woche kommen. Eine Russin.

*

Ich erwachte lange vor Morgengrauen, das meerblaue Tor war noch schwarz. Kaum eine Stunde hatte ich geschlafen. Jadwiga saß auf der Bank bei Halinka und sagte: Fahr allein, sie will mich nicht. Heute um vier Uhr nachmittags sollen wir uns auf dem Bahnhof treffen, Stefan hat es versprochen. Während ich die Tage zählte, konnte ich mich nicht genug wundern, daß erst eine Woche vergangen war. Erstaunt betrachtete ich mich im Spiegel, sie hatte keine Spuren hinterlassen. Nur daß ich abgemagert war.

Auf dem Weg zur Weide kündigte ich Janek an, daß ich mich abends zum Melken verspäten würde, ich käme direkt auf die Wiese.

»Daß du es weißt, Joanna, ich bin nicht so wie Walenty. Es geht mich nichts an, aber solche Ausdrücke, mit Verlaub, benutzt man nicht.« »Was denn für welche?«

»Nie hat er ein böses Wort über dich gesagt, Joanna, jetzt aber .. eine Hure ist sie, sagte er, jede Nacht vögelt sie und ruft dann, wir sollen ihr die Tür aufmachen. Sicher ärgert es ihn, daß du nicht mit ihm ...«

Zum Mittagessen gab es süße Biersuppe – nach wenigen Löffeln rannte ich in den Kuhstall und übergab mich.

Laut (zu laut) singend wusch ich das Geschirr ab, reinigte die Tischplatte, bis sie glänzte wie ein Spiegel, fegte die Küche. Es war ein Uhr dreißig.

In der Schublade des Tischchens ließ ich einen unfertigen Brief ohne Anschrift liegen. »Meine Liebe, wenn ich wütend werde, fliehe ich. Ich schufte von früh bis spät und habe Rüben und Kühe satt. Ich fahre zu einer Freundin nach Leipzig, sie hat versprochen, in einem Restaurant Arbeit für mich zu finden. Ich weiß noch nicht...«

Einen anderen Brief, an Gienek, nahm ich mit.

Vorsichtig stieg ich die Treppe hinunter, achtzehn Stufen, am ersten Tag beim Scheuern gezählt. Vor der Tür der Bauern blieb ich stehen. Es war still, die Uhr tickte, sie ruhten aus nach dem sonntäglichen Mittagessen.

Wie gewöhnlich ging ich durch den Pferdestall auf den Hof und dann auf der Spur meiner nächtlichen Wege an den Gärten entlang – sie standen in voller, üppiger Blüte. Gienek war noch nicht da. Ich legte mich ins Gras und schirmte mit einer Hand die Augen gegen die Sonne ab.

Der erste, der schwierigste Schritt. Danach läuft alles aus eigener Kraft, man muß nur jene Grenze überschreiten, von wo es keine Umkehr mehr gibt. So war es im Ghetto, so war es im Lager, so wird es in einer Stunde auf dem Bahnhof sein. Ich überlegte ruhig, als beträfen mich diese Dinge nicht, als wäre nicht ich es, die in Kürze zum dritten Mal diese Grenze überschreiten sollte – fast wäre ich eingeschlafen, so gut und weich lag ich im Gras.

Ein Schatten verdeckte die Sonne, Gienek stand über mir. Seine Stimme bebte, seine Hand war feucht.

Aus der Tasche zog er eine Flasche Obstwein.

»Du mußt einen Schluck trinken – auf dein Glück.«

»Ich kann nicht, sei mir nicht böse, ich kann nicht.«

Mit Gieneks Erscheinen war die Erregung zurückgekehrt, die Unruhe. Wieder würgte es mich im Hals.

»Du mußt. Ich habe den Wein extra im Keller geklaut, um mit dir zu trinken.«

Ich nahm einen Schluck. Er war sauer und bitter.

Er legte den Kopf zurück, der Wein gurgelte in der Flasche und dann komisch in seiner Kehle.

»Hast du keinen Hut mitgebracht?« Der Hut war sehr wichtig. So wichtig wie einst das Kopftuch, auf dem zwischen grünen Blättern rote Rosenknospen aufblühten.

»Doch, im Gebüsch versteckt.«

Es war ein schöner Hut aus braunem Stroh und mit breiter Krempe, die ein Sträußchen Feldblumen schmückte. Ich setzte ihn auf, und Gienek lachte. »Du siehst aus wie eine echte Deutsche.« Ich aber sagte laut: *»Zweimal Bonn bitte, dritter Klasse.«* Der Zug nach Bonn über Köln ging um vier Uhr zwanzig.

Die Mittagsstunde war heiß. Die Sonne brannte uns auf den Rücken. Mit längst vergessener Bewegung hielt ich die Hutkrempe gegen einen Wind fest, den es nicht gab. Die Cremefarbe der Handschuhe hob sich von meinen braungebrannten Armen ab. Das amüsierte mich.

Nach dem Abitur hatte ich meinen ersten Hut bekommen und hatte, während ich mich im Spiegel betrachtete, die Hand zu seiner weißen Krempe gehoben. Meine Arme waren sonnenverbrannt, das Zimmer und der Garten vor der offenen Tür lag im Sonnenschein. Aus dem Garten rief jemand: »Komm zum Fluß!« Der Tag war heiß, genau wie heute.

Wir setzten uns nahe dem Bahnhof unter die Eisenbahnbrücke. Ich holte meinen Ausweis heraus und bat Gienek, ihn nach meiner Abreise zu vernichten. Dann gab ich ihm den Brief. »Mit diesem Brief kannst du beweisen, daß du nicht wußtest, wer ich bin.«

Er lachte erheitert. »Keine Angst, ich bin kein Dummkopf.«

In dem Brief bat ich Gienek um Verzeihung, daß ich ihn schändlich betrogen hätte und ohne Abschied verließe. »Die Liebe, die ich dir vorgespielt habe, war nur eine List, um Geld für die Reise zu bekommen. Im letzten Augenblick hat sich mein Gewissen gerührt, ich bekenne dir: ich liebe dich nicht und verlasse dich. Ich fahre nach Leipzig zu einer Freundin, aber sprich davon mit niemandem ...«

Die zusammengerollte Adresse seiner Schwester versteckte ich unter dem Handtaschenfutter und versprach, an sie zu schreiben, als Zeichen, daß es gelungen sei.

Es war fast vier Uhr, ich mußte gehen.

Auf dem Platz vor dem Bahnhof wimmelte es von Menschen; die satten Städter fuhren *»aufs Land«*, über den Tischen des Cafés standen gelbe Sonnenschirme. Eis wurde serviert.

Stefan kam mit den ersten Reisenden heraus. Er war allein und kam auf uns zu mit seinem dunklen Haarschopf, seinem dunklen Gesicht, ernst und gespannt. Ein weißes Hemd unterstrich sein schönes dunkles Gesicht. Er hatte versprochen, Jadwiga mitzubringen, war aber allein. Die Sonne erlosch. Ich faßte nach Gieneks Arm. »Das kann doch nicht sein«, brachte er mühsam heraus. In diesem Moment erblickte ich sie. Sie gingen getrennt. Ich erschrak, so verändert war sie – der verhärmte Gesichtsausdruck, die erdfarbene Haut, die Strümpfe hingen wie Kringel um ihre hageren Beine. Ich hätte weinen mögen, aber keine Zeit, jetzt ist für nichts mehr Zeit.

Wir küssen uns kühl – gerade daß wir es tun. »Warum hast du diese Sachen mitgenommen?« rufe ich flüsternd und weise auf das kleine Bündel in ihren Händen. Ich fürchte mich, sie anzusehen, eine unbesonnene Geste, ein zärtliches Wort, und wir brechen beide zusammen. Ihre

Lippen sind aufgesprungen, ihre Augen glänzen, sie hat Fieber.

Stefan hat sie in den Wald geschmuggelt, dort hat sie sich umgezogen. Sie hatten Angst, auf dem Dorf in den Zug zu steigen, und sind zu Fuß bis zur nächsten Station gegangen – durch den Wald. Sie hat es nur mühsam geschafft. Das letzte Wegstück hat Stefan sie auf den Armen getragen. »Er hat mich gerettet«, sagt Jadwiga, und noch einmal zu Stefan: »Du hast mich gerettet.« Zu nichts ist mehr Zeit, weder zum Dank noch zur Rührung, wir verabschieden uns schnell, in fieberhafter, nervöser Eile, mit kläglichen Satzfetzen: »Für alles, für alles, ohne dich ...«

Sie sind gegangen. »Zweimal Bonn bitte, dritter Klasse.«

Mit angezogenem Handschuh, Spitzelfarbe beige, nahm ich die Fahrkarten aus dem Drehteller und sagte flüsternd zu Jadwiga: »Wir gehen.«

Ehe wir in den Zug stiegen, legten wir unsere neuen Namen fest: Jadwiga würde nun Barbara Faleńska heißen, ich Maria Walkowska. Unseren richtigen Geburtsort und -tag behielten wir bei. Um uns noch Lebensläufe auszudenken, reichte die Zeit nicht.

6

Wir fahren im hellen Sonnenschein, und der Lichtvorhang ist genauso dicht wie der Nebel – die Erinnerung gleichsam vom Glanz erblindet. Vom ersten Wegabschnitt ist nicht viel geblieben. Nur das Bild Jadwigas, die an der Tür des vollen Abteils sitzt, und das Bild von mir am Fenster, auf meinem Kopf der Hut, gut sichtbar, gewiß wegen seiner Wichtigkeit (ich glaube fest daran, daß der Schalterbeamte mich wegen des Huts und der Handschuhe nicht nach dem Ausweis gefragt hat). Nur das. Keine weiteren Anhaltspunkte, die Erinnerung ist blind und taub. Später wird der Fluß in der Erinnerung auftauchen (meine Erinnerung ist sensibel für Flüsse), dazu die Worte, die ich in Gedanken bei seinem Anblick auf deutsch sagte: *Das ist der Rhein,* das Echo der Worte über einen anderen Fluß: *Das ist die Ruhr.*

Später aber, zwei Zivilisten an der Treppe zum Tunnel auf dem Bahnhof in Köln, wo wir in den Zug nach Bonn umstiegen.

(Vom Dom dagegen keine Spur, dabei muß er doch am Fenster vorbeigeglitten und sogleich verschwunden sein, ich weiß es, weil ich es viele Jahre später überprüft habe.)

Die zwei Zivilisten sind sehr deutlich. Sie stehen und schauen den Vorbeigehenden ins Gesicht. Deutlich ist auch der Mann mit den langen Koteletten, den sie angehalten haben, die Stimme des einen: *Ausweis bitte,* und meine Stimme, als wir an ihnen vorbeikommen, meine Stimme, die sagt: *Heut ist es aber schwül,* weil ich am ganzen Körper kalten Schweiß spüre. Ich spreche das Wort *schwül* sorgfältig aus, »nicht *schwiel,* sondern *schwü-ül*«, sagte meine Deutschlehrerin, »du mußt den Unterschied hören, du bist doch musikalisch.« Sie war eine gute, aber strenge Lehrerin, dreimal ließ sie Iwan beim Abitur durchfallen, und als er dann in die SS-Division *Galizien* eintrat, floh sie, seine Rache fürchtend, in eine andere Stadt. *Heute ist es aber schwü-ül.* Ich hebe die Hand zum Hutrand und gehe mit dieser ungezwungenen, wenn auch ein wenig künstlichen Haltung, die den eleganten Teil meiner Garderobe unterstreicht, an den Geheimen vorbei. Ihre jovialen Gesichter sind mir im Gedächtnis haftengeblieben.

Das ist das erste vollständige Bild von unserer Reise nach Süden. Als wir in Bonn die Fahrkarten abgegeben hatten, atmete ich erleichtert auf. Jetzt konnte niemand mehr feststellen, woher wir kamen. Lange und mühsam (ich hatte meine Brille im Zug liegengelassen) studierte ich den Fahrplan; in einer Stunde ging ein Zug nach Frankfurt, die Richtung stimmte mit unserem Plan überein. Ich zog die Handschuhe an und ging zum Schalter.

Frei und geübt forme ich meine Stimme, der Beamte verlangt auch jetzt keine Papiere. Danach verlassen wir schnell den Bahnhof; vor den Augen der Polizisten, die dort Dienst tun, steigen wir die Treppen hinunter und weichen zufälligen Gesprächen und Fragen aus.

Nicht weit vom Bahnhof ist eine kleine Grünanlage. Die Sonne steht tief, die Stunde des abendlichen Melkens naht. Janek wartet auf der Weide und flucht, Klothilde wird aufschreien, wenn sie ihn allein, ohne mich, den Wagen mit der Milch ziehen sieht, Schulz wird zur Polizei laufen. Stefan aber wird verwundert, wie mit uns verabredet, die Worte rufen: »Was heißt das, nicht zu Hause? Wo ist sie denn? Sie lag doch im Bett und hatte keine Kraft aufzustehen.« *»Die verfluchte Jüdin ist weg«*, telefoniert die Bäuerin, *»sie ist geflohen.«*

In der Grünanlage kein Mensch, man könnte jetzt alles besprechen, doch die Worte kommen mühsam und verstummen alsbald. Immer mehr Schweigen. Jadwigas Atem ist schwer und heiß, die Strümpfe hängen um ihre Beine. Sie sagt: »Ich dachte, ich sterbe ...«

Ich sitze reglos. Ich wende meinen Blick von ihren mageren Beinen.

*

Der Zug nach Frankfurt hatte zwei Stunden Verspätung, darum gingen wir wieder in die Stadt, diesmal Richtung Zentrum. Ich sagte: »Vielleicht gelingt es uns, das Haus zu sehen, in dem Beethoven geboren wurde, dies ist doch die Beethoven-Stadt.« Als wir uns aber in den alten Gassen befanden, war Beethoven aus meinem Gedächtnis verschwunden, ich wollte möglichst schnell zurück zum Bahnhof, ich fürchtete, wir könnten uns verirren, den Weg verlieren, und der Zug führe ohne uns.

Die Dämmerung sank herab, der Bahnsteig menschenleer, noch eine Stunde bis zur Abfahrt. Signale leuchteten auf und erloschen, ein kühler Abendwind erhob sich. Jadwiga lehnte ihren Kopf an meine Schulter, das hatte sie noch nie getan. Du mußt gesund werden, sagte ich in Gedanken zu ihr, du mußt ... Ein Mann und eine Frau setzten sich neben uns und sprachen uns an. Es war klar, sie langweilten sich und wollten auf diese Art die Wartezeit verkürzen, doch mußten wir Gespräche meiden, auch ganz unschuldige und zufällige. Plötzlich wunderte sie sich: »Was für ein fremder Akzent ... Sie sind wohl nicht von hier? Ich komme aus Wien.« »Ach ja, die Wiener Walzer sind sehr schön«, entgegnete der Mann, er öffnete ein schwarzes Futteral, das ich bisher für einen Koffer gehalten hatte, und entnahm ihm ein Akkordeon. Vor uns stehend, spielte er Wiener Walzer, bis der Zug auf dem Bahnsteig einlief.

*

Der Zug war leer, wir fanden mühelos ein freies Abteil. Als die Schaffnerin uns die Fahrkarten zurückgab, sagte sie freundlich: »Es ist viel Platz, Sie können sich gut ausschlafen.« Ich zog die Türgardinen zu. Erst die Ruhr, dann der Rhein, und jetzt kommt der Main. Ich lachte laut auf. Jadwiga schlief schon. Ich beschloß, wach zu bleiben, weil ich fürchtete, zu verschlafen oder überrascht zu werden, aber auch mich übermannte der Schlaf. Mühsam erwachte ich. Jadwiga saß auf der Bank, sehr blaß. Ich dachte, ihr Fieber sei im Schlaf gefallen. »Kämm dich«, sagte ich, »und mach dir die Nägel sauber.«

In die schwarze Scheibe blickend, kämmten wir unser wirres Haar. Um vier Uhr morgens trafen wir ein. Der Bahnhof ausgestorben, dunkel und riesengroß, Leere und trübes Licht steigerten noch seine Ausmaße. Die Leute eilten zum Ausgang und verschwanden, die Halle verödete. Niemand kam an, niemand fuhr ab, niemand außer uns wartete auf einen Zug. Wir waren sichtbar – wie auf einer Bühne. Wir hätten möglichst schnell abreisen müssen, mit dem nächsten Zug, doch war es eine tote Zeit, der nächste fuhr erst gegen Morgen.

Ich kaufte Fahrkarten, sie rechtfertigten unsere Anwesenheit auf dem Bahnhof zu dieser Stunde. Der verschlafene Beamte blickte mich böse an – noch kaufte niemand Fahrkarten.

Wir gingen die Stufen zur Toilette hinunter, ich glaubte, dort seien wir sicherer als in der leeren Halle. Eine ganze Weile saßen wir auf kirschrotem Plüsch zwischen glänzenden Spiegeln, die unsere Gesichter und Gestalten wiedergaben. In den Rohren gluckerte das Wasser. Ansonsten war es hier still und vornehm, das Plüschsofa weich, aber ich konnte unsere aufdringliche Anwesenheit in den Spiegeln nicht ertragen, das Nachäffen unserer Gesten und Grimassen. Wir kehrten zurück in die große, noch immer leere Halle und setzten uns auf die am wenigsten ins Auge fallende, abseits stehende Bank. Offenbar war ich für einen Moment eingeschlafen, denn ich bemerkte plötzlich, daß wir nicht mehr allein waren. Neben uns saßen zwei junge Burschen. Sie saßen da, ihre Köpfe hingen auf die Brust herab, aber sie schliefen nicht, ich erriet ihre Gedanken – es waren dieselben wie bei uns: Polizei, Ausweis, Zug... Ein Pfiff durchschnitt die Stille. Sie schraken zusammen, dem einen gingen die Nerven durch, er sprang auf. Sein Gesicht sagte alles, und die erdfarbene Haut zeugte von den Kohlrüben im Lager. Der andere zog ihn am Ärmel, ich hörte ihn deutlich flüstern: »Noch nicht.« Es waren Russen. Sie schauten zu uns herüber. Hatten wir verstanden? In ihren Blicken fand ich unsere eigenen wieder – Unsicherheit, Angst und Hoffnung standen darin.

Jetzt aber mußten wir aufstehen und gehen.

Als wir die leere Halle durchquerten, wuchs vor uns die Gestalt eines Polizisten aus dem Boden. *»Ausweis bitte.«* Seine Stimme drang wie aus weiter Ferne zu mir, ein heftiges Rauschen in den Ohren, meine Beine gaben nach. Wer flüsterte mir Worte ein? War ich bei Bewußtsein? Ich weiß nicht, ich weiß es nicht. *»Ach, so was«,* sagte meine eigene Stimme, auch wie von ferne, empört, ein wenig ironisch, *»schon wieder?* Wie oft sollen wir uns denn ausweisen im Laufe einer Stunde? Für wen halten Sie uns eigentlich? *Mein Mann ist an der Front.* Wir fahren von Lübeck nach Heidelberg und sind sehr müde, *ganz erschöpft. Und die Dame«* – ich wies auf Jadwiga – *»fühlt sich so elend...«*

Die Worte kamen mir glatt und flüssig über die Lippen, als hätte ich mein Leben lang ausschließlich deutsch gesprochen. Was hatte mir den Ton einer gekränkten, aber ruhigen, selbstsicheren Person eingegeben? Ich weiß nicht, ich weiß es nicht.

»Ich dachte, du bist verrückt geworden.« Jadwiga unterdrückte mühsam ein nervöses Lächeln. *»Mein Mann ist an der Front.«*

Wir saßen in einem der seitlichen Gänge, hinter einer großen Kiste versteckt. War ich vielleicht wirklich verrückt geworden? Ich weiß nicht, ich weiß es nicht.

Der Polizist hatte uns, meinem Wunsch entsprechend, in den Wartesaal geführt. Wir warteten eine Weile und flohen dann, weil wir fürchteten, er würde sich's überlegen und zurückkommen. Hinter der Kiste versteckt, legten wir unsere Hände auf den Mund, um das Lachen zu dämpfen, das uns erschütterte, das Lachen, das wir nicht unterdrükken konnten.

7

Wir gingen einen ganzen Tag lang durch diese schöne Stadt und am Ufer entlang, von früh bis spät, mit einer Pause für die Mittagsruhe, und kehrten abends zurück auf den Schloßberg, um zu schlafen. Wir gingen erst im Sonnenschein und dann im Regen, und zeitweilig, wenn die Sonne schien, war es wirklich so, als wären wir nur hergekommen, um diese schöne Stadt zu besichtigen.

Denn diese Stadt gefiel uns außerordentlich und das von Anfang an, auf den ersten Blick, als wir sie, auf dem kleinen Platz vor dem Bahnhof stehend, noch gar nicht sahen – wir sahen nur eine ihrer Straßen, schattig, baumbestanden, Asphalt und Bäume feucht vom nächtlichen Tau, denn es war früh am Morgen und der Tau noch nicht verdunstet. Ohne die Stadt noch recht zu sehen, spürte ich, daß sie anders war als jene im Norden, eine andere Luft, sanft und sehr sauber, und das Wichtigste: Es wehte ein sanfter Wind. Ich sagte zu Jadwiga, die bei unserer Ankunft noch Jadwiga geheißen hatte, sich aber in Barbara verwandeln sollte: »Siehst du, ich hab' doch gewußt, daß es hier schön sein würde und deshalb diese Stadt ausgewählt«, aber sie schaute mich verwundert an, mit demselben Blick wie damals, als ich sie gefragt hatte, ob ihr mein Hut gefalle. Und ich sagte weiter, es sei eine bekannte Stadt, berühmt durch ihre alte Universität, das Schloß und die Weingärten, auch wegen des in Volksliedern besungenen Flusses, »gleich«, sagte ich, »schauen wir uns alles an, die Universität, den Fluß, die Weingärten und den Schloßberg ...« »Vielleicht ist auch hier ein Beethoven geboren?« fragte Jadwiga (noch nannte ich sie nicht Barbara), ich verstand, sie hatte genug von meiner Begeisterung und erinnerte mich daran, daß sie krank war. Ich verstummte, doch das Lächeln verschwand nicht von meinen Lippen, weil es sich während der ganzen Reise gehörte, zu lächeln und einen heiteren Gesichtsausdruck aufzusetzen.

Wir liefen durch eine breite, schattige Straße. Jadwiga klapperte laut mit den Absätzen der zu großen Pumps, dieses Klappern machte mich sehr nervös, Adam fiel mir ein und unsere letzte Begegnung im Park: »Tut es dir nicht leid um die neuen Schuhe bei solch einem Regen?« fragte er, »du bist seltsam, du bist nicht wie andere Mädchen.« Ich zog es vor, mich an diesen Moment nicht zu erinnern. Nervös machte mich auch das Bündel, das Jadwiga unter dem Arm trug, die wer weiß wozu mitgenommenen Schnürschuhe, außerdem wußte ich, daß sie zwei Kleider anhatte und drei Unterröcke (das konnte sie sich erlauben bei ihrer Magerkeit), auch das ärgerte mich. Obwohl ich wußte, daß Schuhe und Unterröcke nicht der wahre Grund meines Ärgers waren, hörte ich nicht auf, mich zu ärgern; so verging der Anfang unseres Weges in ungutem, unfreundlichem Schweigen.

Erst als ich Jadwiga ins Gesicht blickte, verflog mein Ärger spurlos, schlimmer noch, er machte dem Mitgefühl Platz, und ich durfte doch jetzt um nichts in der Welt mitfühlen oder weich werden. Ich sagte: »Wir gehen auf den Berg, ruhen uns aus und überlegen, was weiter wird.« Sie antwortete in gehorsamem Ton: »Gut.« Sie stimmte allem zu, sie hatte hohes Fieber und war apathisch.

Wir gingen durch die leere Straße, unter dem feuchten Grün der Bäume, vorbei an den Fassaden schlafender Häuser. Ich spürte, wie mit jedem Schritt die Müdigkeit von mir abfiel, ich freute mich an dem stillen Morgen, an der gefahrlosen Leere der Straßen. Ich erinnerte mich an einen zeitlich weit zurückliegenden Morgenspaziergang, die Erinnerung kam so plötzlich und deutlich, daß die Straße, auf der ich ging, jene Straße zu sein schien, der gegenwärtige Augenblick jener frühere.

Wir schritten jetzt bergauf, also stimmte die Richtung. Jadwiga setzte mir flüsternd auseinander, warum sie sich von den Schuhen nicht trennen wollte, warum sie sie mitgenommen hatte, ihre Wangen brannten, ihr Atem war heiß. Die bislang leere Straße belebte sich langsam, mit gemessenen Schritten traten die Leute aus den Häusern, die Männer sehr feierlich und steif, in dunkler Festtagskleidung, ihre gesetzten Ehefrauen mit Hüten und Handschuhen, ihre gutgenährten, dicklichen Kinder in Kniestrümpfen, alle würdevoll und andächtig. Wie ein schwerer Tropfen fiel der Klang einer Glocke in die Morgenstille, erst einer, dann viele, und plötzlich gab es keine Stille mehr, nur das weithin vernehmbare und klangvolle Läuten. Es roch nach Linden, ein leichter Wind wehte, sicher vom Fluß her, und die Häuser an der bergauf führenden Straße verloren den Charakter städtischer Mietshäuser, sie bargen sich zwischen Büschen und Blumen gepflegter Gärten. Dann verschwanden auch die Häuser, nur lauter Grün auf beiden Seiten. Eine der Wegbiegungen gab den Horizont frei, und wir sahen auf die Stadt. Sie war schöner, als ich angenommen hatte. Sie lag zu unseren Füßen, in einem weiten Kessel, die eng zusammengedrängte Innenstadt fiel ab zu dem grünen, hier und da golden schimmernden Fluß, den die Klammer einer alten Brücke überspannte. Am anderen Ufer erhoben sich bewaldete Hügel.

»Siehst du, siehst du ...« flüsterte ich Jadwiga zu, als wäre der Zauber dieser Stadt, die still und sanft am Grund des grünen Tals, an dem großen grünen Fluß lag, mein

Verdienst. Ich hatte alles vergessen, verharrte sanft und still und schloß die Augen – Blütenduft hing in der Luft. Es war nur ein kurzer, trotz aller Seligkeit sehr schmerzlicher Augenblick. Als ich die Augen wieder öffnete, erblickte ich Jadwigas Profil vor dem Hintergrund der grünen Hügel und Bäume, ihr brennendes, erhitztes Gesicht und die Flecke auf ihrem blauen Schülermantel. »Die Schuhe lassen wir vorläufig im Gebüsch«, sagte ich, und wieder gingen wir bergauf, einen mit Wurzeln durchsetzten Waldweg.

An abgelegener Stelle setzten wir uns auf einen gefällten Baumstamm. Weiches und üppiges Gras, durch die dichten Haselnußsträucher drang mühsam die Sonne. Ich holte die flache Blechschachtel von Gienek aus der Tasche. Darin waren noch zwei Zigaretten. Jadwiga riet mir, sie für später aufzuheben, für eine schwere Stunde, aber ich wollte sehr gern rauchen. Doch die Zigarette schmeckte mir nicht, die ganze Zeit dachte ich, es sei ja die vorletzte. Ich rauchte langsam, ich zögerte den Moment der Entscheidung hinaus. Jadwiga nahm einen Kamm aus der Handtasche und suchte nach Läusen, die wir seit der Lagerzeit nicht losgeworden waren. Wir schwiegen. Ich betrachtete ihre roten Wangen und aufgesprungenen Lippen, ich wollte etwas Gutes sagen, sagte aber nichts, ich sah zu, wie sie Läuse suchte und schrie schließlich, sie solle aufhören. Wozu das? Wir wissen doch nicht, ob es gelingt. Sie steckte den Kamm in die Tasche des Schülermantels.

Im Tau feuchteten wir ein Taschentuch an und wuschen uns Gesicht, Hals und Hände. Hüte und Handschuhe lagen im Gras. Wir waren bereit und konnten das Ausdenken der Lebensläufe und das Planen der weiteren Reise nicht länger aufschieben. Jadwiga legte ihre Arme um die Knie und wartete auf meine Worte. An ihren Händen traten die Adern stark hervor, sie hatte die Hände einer alten Frau, und bei mir war es genauso. Die Glocken, die bisher so laut geläutet hatten, verstummten, die Stille wurde vollkommen, nur manchmal pfiffen Vögel im Gebüsch.

»Die Burschen kommen jetzt von der Weide«, sagte Jadwiga, und infolge ihrer Worte sah ich Gieneks rotes, verbranntes Gesicht. »Ich wußte nicht, daß du so fabelhaft bist.« Er lachte amüsiert. Ich war überhaupt nicht fabelhaft, sondern voller Angst, doch die Erinnerung an seine Worte flößte mir jetzt Energie ein.

»Wir fliehen aus einer bombardierten Fabrik«, sagte ich. »Unsere Papiere sind während des Luftangriffs verbrannt. Wir wollen beim Bauern arbeiten, wir fürchten uns panisch vor Bomben. Die Fabrik kann zum Beispiel in Wuppertal gewesen sein oder in Düsseldorf.«

»Ich weiß von Stefan, daß in Dortmund das Arbeitsamt abgebrannt ist. Er meinte, wir sollten das berücksichtigen.«

»Wenn das so ist – wir sind aus Dortmund geflohen. Falls es stimmt, daß das Arbeitsamt ausgebombt wurde, werden sie unsere Papiere nicht überprüfen können. Es war eine Munitionsfabrik, wie sie hieß, wissen wir nicht, wir sind dumme Gänse vom Lande. Dort waren wir sechs Monate.«

Dank unserer Übung und Erfahrung legten wir Barbaras und Marias Vergangenheit ohne Mühe fest; wir brachten beide in einem Dorf unter, in bäuerlichen Familien, wobei Barbara ihre Eltern verloren hatte, während Maria von ihrem Vater, einem Bahnwärter, unter dem Einfluß der bösen Stiefmutter verstoßen worden war. Doch das war nur die Einleitung. Was weiter? Wie sollten wir das Los der beiden Mädchen lenken, die aus dem Lager bei der Fabrik in Dortmund geflohen waren? Wann und wohin fahren? Fahren? Und die Stadt, und der Fluß, und die Weinberge? Nein, ich wollte ganz entschieden an keine Abreise denken, ich wollte auf diese Stadt nicht verzichten, ihr Anblick hatte meinen Hunger nach Schönheit geweckt. In Waldwiesen war ich früh am Morgen in den Garten gelaufen, um die zarten rosa Pfirsichblüten zu betrachten. Nie zuvor war ich so sensibel gewesen für die Schönheit der Natur. Früher ganz natürliche Erscheinungen schnürten mir jetzt die Kehle zu oder weckten das Gefühl schmerzhafter Süße, wie ich es eben erlebt hatte, als die Wegbiegung die Stadt enthüllte. Sie ist zu schön, um sie sogleich wieder verlassen zu können. Bis zum Abend haben wir Zeit. Mag dieser Tag, der nicht mehr Jadwiga und Joanna gehört, noch nicht Barbaras und Marias Tag sein. Mag er der Tag der Namenlosen, in keiner Kartei Notierten, also nicht Existenten sein.

»Am Abend entscheiden wir, was zu tun ist«, sagte ich. »Vielleicht fahren wir gar nicht weiter. Vielleicht bleiben wir hier. Wieviel Kilometer sind wir gefahren? Dreihundert? Vierhundert? Vielleicht genügt das?«

»Wieso?« Jadwiga erschrak. »Du hast doch gesagt, je weiter weg, desto besser, und wolltest bis ganz nach unten fahren, in die Gegend des Sees, an die Grenze.«

Ich wollte es und will es weiterhin, dachte ich. Sie hat recht. Ich spiele nur mit dem Gedanken, inmitten dieser schönen Hügel zu bleiben, an dem großen grünen Fluß, es wäre angenehm, hierzubleiben, der Name der Stadt ist voller Duft, er erinnert an Waldbeeren und Wälder, ich mag hübsch klingende Städtenamen, ich weiß aber, daß wir nachts weiterfahren werden, ganz nach unten, wie Jadwiga-Barbara sagt, denn je weiter weg, desto sicherer sind wir.

Nur daß ich vorläufig nicht daran denken möchte. Daran, das heißt an die Polizisten auf fremden Bahnhöfen, an die verdunkelten, dämmrigen Hallen mit den kleinen

Schalterfenstern und den großen Tafeln, aus denen wir Richtung und Abfahrtszeit frei wählen, an den Augenblick, da man mit fehlerfreier Betonung, fast nonchalant den Stationsnamen aussprechen muß, um dann mit dem angezogenen Handschuh, der die rissige Haut und den vom Schälen allzu vieler Kartoffeln schwarz gewordenen Finger verbirgt, die kleinen Pappstücke der Fahrkarten aus dem Messingteller zu nehmen. Vor allem aber an die Blicke der Leute im Abteil des Zuges, der mit jedem zurückgelegten Kilometer Barbaras und Marias wirkliche Geburt näher bringt, das heißt den Augenblick, da wir, nach unseren Namen gefragt, ihn laut und unwiderruflich aussprechen werden.

Ich wollte nicht daran denken und sagte deshalb: Bis zum Abend haben wir Zeit. Es war wie die Genehmigung eines Urlaubs, eines Ferientages, aus Jadwigas Gesicht schwand die Verkrampfung der Unruhe, Erleichterung glättete es.

Wir versteckten die Schuhe im Gebüsch und kehrten auf demselben Weg, der uns hergeführt hatte, in die Stadt zurück. Munterer Schritt, lächelndes Gesicht und das leise gesummte *»Es geht alles vorüber, es geht alles vorbei«*, wie damals, als Marysia-Anna noch bei uns war.

An der Biegung grüßten wieder Fluß und Hügel, eine bunte Ansichtskarte. Auf dem Fluß, morgens grün und leer, jetzt aber blau, glitten Paddel- und Ruderboote dahin.

Jenes Bild der Stadt war natürlich falsch. Ich hatte sie als leer empfunden, ohne menschliche Atemzüge und den Klang der Sprache, ich hatte die Existenz der Bewohner ausgestrichen, doch während ich mich noch diesem unvollständigen, diesem Teil-Wissen hingab, machte ich mir klar, daß es sich in kurzer Zeit ganz ohne meinen Willen vervollständigen würde und daß in einem mir wohlbekannten Moment der Erschöpfung und plötzlich ausbrechenden Verzweiflung, wie er sich gewöhnlich am Ende des Tages einstellt, meine Begeisterung dem Haß weichen würde und meine Freude der Traurigkeit.

Vorläufig aber störten sie mich nicht, die Leute, die jetzt die Bürgersteige dicht bevölkerten, dieselben, die wir morgens hatten zur Kirche eilen sehen – nur daß es jetzt Massen waren, sie gingen am Feiertag langsam und würdevoll spazieren, der Klang ihrer Sprache hatte eine andere Melodie, weicher als im Norden, ohne das drohende Rasseln, das uns im Norden so entsetzt hatte. Die Frauen, ohne eine Spur von Puder auf den Wangen, das Haar sorgsam onduliert zu kleinen Wellen, zogen einen Hauch Parfüm hinter sich her. Erstaunlich ihre Schuhe – hochglanzpoliert, spiegelblank.

Jadwiga wollte etwas trinken, wir suchten einen Kiosk, der sicherer schien als ein Café. Doch an dieser belebten Straße gab es nirgendwo einen Kiosk, nur Tischchen mit aufgespannten Sonnenschirmen, wir gingen deshalb weiter in die Stadt, in abgeschiedene Nebengassen, wo Stille herrschte und Leere. Ein Greis in altmodischem Mantel führte einen Dackel an der Leine. Er verschwand im Toreingang eines alten Hauses. Eine Frau mit Baby im Kinderwagen lächelte uns im Vorbeigehen zu, das bedeutet, dachte ich, wir sehen anständig aus. Die Läden waren geschlossen. Jadwiga sagte flüsternd: »Ich will nichts anschauen, ich will trinken, trinken ...«

Wir kamen auf einen abschüssigen kleinen Platz am Fluß und traten ans Ufer. Die Stadt mit dem sie beherrschenden Schloßberg schrumpfte, die Häuser türmten sich übereinander, sie sah jetzt aus wie ein enges, kleines, an die Mauer des Grüns gedrängtes Städtchen. Noch immer Paddel-, Ruder- und Motorboote auf dem blauen Fluß, und über die Uferpromenade zog noch immer die Prozession derselben Männer und Frauen, die mich weiter nichts angingen, ich verspürte keine Angst, nur ein ganz leises pfiffiges Gelächter war in mir, bitte schön, da spazieren wir unter euch an eurem Fluß entlang, als wäre das nichts, und in Waldwiesen fragt Klothilde ihren Mann: *Hat man sie schon erwischt, diese Jüdinnen? Sei ruhig,* antwortet Schulz, *man wird sie schon erwischen, hab keine Angst.*

Noch immer keine Angst! Eine entwaffnende und trügerische Stimmung – doch bis zum Abend sind Ferien. Gerade hat ein Schiff an der Landestelle angelegt, in der Handtasche sind außer dem Hufeisen dreißig Mark, das reicht für eine Spazierfahrt und für die Weiterreise. Vor uns steht eine junge Frau mit einem dreijährigen Kind, schau mal, Hansi, das hübsche Motorboot, schau mal, Hansi, das flinke Paddelboot. Der Junge im Matrosenanzug mit goldenen Knöpfen, gewiß, das Kind ist unschuldig, aber es sagt wohl auch schon: *unser Führer* und *Heil Hitler.* In den Augen der Mutter die selige Ruhe eines Kalbes, sie hat bemerkt, daß ich sie anschaue, und ist schon bereit zum Plaudern, nicht viel älter als ich, sonntäglich gebadet und frisch, verdammt noch mal, es wäre besser, sich nicht unter die Leute zu mischen. Ich sehe in den Augen der Frau Entsetzen aufleuchten, ich höre ihren Schrei. Ruhe, nur Ruhe. Jadwiga kniet am Boden und trinkt Wasser aus dem Fluß. So trinken durstige Tiere. Ihre Hand, die ich ergreife, ist ganz heiß. *»Barbara, Barbara, ist dir schlecht geworden? Steh auf, Barbara, wir gehen nach Hause, du bist noch zu schwach. Komm, Barbara, komm.«* Viele schnelle Worte, reden, reden, keine Fragen zulassen, einreden, sie sei ohnmächtig geworden, einreden, sie habe gar nicht getrunken ...

Ich hebe sie auf, lege den Arm um sie, *nach Hause, nach Hause.* Die Leute machen vor uns Platz. *Ihr ist schlecht geworden, danke, alles in Ordnung.* Hier und da ein Lachen, einige aufmerksame Blicke. Das Ende der Reise. Gleich sagt eine kühle, höfliche Stimme: *Ausweis bitte.*

»Sei nicht böse.«

»Still, kein Wort.«

Niemand ist herangetreten. Zum Glück fehlte ihnen die Vorstellungskraft, sie waren nicht imstande zu glauben, daß Jadwiga am hellichten Feiertag aus dem Fluß getrunken hatte. Sie war einfach ohnmächtig geworden, *es ist ihr schlecht geworden.*

»Sei nicht böse.«

»Nein. Wir gehen gleich in ein Café. Du mußt etwas trinken.«

»Ich will in kein Café. Ich habe Angst. Ich will schlafen.«

»Am anderen Ufer ist Wald. Dort schlafen wir uns aus. Alles vergeht...«

»Geht auch niemand hinter uns her?«

»Nein.«

»Was wird, wenn ich dir unterwegs sterbe?«

»Eine Idiotin bist du. Du wirst schlafen und gesund werden.«

Der erste in dieser schönen Stadt entdeckte Kiosk stand am Aufgang zur Brücke. Jadwiga trank zwei Flaschen Bier aus, Sprudel gab es nicht. Die Verkäuferin betrachtete uns freundlich, aber ein bißchen zu aufdringlich. Wir entfernten uns mit schnellen Schritten.

*

Wir liegen im hohen Gras unter Bäumen. Es duftet wundervoll. Durch die Zweige leuchtet unten der Fluß, vom Weg hallen Gelächter und Gesprächsfetzen herüber. Die Grillen zirpen. Eine Sense klirrt beim Dengeln. Es ist Mittag, die Sonne steht hoch. Jadwiga schläft. Sie ist sofort eingeschlafen, atmet schwer, hat ein aufgedunsenes Gesicht. Sie müßte ins Krankenhaus, sie ist sehr krank. Aber sie muß gesund werden, es gibt keinen anderen Ausweg. Sie wird gesund, sie wird gesund, wiederhole ich immerfort. Ich glaube nicht an Beschwörungen, doch jetzt beschwöre ich es. Wir hätten sogleich fliehen sollen, als der an Paulina geschriebene Brief mit der Notiz *»zur Zeit Gestapo«* an Anna zurückkam. *Eine Jüdin, das ist eine Jüdin, Maria*... Wir fahren ganz nach unten, der See heißt Bodensee, ich heiße Maria Walkowska, und Jadwiga...

Regen weckte mich, ein feiner, raschelnder Sommerregen. Ich sprang auf und deckte die Hüte mit dem Mantel zu. Jadwiga schlief auch nicht mehr. Sie saß aufrecht und wandte mir den Rücken zu.

»Geht's dir besser?«

»Ja. Zum erstenmal seit zwei Wochen habe ich Hunger. Das Bier hat mir geholfen. Ich esse Fleisch.«

»Was redest du, was für Fleisch?«

»Stefan hat mir für unterwegs eine Konservendose gegeben. Ich hatte sie in der Manteltasche und hab's dir nicht gesagt, du hättest geschrien. Jetzt habe ich die Dose mit einem spitzen Stein durchlöchert und kratze mir das Fleisch mit einem Stöckchen heraus. Salzig, aber gut...«

»Wirf das sofort weg. Zwei Wochen Hunger und Fieber – und jetzt das Fleisch auf nüchternen Magen. Wirf es weg. Nachher trinkst du wieder Wasser aus dem Fluß.«

»Ich werfe es nicht weg, es wäre schade darum. Das Fleisch ist gut, iß auch was davon.«

»Wir gehen Mittag essen, aber wirf dieses Zeug weg.«

Ich riß ihr die Dose aus der Hand und schleuderte sie in die Sträucher.

»Mach dich fertig, es regnet, wir kehren zurück in die Stadt.«

Erneut überquerten wir die Brücke, doch statt in Richtung Zentrum zu gehen, wählten wir die Gegenrichtung. Feiner Regen fiel, der Fluß wurde grau, das Ufer leerte sich. In der Vorstadt, dachte ich, finden wir eine Gastwirtschaft, ruhen uns ein bißchen aus, laufen bis zum Abend herum und steigen dann in einen Zug, der uns nach Süden bringt. Der kurze Schlaf im Gras hatte mich sehr gestärkt, noch mehr stärkte mich der Gedanke, Jadwiga würde gesund. Nur hütete ich mich vor dem Gedanken an den nächsten Tag, ich spürte seine Last in mir und wußte, ich durfte nicht zulassen, daß er sich meiner bemächtigte, ich mußte mich auf den gegenwärtigen Augenblick konzentrieren, ich durfte nicht an das denken, was kommt.

Den raffinierten Türklopfer betrachtend, stießen wir die Pforte auf und betraten die Gastwirtschaft in dem einstökkigen, breiten, dicht mit wildem Wein bewachsenen Haus. Unter der geschnitzten Holzdecke im halbdunklen Innenraum eilten flinke, schlanke Kellnerinnen in schwarzen Kleidern mit mikroskopisch kleinen weißen Schürzen hin und her. Der Saal war voll. Auf den Tischen standen Gläser mit Rotwein, wohlriechender Dunst erfüllte die Luft. Das war nicht irgendeine Wirtschaft, sondern ein elegantes, als Dorfschänke maskiertes Restaurant. Der einzige freie Tisch stand, größer als die anderen, mitten im Raum, wir setzten uns hin. Ich zog meinen nassen Mantel aus, warf ihn lässig um die Schultern und schaute mich um. Viele Soldaten, gerötete Gesichter, helles Gelächter. Lautlos, in vornehmem Schwarzweiß erschien vor uns eine Kellnerin; ich warf einen Blick auf ihre gepflegten weißen Hände und verbarg meine eigenen unter dem Mantel.

»Fleisch bitte.«

Das sagt Jadwiga, Jadwiga, die während der gesamten Reise schweigt, die so tut, als hörte sie nicht, als schliefe sie, die sich fürchtet, auch nur ein Wort in der fremden Sprache auszusprechen – jetzt fordert sie plötzlich Fleisch, das es nur auf Karten gibt. Sie denkt an nichts anderes, sie muß etwas essen.

»*Was für Fleisch wünschen Sie?*«

Die Stimme der Kellnerin ist äußerst höflich, man spürt kaum den ironischen Unterton.

»*Was würden Sie uns empfehlen?*« Ich komme Jadwiga zuvor, öffne meine Handtasche und suche erst ruhig, dann ungeduldig die Lebensmittelkarten.

»*So etwas!* Wir haben unsere Karten zu Hause gelassen.«

Die ratlose Geste der gepflegten weißen Hände, Jadwigas schneller Blick: ich muß...

»Dann nehmen wir etwas, was es ohne Karte gibt.«

»Kartoffelsalat?«

In ihrem Lächeln liegt unverhohlene Verachtung.

Beim Anblick der Kartoffeln und Zwiebeln kann Jadwiga ihre Gier und das Zittern ihrer Hände kaum noch beherrschen. Das erste Essen nach zehn Tagen! Wir nähmen gern noch eine Portion, fürchten aber, uns dadurch zu verraten.

Wir zahlten bei der Kellnerin, die uns nun ganz offensichtlich geringschätzig betrachtete, und verließen den Saal. In diesem Augenblick sprang ein Mann in Wehrmachtsuniform von seinem Stuhl auf und folgte uns hinaus. Vielleicht wollte er nur frische Luft schnappen, vielleicht... Wir gehen mit langsamen Schritten, bleiben stehen, knöpfen unsere Mäntel zu.

»Vergiß nicht, wir sind aus D. geflohen«, erinnere ich Jadwiga flüsternd. Der Soldat mustert uns, wir stehen ein paar Meter entfernt. »*Und jetzt schnell nach Hause*«, sage ich laut, doch wir beschleunigen unsere Schritte nicht, sondern entfernen uns ruhig.

Die Dämmerung sank schnell herab, und nun gegen Abend sah die Stadt ganz anders aus als morgens. Sie sah aus wie eine gewöhnliche Stadt an einem wolkigen Regentag. Noch erkannte man Ladenschilder und Schaufenster, die Leute betraten und verließen Häuser, Restaurants und Cafés, über einem Kinoeingang hing groß Kristina Söderbaums Gesicht.

Wir gingen planlos hierhin und dorthin, unsere Müdigkeit wurde immer größer, immer wieder kehrten wir an den Fluß zurück, um uns auszuruhen. Am Fluß war es leer und still. Wir standen dort und sagten kaum etwas, kein Wort über wichtige Dinge, und hinter unserem Rücken der Berg, unser Quasi-Haus in dieser Stadt, der Berg mit Jadwigas im Gebüsch versteckten Schuhen.

Ein neuer Regenguß trieb uns in eine Eisdiele (wir aßen Himbeereis, süß wie Lakritze), und dort erblickte ich in einem Spiegel unsere Gesichter. Noch weckten sie keinen Verdacht, doch während ich sie anschaute, sagte ich mir: Wir müssen sofort weiterfahren, die ganze Nacht hindurch fahren, damit wir uns morgens in der Nähe des Sees befinden, unweit der Grenze. Ein fröhlicher junger Bursche fragte: »*Was machen Sie heute abend, Fräulein, wollen wir ins Kino gehen?*« »*Komm.*« Ich zog Jadwiga hinter mir her, wir gingen hinaus auf die Straße, Wasserbäche flossen über die Bürgersteige, die Leute rannten mit eingezogenem Kopf, sie liefen in ihre trockenen, warmen Wohnungen, zu der Lampe über dem Tisch, zu den Büchern im Regal.

Jetzt kam der Moment am Ende des Tages, der schwierige Moment, dem wir uns nicht unterwerfen durften.

Wir gingen in Richtung Bahnhof, immer langsamer, immer erschöpfter. Sieh mal, sagte ich mir, eine wirklich hübsche Stadt, sogar jetzt in Regen und Dunkelheit hübscher als andere, doch waren das leere Wörter, ich empfand nichts als Müdigkeit. Erst auf dem Bahnhofsvorplatz begriff Jadwiga, wohin wir gingen. »Und die Schuhe?«

fragte sie so ängstlich und entsetzt, daß ich stehenblieb und nicht mehr wußte, sollten wir erst auf den Berg zurück oder gleich abfahren. Ich dachte an die abgedunkelte Bahnhofshalle und sah mich vor dem Fahrplan, wie ich ohne Brille die Augen zusammenkniff und an die Kasse trat. »Wir gehen zurück zum Berg«, sagte ich. Wir nahmen denselben Weg wie morgens, und wie zum Beweis für die Richtigkeit unseres Entschlusses hörte plötzlich der Regen auf, dufteten die Linden.

Wir gingen bergauf, Jadwiga voran, hager, gebückt, wankend auf den Absätzen der für sie zu großen Pumps. Sie sah aus wie eine alte Frau. Bei jeder Biegung des ansteigenden Wegs sank die Stadt tiefer, sie versank in Nebel und Dunkelheit. Der Abend und der Nebel veränderten den Berg, wir erkannten ihn kaum wieder, es war nun schwierig, die Stelle zu finden, wo Jadwiga ihre Schuhe versteckt hatte. Ich sagte, laß sie doch, wozu brauchst du sie, aber sie wollte nicht aufgeben, mit atemloser Stimme setzte sie mir auseinander, sie müsse sie finden, sie dürfe sie nicht im Gebüsch zurücklassen, sie sprach von ihnen, als wären sie ein Kind, und bat mich, die Augen zu schließen wie damals im Wald, als wir den Weg verloren hatten, als Marysia-Anna noch bei uns war.

Ich gehorchte, blieb stehen, schloß die Augen und rekonstruierte in Gedanken den Weg zu jenem Gebüsch, das Gras war naß, die Schuhe glatt und weich. Wir hatten nichts, um sie einzuwickeln, denn die Zeitung zerfiel unter unseren Fingern wie ein Spinnennetz, doch das berührte Jadwiga nicht, sie barg die Schuhe unter ihrem Mantel wie einen jungen Hund und trug sie so.

Wir waren schon ziemlich weit oben, aber nirgendwo fand sich eine gute Stelle zum Schlafen. Ich setzte mich auf eine Bank, hatte keine Lust, weiterzugehen, und versank sofort in einen sehr flachen, vom Bewußtsein kontrollierten Schlaf, ich wußte, daß ich schlief und daß mein Mund offenstand, aber auch, wie schlecht es war, daß ich nicht weitergehen und einen Unterschlupf zum Schlafen suchen wollte, es ist sehr schlecht, wenn man nichts mehr will, sehr gefährlich, aber ich konnte nichts dagegen tun, ich konnte nicht wach werden. Ich hörte Jadwigas Stimme, die sagte: »Joanna, Joanna, wach auf, schlaf nicht«, eine Stimme voller Angst wegen meines schnellen Versinkens in den Schlaf und meines offenen Mundes, bis sie schließlich an meiner Schulter zerrte. Ich öffnete die Augen und sah ein über mich gebeugtes fremdes Gesicht. Es war Jadwigas tränenüberströmtes Gesicht. »Heul nicht«, sagte ich.

»Ich heule nicht, das ist der Regen.«

Der kurze, flache Schlaf hatte mich gekräftigt, ich sprang von der Bank auf, und bald fand sich ein guter Platz zum Schlafen unter dichten Zweigen. Ich befahl Jadwiga, ihren Mantel auszuziehen, und tat dasselbe. Mit ihrem Mantel schützten wir Hut und Mütze, mein weiter Mantel genügte, um uns beide zuzudecken.

Noch einmal stand ich auf, meine Augen suchten die Lichter der Stadt, die zu unseren Füßen lag. Sie waren unsichtbar, versunken im Nebel. Auch die Vögel waren fort, der Regen, der wieder stärker geworden war und jetzt, vom Wind getrieben, scharf auf uns niederprasselte, hatte sie verschluckt.

*

Die Sonne weckte mich. Ich sah nach dem Hut und der Mütze – sie waren trocken geblieben. Ich setzte meinen Strohhut auf und holte einen Spiegel aus meiner Handtasche. Eine Weile schaute ich mich an. Die braune Farbe stand mir gut, das an den Rand geheftete Feldblumensträußchen wirkte frisch und fröhlich. *Bitte zweimal drit-*

ter Klasse, sagte ich und lächelte in den Spiegel. Dann nahm ich den Hut ab, wusch mir mit nassen Blättern das Gesicht und weckte Jadwiga. Ich rief: »Barbara, steh auf«, zum erstenmal rief ich sie mit ihrem neuen, nun schon dritten Vornamen, von diesem Moment an war sie Barbara, Jadwiga hatte aufgehört zu existieren. Auch Joanna hatte aufgehört zu existieren, an ihre Stelle war Maria getreten. (Wir wählen und verwerfen Vornamen, wir erfinden und wechseln Lebensläufe, wir schaffen neue Personen, und die Imagination verleiht uns absolute Gewalt über sie und freien Willen, wir – die Echten, wir – die Erfundenen, die Falschen.)

Über der Stadt hing ein blasser Himmel und – nach dem Regen – eine blasse Sonne. Ich bleibe nicht an der Biegung stehen, ich betrachte Hügel und Fluß nicht, obgleich sie im Morgenlicht gewiß schön sind, mich interessiert diese Stadt nicht mehr.

Zweimal Karlsruhe, dritter Klasse und ein Lächeln. Zweimal Kahlsruh? fragt die Frau am Schalter. Ein Bäcker wird mir in Kürze erzählen, Karlsruhe, jede Silbe einzeln, Karls und Ruhe, so hochdeutsch sprächen das nur Ausländer, ja, und früher die Juden, die der Führer in Abrahams Schoß geschickt habe (aber, aber, was redest du da, nach Amerika geschickt hat er sie, verbessert ihn seine erschreckte Frau). Alle anderen sprechen es einheimisch, im Dialekt, Kahlsruh, ich begriff sofort, das war ein Fehler, der Blick der Frau am Schalter verweilte auf der Hutkrempe und fiel dann auf meine Lederhandschuhe. *Bitte...*

Zu so früher Stunde ist der Zug leer. Mechanisch, ohne uns darüber zu verständigen, wiederholen wir die Situation aus allen früheren Zügen – Barbara hüllt sich in ihren Mantel und tut, als ob sie schliefe, ich sitze ihr gegenüber, aufgerichtet, die Hände im Schoß, und schaue zum Fenster hinaus. Auf dem Bahnsteig Stimmen: *Hajo, hajo, geschta.* Das *hajo* klingt fröhlich wie ein Zuruf für die Kühe, aber das *geschta* macht mir angst. Ist das ein Wort mit abgeschnittener Endung? Ist das Geschtapo? *Hajo, geschta hat's stark geregnet. Gestern* bedeutet das Wort im hiesigen Dialekt, *hajo, hajo,* wie fröhlich, du hast eine beschissene Phantasie, pflegte Stefa im Lager zu sagen.

Nach zwei Stunden sind wir in Kahlsruh. Was wird das für eine Stadt sein? Wird sie die in ihrem Namen versprochene Ruhe bringen? *Ruhe, Ruhe, du bist die Ruh...* Deshalb hatten wir sie doch unter so vielen am Weg zum See liegenden gewählt! Was würde wohl Marysia-Anna sagen, wenn sie jetzt bei uns wäre? Würde ihr der Name gefallen? Der malerische Name Iserlohn hatte Anna nicht gefallen, sie zog das scharf klingende Arnsberg vor, mich aber stießen die geballten Konsonanten rns ab, wir standen unter dem Wegweiser, die Nacht dunkel, hör mal zu, Iserlohn, das verbindet sich für mich mit Wiesen... Was wohl mit Anna ist? Wohin mag sie geflohen sein? Erst waren wir sechs, dann drei, jetzt sind wir zwei... Der Zug fährt langsam und sanft an, ein leichtes Scheppern des Waggons und ein leichter Krampf in Kehle und Magen, immer derselbe, Ruhe, Ruhe...

Eine Frau. Eine ältere Frau, Samtband um den Hals, grauer Kopf, Ring am Finger. Siegelring – ein Erbstück oder ein Geschenk des Sohnes von der Ostfront? Dummes Zeug, so darf man nicht denken, man muß auf das Lächeln antworten, bescheiden, kühl, Gespräche sind nicht erwünscht. Barbaras Auge schaut unter dem Mantel hervor, es signalisiert: ich schlafe nicht, ich bin wach, sehe und höre alles, bin jeden Moment bereit. Damals die Frau in dem anderen nächtlichen Zug war jünger, auch in Schwarz, es gibt jetzt viele Frauen in Schwarz, viele wertvolle Ringe an den Fingern und teure Pelze, *unsere tapfe-*

ren Soldaten, in den Zeitungen ganze Seiten *gefallen für Führer, Volk und Vaterland.*

»Das freut mich sehr.« (Barbaras unruhiges Auge hinter dem Ärmel.) Die Frau mit dem Samtband um den Hals sagt, ich sei ihrer Tochter ähnlich. Lächeln. Ihre Tochter hat ähnliches Haar, hell, aschblond, dieselbe nordische Schönheit. *Groß, hell und schlank.* Im Lager war ich spindeldürr, jetzt nach der Verpflegung bei Klothilde bin ich nordisch schlank. Ihre Tochter soll demnächst in Urlaub kommen, sie sehnt sich sehr nach ihr, ich erinnere sie an ihre Tochter, deshalb schaut sie mich an. Das Mutterherz. Hat vielleicht ihr Sohn diesen Ring vom Finger meiner sterbenden Mutter gezogen? Unsinn. Meine Mutter ist gestorben, als sie mich zur Welt brachte, Leokadia Walkowska geborene Więcek, nach ihrem Tod fing mein Vater an zu trinken und heiratete Wacława Piekarska, mein Vater trank, meine Stiefmutter schlug mich, ich hatte eine schlimme Kindheit, eine schlimme Jugend, lieber fuhr ich, Maria Walkowska, fort zur Schwerarbeit. Was hatte die Mutter der mir so ähnlichen Tochter gerade gesagt? Mit der Familie des Bahnwärters bei Bóbrka beschäftigt, hab' ich es nicht richtig verstanden. Barbaras Auge signalisiert: Vorsicht, Barbara hat gehört, was dieses Weib gefragt hat. Weib? Schlecht. Das ist meine Volksgenossin, die darf ich nicht Weib nennen. Du hast vergessen, daß du in diesem Moment nicht Maria Walkowska bist, sondern *ein deutsches Mädchen.* Wie konntest du? *Ein braves deutsches Mädchen.* Was ich am Finger hätte, fragt die ältere Frau. In der Fabrik verletzt. Ach, Sie arbeiten in der Fabrik, *in einem Rüstungsbetrieb? Ja, ja* – und ein Lächeln. Dabei ist der Finger verletzt beim Schälen allzu vieler Kartoffeln in Klothilde Schulz' Küche, *ja, ja – in einem Rüstungsbetrieb.* Sie ist begeistert. Wir sind beide begeistert. Unsere tüchtigen Mädchen! Meine Tochter hat, ehe sie nach Osten fuhr, auch in einem Rüstungsbetrieb gearbeitet. Unser Gespräch ist ein bißchen zu weit gegangen. Ich schaue zum Fenster hinaus, Grün, nichts als Grün, ein schönes Land mit fruchtbarer Erde, eine grüne Landschaft, *ein schönes Land, ein tapferes Land, heil, heil. Bitte?* Sie fragt, ob sie mir den Verband am Finger in Ordnung bringen dürfe, die Binde hat sich gelöst, sie möchte auf diese Weise dem Mädchen behilflich sein, das ihrer Tochter ähnlich ist. Die Binde ist schmutzig, ihre Enden hängen kläglich herab. Als ich floh, dachte ich daran, den Finger des braven deutschen Mädchens zu verbinden, denn heutzutage werden die Kartoffeln in braven deutschen Häusern von wilden Ausländern aus dem Osten geschält, aber gestern auf dem Berg vergaß ich, den Verband zu erneuern und sorgfältig zu befestigen. Was wird sich die deutsche Mutter denken, wenn sie meinen schwarzen, vom Küchenmesser verletzten Finger sieht? *Ach nein,* danke, nicht nötig, ich selbst... Doch schon halten ihre trockenen Finger meine Hand, ihr Ring sprüht Funken. Es tut weh, tut weh, bitte wickeln Sie die Binde nicht bis zum Ende ab. Ach, sie wollte mir doch nicht weh tun, Entschuldigung. *Vielen Dank* und ein Lächeln. Aber nun ist es genug. Ich wende den Kopf ab, schaue zum Fenster hinaus, schließe dann die Augen. Schlafen. *Ein deutsches Mädchen* schläft, Maria Walkowska wacht und ist bereit, und ich spüre ständig den Druck in der Kehle.

*

Ruhe? Die Stadt, deren Namen Ruhe versprach, begrüßte uns mit unheilverkündenden Fahnen – über dem Bahnhofsplatz wehten Hakenkreuze. Die verräterische Stadt beging ein böses Fest, man hätte sie sogleich verlassen müssen. Doch wir gehen wie zum Trotz über diesen Platz, über unseren Köpfen das schwarze Zickzack, wir gehen auf die Straße zu und lassen den Bahnhof hinter uns. Noch ist kein Wort gefallen, und doch wissen wir: den See werden wir nie sehen. Unvermittelt und schweigend ist der Entschluß gefaßt, unsere Gesichter, unsere im hellen Morgenlicht erblickten Gesichter eignen sich nicht mehr zur Reise. Und ebenso unverhofft ist die Angst vor der nahen Grenze, die uns plötzlich schreckt, in Grenznähe sind die Kontrollen schärfer, ist das Mißtrauen größer. Fällt dir das erst jetzt ein? Bis jetzt hieß es immer nur: der See, der See, als ob man einfach hinüberschwimmen könnte. Du Dumme! »Es war ein dummer und gefährlicher Plan«, sage ich laut.

Wir sitzen auf einer Bank, vor uns die Straße, morgendlicher Verkehr. Wir betrachten Autos und Straßenbahnen. Über den Bürgersteig ergießt sich eine Welle junger Mädchen mit Schultaschen in den Händen, dicke, sorgfältig geflochtene Zöpfe hängen über den Rücken. In der Nähe muß eine Oberschule für Mädchen sein. Mit stumpfen Blicken begleiten wir die Mädchen. Sie sind fröhlich und frisch und strömen in Wellen an uns vorüber. Erschöpfung und Apathie hat uns befallen. Man müßte aufstehen und sich schnappen lassen (es ist besser, geschnappt zu werden, als sich selbst zu melden), am besten in der Vorstadt oder in einer nahe gelegenen Ortschaft, nicht in der Stadt selbst. Wir aber sitzen immer noch auf der Bank. Der Morgen ist schon fortgeschritten, die Sonne hinter den Wolken hervorgekommen, sie wärmt, die Straßenbahnen klingeln. Die Mädchenströme sind weitergezogen. Eine alte Frau kommt jetzt an uns vorbei und bleibt stehen, sie blickt uns an, als zögere sie näher zu treten und zu fragen, wendet sich ab und geht weiter, Blumen in der Hand, Sonnenblumen. Sie hatte ein schönes Gesicht und große, schöne Augen, um die Schultern einen gemusterten Schal – solche Frauen habe ich hier noch nicht gesehen. Vielleicht eine Malerin? Eine Schauspielerin? Ich merkte mir ihr Gesicht. (Das ganze Verweilen auf der Bank vor dem Hintergrund der unheilverkündenden Dekoration des Bahnhofsplatzes, die Ströme der Mädchen, die Sonnenblumen, unsere Schwerfälligkeit – das alles hat unser Gedächtnis genau bewahrt.)

Die Straßenbahn brachte uns in eine entlegene Vorstadt, sie blieb an einem runden Platz stehen. Dieser weite, baumbestandene Platz gefiel mir, die Baumkronen wie Kuppeln, rechts hinter den Bäumen stand ein langes Gebäude aus grauem Stein, das wie ein Kloster aussah. Niemand außer uns stieg an dieser Haltestelle aus. Es war bereits gegen Mittag, die Sonne wärmte jetzt kräftig. »Hier lassen wir uns schnappen«, sagte ich. »Durch wen?« fragte Jadwiga. »Es ist doch kein Mensch da.« Im selben Moment tauchte zwischen den Bäumen ein Polizist auf, er näherte sich mit langsamen Schritten, der Kies knirschte unter seinen Füßen. Wir gingen ihm entgegen, wir redeten laut und deutlich polnisch, wir wünschten uns Kartoffeln und Klöße, wir sprachen und sprachen, immer übers Essen. Etwas anderes fiel uns nicht ein. Der Gendarm ging an uns vorbei und verschwand unter den Bäumen, aber nach einiger Zeit tauchte er wieder in unserer Nähe auf. Offenbar tat er auf diesem Platz Dienst. Lange umkreisten wir ihn und warteten vergeblich auf die Wörter: *Ausweis bitte*. Er schwieg. Also traten wir von allein auf ihn zu. *»Pole, essen.«*

Er führte uns zu dem grauen Gebäude, das wie ein Kloster aussah. *»Polizei«* verkündete die Aufschrift über dem alten Holztor, das er vor uns öffnete und hinter uns schloß. Ich sehe das wie auf einem Film, besonders den Augenblick des Öffnens und Schließens des Tors, sehr deutlich ist die Dunkelheit, die uns dann umfing. In der

Dunkelheit gingen wir hinauf in den ersten Stock und dort in ein großes Zimmer, das angefüllt war mit Gendarmen und ihrem groben Gelächter. Bei unserem Eintritt verstummten sie. Noch eine Stunde wird vergehen – die Verhörstunde –, ehe wir uns dicht am Abgrund befinden, ein magerer und langer Gendarm mit Raubvogelgesicht wird die Nummer der Gestapo wählen, ehe der blinde Zufall bewirkt, daß er das Wählen unterbricht und den Hörer auf die Gabel legt. Eine Stunde des Kampfes gegen die Dolmetscherin mit dem verbissenen Gesicht, die schlau ist und klug, klüger als der Gendarm mit dem Vogelgesicht. Sie glaubte mir nicht. *»Unerhört!«* rief sie. *»Sie lügt, das sind Lügen!«* Klug war sie und perfide, sie log beim Dolmetschen, sie wollte unser Verderben. Diesen einstündigen Kampf verloren wir. *»Ich rufe die Gestapo an.«* Der Zufall siegte, das ideale zeitliche Zusammentreffen zweier Dinge: Der Gendarm mit dem Vogelgesicht wählte die Nummer der Gestapo – und der Postenkommandant trat ein. Der Kommandant war dick und klein. Der Gendarm legte den Hörer auf. *»Da stimmt etwas nicht«*, sagte er. *»Merkwürdiger Fall. Ich rufe die Gestapo an.«*

Der dicke Kommandant wird auf uns zutreten, wird stehenbleiben und schauen, fortgehen und zurückkommen und schließlich befehlen: *»Ruf das Arbeitsamt an«*, und der Gendarm mit dem Vogelgesicht wird wieder zum Hörer greifen.

*

Während wir mit der Straßenbahn zurück in die Stadt fuhren, fragte ich mich, ob ich die Stadt nicht zu schnell der Hinterlist und des Verrats verdächtigt hatte. Wir fuhren wie seinerzeit im Norden mit einem Beamten des *Arbeitsamts*, den man herbeigerufen hatte, um uns abzuholen. *Dorf, Kuh melken, nix Fabrik.* Er nickte zustimmend und warf einen Blick auf den Hut, den ich in der Hand hielt. Er fragte nichts. Es war die kluge, perfide Dolmetscherin, die ständig nach dem Hut gefragt hatte, er irritierte sie. Einmal, zweimal, dreimal tischte sie diese Frage auf: Den Hut, wo hast du den gestohlen? Hast du zu Hause auch einen Hut getragen? Ich weiß nicht, warum er sie so irritierte. Denn daß sie unvermittelt nach dem Namen der Fabrik fragte, war verständlich.

»Wie also hieß diese Fabrik in Dortmund?«

»Ich hab's schon gesagt: Gembha.«

»Tu nicht so. Gesellschaft mit beschränkter Haftung – das ist kein Name. Tu nicht, als ob du das nicht wüßtest. Ich rate dir gut, erinnere dich an den Namen der Fabrik. Und lüge nicht. Du lügst. *Sie lügt.*«

»Dort standen folgende Buchstaben: großes G, kleines m, kleines b und großes H. Zusammen Gembha. So wie unser ›gęba‹, das Maul.«

»Schlau ist sie, schlau ...«

»Klarissa«, sagte der Gendarm zu ihr. *»Lassen Sie das, Klarissa, es hat keinen Sinn, ich rufe die Gestapo an. Die Gestapo wird sie schon singen lassen.«*

Im *Arbeitsamt* schob ich den Hut unter meinen Mantel und sagte wieder dasselbe: *»Dorf, Kuh melken ...«*

»Ja, ja, Kuh melken«, entgegnete der Beamte ungeduldig. »Ihr werdet im selben Dorf arbeiten, jede bei einem anderen Landwirt. Gleich wird euch der *Bauernführer* mit dem Auto abholen.«

*

(Der Ort, wo beinahe alles zu Ende gegangen wäre, pflegte sie später zu sagen und meinte das lange Gebäude aus grauem Stein auf dem runden, baumbestandenen Platz. Warum gerade dieser Ort? Es hatte doch andere gegeben, die in gleichem, wenn nicht größerem Maße diese Bezeichnung verdient hatten. Geschah das wegen des blinden Zufalls?

Noch nach vielen Jahren, als sie dort mit der Bahn vorbeifuhr – sie fuhr zum erstenmal wieder durch dieses Land, ohne anzuhalten, nur auf der Durchreise –, stand sie mit heftig schlagendem Herzen am Fenster und wartete. In der Nähe ist der Ort, wo beinahe... Grüne Wiesen, rote Dächer. Der Zug flog vorüber, sie konnte nicht einmal den Stationsnamen lesen. Dreißig Jahre später fuhr sie hin, um diesem Ort zu begegnen, nur diesem.)

8

Ein richtiges Dorf: kleine Häuser an der Hauptstraße, die sanft abfällt und im Wald verschwindet. Auf den Höfen Misthaufen, sorgsam mit der Schaufel plattgeklopft, rundum Wiesen und Felder. In der Dorfmitte eine Kirche und eine weit ausladende Linde, die Gemeindeverwaltung, die Molkerei. Unter der Linde ein Bänkchen. Auf dem Kirchturm ein Hahn, den der Wind dreht.

Den Weg entlang fährt ein Wagen, gezogen von Kühen, nicht von Pferden – Pferde besitzt in diesem Dorf nur der *Bauernführer* und der Schmied, alle anderen arbeiten auf dem Feld mit Kühen. Es ist ein richtiges Dorf von armen Bauern. Nur Obstgärten fehlen; Apfel-, Birnen- und Pflaumenbäume stehen auf den Feldern oder an den Feldwegen. Und am Horizont bewaldete, sanfte Hügel.

Das Auto hielt unter der Linde, eine hagere Bäuerin mit einem Kropf kam aus dem Haus hinten im Hof die Stufen heruntergelaufen, ihr folgten drei kleine Kinder, aus dem Kuhstall trat in Gummistiefeln der Bauer, er stieß die Forke in den Misthaufen und hob die Hand. *Heil Hitler.*

»Do isch sie, eure Polin.« Der *Bauernführer* wies auf Barbara. Sie dankten ihm herzlich: *»Vielen Dank, Fridolin, vielen Dank ... a nettes Mädele.«*

(Mädele, Gäbele, Löffele, sie reden wie die Juden, lachte Zygmunt vom Schmied, und sind selbst den Juden ähnlich. Schwarz, schwächlich, als wärst du nach Palästina gekommen.)

Drei Häuser weiter stand dick und rothaarig, in gestärkter Schürze Hermine hinter dem Ladentisch ihrer kleinen Bäckerei. Der Bäcker eilte aus der Backstube im Keller herbei, er sah aus, wie Zygmunt zu sagen pflegte: schwarz und klein. Den Hitler ließ er weg, murmelte nur *guten Tag*, und Hermine erwähnte schnell, wie gut es sei, daß sie endlich jemanden für die Arbeit bekämen, sie hätten es schwer, sie seien ja nicht mehr jung. Wie sie heiße? Maria. *Das isch also unsere Maria. A feines Mädele...*

In der geräumigen Mansarde schrieb ich abends auf ein Blatt Papier: Ob ich hier Frieden finden werde? Ich sehne mich so nach Frieden – und versteckte das Blatt nach alter Gewohnheit sorgfältig. Es blieb unter der Matratze des Betts, leer, nur mit der einen winzig kleinen Zeile oben. Im Gegensatz zu den Zeiten, als ich Joanna war, empfand ich kein Bedürfnis zu schreiben. Maria gewann das Übergewicht. In dieser ersten Nacht träumte ich von einer Waldlichtung, auf der ein Holzhäuschen stand, leer, verschlossen und verriegelt, von einem niedrigen Holzzaun umgeben. Am Sonntag gingen Barbara – sie war wieder gesund – und ich im Wald spazieren, dort sah ich plötzlich das Haus aus meinem Traum. Wir erblickten darin ein gutes Omen.

*

Durch das Fenster der dunklen, kleinen Küche sieht man den Hof. Er ist eng und vernachlässigt. Im Stall zwei Kühe. Das Zimmer neben der Küche beherbergt mit Mühe zwei Betten. Vorn neben dem Laden die *gute Stube*, eine abgeschlossene Heiligkeit, darin das verglaste Vertiko, Hermines Stolz. Sie erlaubte mir nicht, dort aufzuräumen, sondern wischte selbst den Staub von Nippsachen und Möbeln. Gäste wurden dort nur in Ausnahmefällen empfangen, während meines Aufenthalts geschah das zweimal. Dagegen setzte sich Hermine dort jeden Sonntag in Feiertagskleid und -schürze ans Fenster, ein geöffnetes Buch in der Hand, das sie nicht las, und beobachtete hinter der leicht gerafften Gardine die Vorbeikommenden. Sie kannte das Leben im Dorf aus den Gesprächen im Laden und den sonntäglichen Sitzungen am Fenster. Nur zur Zeit der Getreide- und Kartoffelernte verließ sie den Laden und betonte gern die Tatsache, daß sie aus der Stadt stammte. Mit einem Respekt, dem es an Ironie nicht fehlte, musterte man die hinter der Gardine verborgene Frau des Bäckers, der Scherze, Frauen und Politik mochte. Er war ein Gewohnheitstrinker. Einen Monolog, den er – noch vor dem Krieg – betrunken in der *Wirtschaft* gehalten hatte, bezahlte er mit einem Lageraufenthalt. Er sagte mir das selbst (in der Ausländersprache) gleich zu Anfang, als wir mit den Kühen aufs Feld fuhren. *Maria, du Polin, du verstehen, ich sagen, Hitler nix gut und ich ein Jahr Lager.* Er saß in Dachau, Hermine kaufte ihn frei für Säcke voll Mehl. Die Leute behandelten ihn mit Geringschätzung und hielten sich von ihm fern. Er war ein aufbrausender und hitziger Mann. In die *Wirtschaft* ging er nicht mehr, seine verdrehten Trinkermonologe deklamierte er in der Küche. *Er predigt schon wieder*, jammerte Hermine und schloß eilig das Fenster. Je näher das Kriegsende rückte, desto mehr veränderte er sich. Er flüsterte mir nicht mehr zu: »*Hitler nix gut*«, sondern rief: »Wir werden's euch schon zeigen«, als könnte er sich, seiner Überzeugung zum Trotz, mit dem Gedanken an die endgültige Niederlage nicht abfinden.

*

In dem kleinen Dorf am Fuß der sanften Hügel ist alles anders als im Norden – die Landschaft, die Menschen, ihre Sprache. Auch wir sind anders. Geschick und Wissen, bei Großbauern erworben, geben Selbstgewißheit und Ruhe. Barbara spürt zum erstenmal nicht die Last ihrer schwarzen Haare und dunklen Augen; viele Dorfbewohner haben ähnliche Augen und Haare, zudem herrscht hier die tiefe Überzeugung, die Schönheit der Polen sei dunkel, *die Polen sind schwarz*, sagt der Bäcker und nicht nur er allein, in den Augen der Dorfbewohner ist Barbara eine typische Polin. Von der Last ihrer dunklen Schönheit und den Schikanen der Deutschen befreit, erinnert sie in nichts an Elżbieta und Jadwiga. Sie lebt auf. Ihre neue Bäuerin predigt den Kindern bei jeder Gelegenheit die Güte des Führers, der Bauer trägt das Parteiabzeichen, behandelt seine Polin aber anständig, sie haben lange auf einen Knecht aus dem Osten gewartet. Barbara lebt auf, ist voller Energie und Stärke. Es gibt kein Schweigen mehr zwischen uns. Ich sage oft zu ihr: jetzt entscheidest du.

Auch Maria ist anders. Sie existiert fast ohne meine Kontrolle, manchmal ist sie mir sogar überlegen (manchmal!), zum Beispiel wenn ich, mit Barbara allein, plötzlich dörfliche Redewendungen einflechte, nicht meine eigene, sondern eine Sprache rede, die ich mir künstlich angeeignet habe, oder wenn ich mit dem Wagen aufs Feld fahre, eine selige Ruhe empfinde und denke, so könnte ich später leben: einfach und ruhig, ohne alles, was ich früher zum Leben brauchte, in einer Welt von Feldern, Wiesen, Rechen und Kühen...

Ich mag Maria nicht, wenn sie mir überlegen ist, obgleich ich doch hartnäckig und konsequent danach gestrebt habe, sie zu werden.

Immer seltener sagen wir: »Sofern... sofern«, immer häufiger fragen wir uns, ob wir jemals wieder so werden wie früher.

Die Angst, daß man uns entdeckt oder erkennt, war nicht verschwunden, aber sie war in die Tiefe geglitten, wo sie nun schlief. Manchmal brach sie heftig auf. Einen Handlungsreisenden hielt ich für einen Geheimen, ähnlich wie den Viehhändler, der mit dem Bäcker hinter geschlossener Tür konferierte. Die Angst brach auf und schlief wieder ein. Mit der Zeit schlief sie immer tiefer. Doch selbst gegen Kriegsende, schon nach der Besetzung des Ruhrgebiets durch die Engländer, zu einer Zeit also, da sie sich hätte verflüchtigen können, blieben ihre Reste noch in uns lebendig. Sie blieben es bis zum Schluß, bis zu dem (vorläufig noch) fernen Tag, da zwei Panzerwagen der Armee de Gaulles durch das Dorf fuhren und der *Ortsgruppenleiter* Gottfried auf das Dach seines Hauses kletterte, um in den Spalt zwischen zwei Dachziegeln einen Stock mit einem weißen Laken zu stecken.

*

Als erster erschien Piotr bei uns; auf die Nachricht, man habe zwei Polinnen hergebracht, kam er aus Waldbach und besuchte uns von nun an Sonntag um Sonntag, bis sechs Bomben auf das Sägewerk fielen.

Er hatte den wiegenden Gang eines Seemanns, war aber ein Maurer aus Warschau. Er kam in schwarzem Anzug, mit altmodischer Weste und Hut – etwas feierlich, melancholisch und zartfühlend. Vierzig Jahre alt, leise Stimme, Waise. Es bedrückte uns später, daß wir ihm nicht die Wahrheit gesagt hatten. Oft meinte er, in uns habe er eine Familie gefunden. Er machte uns kleine Geschenke, wie sie ohne Karten im Laden verkauft wurden, bunte Kämmchen, kleine Spiegel, künstliche Veilchensträußchen. Wir sagten ihm nicht die Wahrheit.

Piotr brachte Olek und dessen Frau mit und Rudolf,

einen Polen aus Frankreich, alle arbeiteten sie im Sägewerk.

Wir saßen auf dem wackligen Sofa bei Barbara, in ihrer winzigen Stube, sahen auf die Linde und die Kirche mit dem Hahn, oder auf der Waldlichtung, wo das Jägerhaus aus Holz stand, von dem ich geträumt hatte, bevor ich es erblickte. Manchmal lasen wir Gedichte aus einem Buch vor, das Olek aus Polen mitgebracht hatte. Vom Oberdorf kam die zarte fünfzehnjährige Helenka, einmal im Monat erschien Genowefa aus dem Lager nahe der Stadt. Dort herrschte Hunger, sie kam, um Brot- und Zuckerkarten zu holen, die ich in Hermines Laden stahl.

Olek war nicht mehr in Waldbach, als die Bomben auf das Sägewerk fielen. Er war krank geworden, und es gelang ihm, die Genehmigung zur Rückkehr nach Polen zu erhalten. Die Bomben fielen zur Mittagszeit. Piotr wollte nicht in den Schutzraum gehen, er stand auf dem Hof und schaute zum Himmel, neben ihm Rudolf. Ich fegte gerade unseren Hof, als die Fensterscheiben im Dorf erbebten.

Den schwerverletzten Rudolf holte ein Lazarettwagen ab, wir suchten ihn später vergeblich. Jemand überbrachte uns Piotrs letzte Worte: »In den Schutzraum? Damit ich mit den Deutschen verschüttet werde?«

Die Beerdigung fand am nächsten Abend statt. Der Priester schaffte es nicht mehr, das Gebet zu beenden, weil Flugzeuge im Tiefflug kreisten. Wir versteckten uns zwischen den Grabsteinen. Es war dunkel und schwül. Helenka weinte vor Angst.

*

Die Front näherte sich und erstarrte jenseits des Rheins, im Elsaß.

Ich sehe noch (als wäre es gestern), wie Maria zu Luise Heß geht, um Schnaps für den Bäcker zu holen, sie schlurft mit den Holzschuhen, ist noch nicht fertig mit dem Melken, trägt Stallschürze und Kopftuch, das, wie im Stall üblich, in die Stirn gezogen ist, sie schlurft zu den Nachbarn, die im Keller Schnaps brennen und Apfelwein keltern. Der Bäcker trinkt jetzt gierig.

Luise Heß, hager und schwarzhaarig, ähnelt einer Italienerin, einer Spanierin, einer Zigeunerin, nur einer Deutschen ähnelt sie nicht; sie ist wegen des Schnapses in den Keller gegangen, Maria aber steht in Stallkleidung bei der Tür. Sie ist nicht allein im Zimmer. Am Tisch trinken die Wissenschaftler aus der durch den Fliegerangriff zerstörten Stadt ihren Wein, sie wohnen in dem noch leeren neuen Schulgebäude, und niemand weiß genau, womit sie sich beschäftigen. Nach umlaufenden Gerüchten mit der neuen Waffe, die der Führer der Nation versprochen hat, und die Leute fürchten, die Anwesenheit der Wissenschaftler könne Bomben auf das Dorf locken. Es sind vier: drei Assistenten und der Professor mit dem asketischen Gesicht. Maria bemerkt sie nur nebenbei, sie will sie nicht ansehen, sie ignoriert ihre Anwesenheit. Die Schule, in der sie wohnen, steht unweit der Bäckerei, deshalb kennt sie die vier, ihre Herrenvolkmanieren, ihre Blicke, die durch sie hindurchsehen, als existierte sie gar nicht. Sie sieht nicht zur Seite, wo der Tisch steht, sondern geradeaus. Vor sich hat sie das Klavier, auf dem der blasse, schmalbrüstige Assistent einen Walzer spielt. Sie betrachtet das Klavier ungern, muß es aber tun, weil sie die am Tisch Sitzenden nicht ansehen möchte. Und wie zum Trotz trödelt Luise im Keller. Die Sonne geht unter, sie blendet, Maria steht im vollen Schein der durchs Fenster einfallenden Sonne.

»*Ein primitives Volk.*« Das ist die Stimme des Professors. Sie bemerkt sein asketisches Gesicht. »Primitiv, schmutzig, faul. Sie leben im Elend.« Nach einer Weile:

»Wahrscheinlich hat sie noch nie jemanden Klavier spielen sehen. Vielleicht erklärst du's ihr, Hans?«

Der Hans genannte Schmalbrüstige lacht auf: »Komm, sieh her, es genügt, mit dem Finger auf die Taste zu drükken. Willst du's versuchen?«

Sie dachte, mach keine Dummheiten, sei keine Idiotin, aber sie gehorchte sich nicht und trat ans Klavier. Der blasse Hans schlug eine, dann eine zweite Taste an und fragte wieder, ob sie nicht Lust hätte, es zu versuchen. Sie streckte die Hand vor. Das hohe C klang wie ein Ächzen, das Klavier war verstimmt. Hinter ihrem Rücken schüttelte sich jemand vor Lachen, und Hans fragte: »Gefällt es dir? *Schön?*« Sie antwortete: *»Schön«* und wiederholte plötzlich erfreut und amüsiert: »Schön, schön, *schön.*«

In diesem Moment verschob, bewegte sich etwas in ihr.

»Ein primitives Volk«, wiederholte der Professor. Sie lachte laut auf und schlug lachend eine Taste nach der anderen an, während sie sich selbst entsetzt und atemlos zurief, hör auf, tu das nicht, noch ist es Zeit.

Vom Tisch klang Lachen herüber, zweierlei Gelächter ertönte jetzt im Zimmer, das der Männer und ihres.

Mit dem Ellbogen schob sie den blassen Hans zur Seite, setzte sich, schlug einen A-Dur-Akkord an. Sie lachte nicht mehr, ihr Herz dröhnte dumpf. Sie spielte Chopins Polonaise. Nach acht Takten brach sie ab. Ihre Hände zitterten, sie mußte sie in den Schürzentaschen verstecken. Im Zimmer herrschte Stille. Sie warf keinen Blick auf die Leute am Tisch. Luise kam auf sie zugelaufen, rief etwas, fragte etwas, machte ein verwundertes Gesicht.

Sie lächelte ihr zu – sie mochte die schwarze und fröhliche Luise Heß –, nahm die Schnapsflasche und ging, laut mit den Holzschuhen schlurfend, hinaus.

Barbara erblaßte und sagte kein Wort. Für den Bruchteil einer Sekunde hatte sie wieder ihr schmerzliches Gesicht.

In der Nacht tat ich kein Auge zu. Was soll ich sagen? Wie es erklären? Das Mißtrauen des Bäckers fiel mir ein, als er mich einmal beim Zeitunglesen erwischt hatte. »Du belügst uns, du tust nur so... Was bedeutet das?«

Damals setzte ich ihm auseinander, ich lernte Deutsch lesen, ich versuchte, die Buchstaben zu Wörtern zusammenzufügen. Er glaubte mir. Was wird er jetzt sagen? Und was werde ich sagen? Schlaflos daliegend, in Gedanken versunken, vernahm ich gegen Morgen das ferne, dumpfe Echo der seit Wochen schweigenden Front. In dieser Nacht begann die Offensive.

Morgens erzählte ich Hermine und dem Bäcker die rührselige Geschichte von meinem Verlobten, einem Organisten. Er hat mir beigebracht, Klavier zu spielen. Ich liebte ihn sehr, doch er verließ mich um einer anderen willen. Hermine erzählte die Geschichte später im Laden. »Unsere Maria hatte einen Verlobten, der in der Kirche auf der Orgel spielte«, sagte sie, und in ihrer Stimme klang etwas wie Stolz.

*

Sie waren nahe, sie überschritten den Rhein. Der Himmel öffnete sich im Feuerschein, die Stimme der Front drang drohend und dumpf herüber. Tagsüber hörte man das trockene Knattern der Bordwaffen, das Flugzeug stieß tief aufs Feld herab, man konnte das Gesicht des Piloten genau erkennen. Barbara kam eines Tages schmutzig und blaß angelaufen, sie war über und über mit Erde bespritzt, ein Splitter hatte ihr Bein verletzt. Das alte »nur überstehen« kehrte wieder, doch jetzt ging es nur noch um die Bomben und das trockene Rattern der Bordwaffen.

Das Militär traf nachts ein, auf dem Hof vor der Schmiede dampfte die Feldküche, unter den Kastanien standen mit Ästen getarnte Autos. Zwei Soldaten führten

Sergej vom Gärtner hinters Dorf, ich erblickte sein weißes Gesicht, ohne einen Tropfen Blut. Angeblich hatte er etwas gesagt. Niemand sah ihn wieder. Nach ein paar Tagen verließ das Militär das Dorf.

»Wir sind einfache, anständige Leute«, wiederholte Hermine immer wieder, »wir haben niemand Unrecht getan, wir fürchten uns nicht. An Unschuldigen werden sie sich nicht rächen. *Sie werden uns doch nicht verhungern lassen.*« Ein- oder zweimal molk sie selbst die Kühe.

Mehrere Bomben fielen auf den Weg, auf die Felder, ein von der Kraft der Explosion hochgeschleuderter Stein durchschlug das Dach der Bäckerei, hier und dort zerbarsten Dachziegel – das war alles.

Während der Nacht, die sich als die letzte erwies, blieb Barbara bei mir. Von der Front trennten uns nur mehr wenige Kilometer, in Waldbach waren schon die Franzosen. Gegen Morgen verstummten die Schüsse, die Explosionen, Stille setzte ein. Wir verließen den Keller und traten vor das Haus. Die Dämmerung war grau, es roch nach frischer Erde. Vom Wald her kam ein leises Brummen. Ein riesengroßes Flugzeug erschien über den Bäumen und glitt am blassen Himmel entlang, es flog niedrig, langsam und leise. Über den Wiesen beschrieb es einen Kreis, verschwand hinter dem Wald, kam wieder hervor, kreiste.

»Es ist soweit«, sagte ich zu Barbara und verfolgte mit zugeschnürter Kehle diesen ruhigen, leisen Flug.

Bis zum Eintreffen der beiden Panzerwagen werden noch einige Stunden vergehen. Sie werden um zehn Uhr vormittags dasein.

Es ist der erste Aprilsonntag 1945, ein schöner Tag, eine schon stechende Sonne. Die Panzerwagen fahren langsam vom Ober- ins Unterdorf, von Gottfrieds Dach hängt das weiße Laken herab. Ich stehe und warte. So sieht also dieser Augenblick aus: Zwei Autos auf der leeren Dorfstraße. Ich empfinde nichts, nur meine Kehle ist schmerzhaft zusammengepreßt.

Erst als die Autos dicht an mir vorbeifahren, packt mich die Freude. Aber immer noch habe ich Angst, die Wahrheit laut hinauszuschreien. Ich werde rufen: »Vive la France, nous sommes Polonais«, die Soldaten werden »vive la Pologne« antworten, die Panzerwagen werden, ohne anzuhalten, weiterfahren und hinter der Wegbiegung, die in den Wald führt, verschwinden.

Bis zum Abend zeigte sich niemand sonst. Das Laken verschwand von Gottfrieds Dach, das Dorf war wie immer, man hätte denken können, nichts habe sich geändert.

Es war schon dunkel, als ein Panzer heranrollte und für die Nacht unter der Linde hielt. Als sie ihn vom Fenster ihrer Stube aus sah, riß Barbara einen Jasminzweig ab und brachte ihn den französischen Soldaten.

Früh am nächsten Morgen gingen wir fort.

Hermine betrachtete verwundert den mit Bindfaden verschnürten Margarinekarton – meine gesamte Habe war darin. Unter den Arm gepreßt trug ich die Handtasche mit dem Ausweis und dem Hufeisen. »Was, du gehst fort? Ausgerechnet jetzt, wo es so viel Arbeit auf dem Feld gibt?« Sie verstand nicht. Hatte ich es denn schlecht bei ihnen? Sie dachte, ich bliebe bis zur Ernte. Der Bäcker schwieg zornig.

Barbara wartete unter der Linde, auch sie mit einem Karton in der Hand. Wir gingen auf die zur Stadt führende Landstraße, über die schon Scharen von Ausländern mit freudigen Rufen und vielsprachigem Gesang dahinzogen.

9

Sie sind zurückgekehrt. Zurückgekehrt und schon in der Stadt, wo jetzt ihr Vater wohnt, sie kehren gemeinsam zurück, wie sie einst gemeinsam fortgegangen sind. Fortgegangen sind sie im Dunkeln, sie kehren zurück im Dunkeln, damals bei Einbruch, jetzt am Ende der Nacht, gleich wird es tagen.

Ach, werde nicht pathetisch. Was ist mit dir? Das Fortgehen bei Einbruch der Nacht war von Sicherheitsüberlegungen diktiert, die Rückkehr in der Morgendämmerung vom Fahrplan der Züge. Bitte ohne Symbole, ohne Sentiments!

Ach, in diesem Augenblick ist alles erlaubt, es ist ein ungewöhnlicher Augenblick, in einem solchen Augenblick ist das Pathos kein Pathos, auch Tränen sind erlaubt, doch ausgerechnet damit ist es schwierig – weil sie immer noch nicht weinen kann. Die ganze Zeit über hat sie nur einmal geweint, damals, als Jadwiga schrieb, flieh allein, du gehst zu unserem Vater, ich zu unserer Mutter. Und sogar damals, als Martine von der UNRRA* eine Nachricht mitbrachte und sagte, setz dich hin, Marischka, und als du dachtest, wenn sie dir sagt, setz dich hin, so heißt das, sie bringt eine schlechte Nachricht, du setztest dich gehorsam

* United Nations Relief and Rehabilitation Administration = Hilfs- und Wiederaufbauausschuß der UN zur Versorgung und Rückführung von ca. 9 Mio. nichtdeutschen Flüchtlingen.

(im Zimmer eines SS-Mannes, das nun dein Zimmer ist, in der ehemaligen SS-Kaserne, jetzt UNRRA-Lager für DPs*), Martine aber sagte nach einer Weile des Schweigens mit bewegter Stimme: »Votre père est vivant, votre père a survecu...«, sogar damals keine einzige Träne. »Elle est devenue très pâle, mais c'était moi qui avait des larmes aux yeux.«

Und bald darauf kamen die Nachrichten, nach langen Monaten des Wartens, fast gleichzeitig, eine nach der anderen. Auch dann, als sie den Umschlag aufriß und Marians Namen las und den eines ihr unbekannten Ortes: Majdanek. Sie stand am Fenster, draußen die Kiefern in dem Wäldchen der SS-Leute. Madame Durand, die Lagersekretärin, ging in dem Kiefernwäldchen spazieren, erblickte sie und winkte ihr fröhlich zu.

Majdanek. Nie hatte sie von diesem Ort gehört. Sie wußte: Auschwitz, Treblinka, Bełżec. Sie wußte: Bergen-Belsen, Mauthausen, aber nicht Majdanek. Von Majdanek wußte sie nicht.

Gleich wird es tagen, sie werden hinausgehen können.

Sie sitzen im Wartesaal des Bahnhofs in der fremden Stadt, in der ihr Vater jetzt wohnt; er ist aus den Ostgebieten umgesiedelt worden in den Westen, den man – das haben sie schon gehört – den wilden Westen nennt.

Wenn es tagt, wird sie hinausgehen in die Stadt und nach der Łąkowa-Straße suchen, während Barbara bei den beiden Koffern bleiben wird, in denen die warmen UNRRA-Decken sind, die warmen UNRRA-Pullover und -Hosen, die Partitur der Matthäuspassion, einige Bücher und der warme Morgenrock aus australischer Wolle,

* DP = Displaced Persons, »verschleppte Personen«, die während des Zweiten Weltkriegs vorwiegend aus Osteuropa nach Deutschland meist zwangsweise als Arbeitskräfte verbrachten Ausländer.

das Geschenk der Belgierin Martine für ihren Vater. Und neben den Koffern, an die Wand gelehnt, Barbaras Ski.

Am Horizont ein schmaler rosa Streifen.

Alles ist erlaubt in diesem Augenblick der Rückkehr im Morgengrauen, von einer langen, mühseligen Reise, nach langem Suchen, nach langem Warten und nach zehn Tagen Fahrt in einem Güterzug, der sie zurückbrachte. Ein Güterzug hatte sie fortgebracht, ein Güterzug brachte sie wieder. Alles ist erlaubt in diesem Augenblick der Rückkehr von einer Reise, von der sie mehr als einmal beinahe nicht zurückgekehrt wären. Man muß den Augenblick getreu notieren.

Die Stadt ist dunkel, ein leerer Platz steigt an zu einer Brücke, auf der sich undeutlich Steinfiguren abzeichnen, unten ein stiller und unsichtbarer Fluß. Auch die Häuser dunkel.

Ein Mann auf der Brücke wies ihnen die Richtung. Die dritte Straße rechts heißt Łąkowa. Łąki – Wiesen –, weißt du noch? Was ist denn das? Immer noch die Magie der Namen und die alten Praktiken? Schäm dich.

Ach, sie schämt sich gar nicht in diesem Augenblick (und ist durchaus nicht sicher, ob die Magie ihre Macht verloren hat), sie schämt sich nicht einmal dieser »Achs«, mit denen sie ihre Sätze beginnt und die sie sonst so sorgsam meidet.

An der Ecke zwei Schilder, das alte deutsche: Wiesenstraße, und das neue polnische: Łąkowa.

Die Straße ist breit und eben, hohe Häuser, bauchige Balkone, vor den Eingängen Rasenflächen, Bäume, alles plötzlich trotz der Dunkelheit sichtbar, deutlich, genau.

Nummer sechs, das dritte Haus von der Ecke. Jetzt läuft sie. Am Staketenzaun vor dem Haus Nummer sechs ein weißer Fleck. Sie weiß, was das ist, das Namensschild ihres

Vaters, die Sprechstunden von ... bis ... Von fünf bis sieben empfängt ihr Vater seine Patienten.

Sie setzt sich auf den Bürgersteig, sitzt und ist plötzlich kraftlos und matt.

Am Horizont der rosa Streifen der Morgendämmerung, doch die Dunkelheit dauert an. Welche Stille! Alles in ihr schweigt, ist verstummt. Welche Ruhe ...

Sie erhob sich vom Bürgersteig, ging zur Haustür, klingelte. Nach einer ganzen Weile hörte sie, wie drinnen im Haus jemand eine Tür öffnete, jemand fragte, wer da sei und in welcher Angelegenheit. Es war die Stimme ihres Vaters.

Sie antwortete: »Wir sind's.«

Ihre Stimme war schwach, der Vater verstand die Worte nicht. Er fragte, ob es sich um einen dringenden Fall handle. Zum zweitenmal und nun lauter sagte sie: »Wir sind's, wir sind's.«

Sie vernahm seinen Aufschrei. Sie hörte seine Schritte, er lief zur Tür. Im Laufen rief er ihre Namen.

Epilog

In meiner Erinnerung war der Platz rund, jetzt erwies er sich als rechteckig. Nicht zu glauben, wie sich dieser Platz verändert hat, das heißt, wie ihn meine Erinnerung verändert hatte, sie verlieh ihm eine andere Form und fügte zahllose Bäume hinzu, in der Erinnerung wuchsen sie dicht an dicht, in Wirklichkeit aber spärlich. Nicht zu glauben, daß ich seine Nähe vorausahnte – die runde, nicht die rechteckige –, noch ehe wir an die Straßenecke kamen, und wir gingen blindlings, nicht von einem Stadtplan geleitet, nur das Straßenbahngleis diente uns als Wegweiser. Noch ehe wir an die Straßenecke kamen, beschleunigte ich meinen Schritt, und dann lief ich.

Mein Verhalten war seltsam, es glich dem eines witternden Hundes, besonders seltsam, weil nichts mich auf die Spur führte, keine Einzelheit die Nähe des Platzes ankündigte und die Umgebung – Läden, Schaufenster, Cafés – mir gänzlich fremd war, mit ihren schreienden Farben unterschied sie sich sehr von der Umgebung von früher, in der die graue Farbe vorherrschte, die Farbe des Steins.

»Hier ist es«, rief ich. »Hier ist es!« – und lief.

Beim Laufen stieß ich eine Frau an, die einen Einkaufskorb trug. »Unerhört!« rief sie entrüstet, und weil B. gerade ein Foto knipste, ist ihre Entrüstung festgehalten, und ihr vulgäres, grobgeschnittenes Gesicht. Sie entrüstete sich zu Recht, denn wer rennt schon am hellichten

Tag auf einer belebten Straße und rempelt die Passanten an? Damals – das war etwas anderes. Heute aber?

Man sollte sich deshalb nicht wundern über die Entrüstung der Frau mit dem Korb, wundern sollte man sich eher über die wörtliche Wiederholung, über jenes »unerhört«, das sich, wie damals so auch jetzt, auf mich bezog, an demselben Ort, in derselben Tonart und in beiden Fällen von Frauen gerufen.

Mir fiel dieses Zusammentreffen sogleich auf, das heißt, der Ausruf »unerhört« schien als Echo zu mir zurückzukommen, nun aber doch von einer anderen Stimme gerufen, ich erblickte das verbissene Gesicht der Dolmetscherin, als sie meine Antwort auf ihre Frage gehört hatte, diese nicht übersetzte, sondern nur ausstieß: »Unerhört! Sie lügt ja...« Und sie hatte recht.

An der Straßenecke blieb ich stehen. Ein Blick genügte, um den Platz in seiner veränderten Form zu erkennen, obwohl ich einen runden erwartet hatte und auf der rechten Seite des runden Platzes das langgestreckte Gebäude aus grauem Stein mit dem alten, primitiven Holztor, das der Gendarm vor uns geöffnet und hinter uns geschlossen hatte. Als ich den Kopf nach rechts wandte, erblickte ich einen Baum, unter dem Baum eine Bank und auf der Bank eine ältere Frau mit einer Handarbeit. In der Nähe spielte ein Kind. Das langgestreckte Gebäude aus grauem Stein mit dem alten primitiven Tor stand gegenüber, am anderen Ende des Platzes, hinter den Bäumen. Verschwunden war auch das Grün der Bäume, die die ganze Platzfläche überschattet hatten und ihre kuppelförmigen Kronen, unter denen wir müde und hungrig auf und ab gegangen waren.

Der rechteckige Platz, das Gebäude gegenüber der Haltestelle. Weder dicht stehende noch kuppelförmige Bäume – ein Dutzend dünner Stämme, kaum verzweigt, struppig. B. knipst und knipst, um den Ort festzuhalten, und ich sage immerzu: »Hier ist es, hier ist es, aber ganz anders... Warte mal«, sage ich, »fangen wir von vorn an. Wir kamen mit der Straßenbahn, die Haltestelle am Eingang zum Platz – das entspricht der Erinnerung. Hier sind wir ausgestiegen. Ringsum alles leer. Mittagszeit, weiße Sonne. Auf der rechten Seite hinter den Bäumen das langgestreckte Gebäude aus Stein, dasselbe, das jetzt gegenüber der Haltestelle steht.«

»Hat man vielleicht die Haltestelle verlegt?« fragt B. »Vielleicht auf die andere Seite des Platzes?«

»Nein. Die Haltestelle stimmt. Man hat das Gebäude versetzt.«

»Ach, das sind doch unwichtige Einzelheiten. Du wolltest den Ort sehen...«

Ich aber möchte, daß alles stimmt, daß es ist wie damals. Das heißt, daß der Platz rund wird und baumbestanden, daß das Gebäude aus Stein an seinen Ort zurückkehrt. »Damals war es hier schläfrig und leer, der Kies knirschte unter unseren und des Gendarmen Schritten, auf dem Platz keine Menschenseele, nur wir drei, wie auf einer Bühne.«

»Sei nicht kindisch«, sagt B. »Überleg dir, was du eigentlich willst. Die Atmosphäre von vor dreißig Jahren? Das ist doch Unsinn.«

Und er geht über den Platz in Richtung auf das Gebäude, ich folge ihm voller Mißtrauen.

Dreißig Jahre lang führte uns der Gendarm über einen runden, dicht mit Bäumen bestandenen Platz zu dem Gebäude rechts von der Straßenbahnhaltestelle. Wird er uns von heute an in eine andere Richtung führen? Oder wird mich, wenn ich meiner Erinnerung treu bleibe, das Bewußtsein drücken, daß dieses Bild einen Defekt, einen Makel hat?

Unwillig nähere ich mich dem Gebäude. Über dem Tor

hängt eine weiße Tafel. »Schule«, sagt B., der besser sieht. »Wieso denn Schule, das ist eine Polizeiwache, Polizei...«

Aber B. wiederholt sein »Schule«, und als wir näher treten, lese auch ich »Schule«.

Das Holztor ist geschlossen. B. macht mich auf einige vergitterte Fenster im ersten Stock aufmerksam. »Es stimmt alles«, sagt er. »Früher war hier die Polizei, jetzt ist hier eine Schule. Die Polizei ist sicher in ein modernes Gebäude umgezogen.«

B. schlägt vor, daß wir eintreten und uns umschauen, und offensichtlich ist das eine gute Idee, denn das Tor öffnet sich plötzlich vor uns wie von selbst, und auf die Schwelle tritt ein Mann mittleren Alters in einem gestreiften, dunklen Anzug. »Wahrscheinlich der Hausmeister der Schule«, sagt B., »wir können ihn gleich fragen.« Hinter dem Rücken des Mannes sieht man ins halbdunkle Innere. »Entschuldigen Sie bitte«, fragt B, »war das zur Nazizeit ein Polizeigebäude?«

Der Mann schaut uns überrrascht an. »Ja, ja, das stimmt schon! Während des Krieges war hier eine Polizeistation, auch nach dem Kriege, bis 1950...«

Gleich wird er fragen, warum uns die Nazi-Polizeiwache interessiert, ich habe aber keine Lust, Auskünfte zu geben.

»Danke«, sage ich kühl, gehe um ihn herum und trete schnell ein. Dasselbe Dämmerlicht wie damals, eine breite Holztreppe (auf der Treppe wir vorn, hinter uns der Gendarm), im ersten Stock ein langer, dunkler Korridor mit Türen zu beiden Seiten. Dicke Mauern, Tonnengewölbe. Damals beachtete ich das nicht.

»Wir werden uns später erkundigen, wann das Gebäude gebaut wurde, es muß sehr alt sein«, sagt B.

An der ersten Tür ein Schild: Lehrerzimmer. Das ist das

Zimmer, in das uns der Gendarm führte. Er öffnete die Tür und da (erzähle ich und B. hört zu, er hat das schon oft gehört, aber er hört wieder zu, hört wirklich zu, aufmerksam, wie das seine Art ist), und da erblickte ich ein geräumiges und helles Zimmer, gleich neben der Tür ein Schreibtisch, am Schreibtisch ein hagerer Gendarm mit vogelartigem Gesicht, an der Wand auf den Stühlen viele andere Gendarmen. Wir hatten durch unser Eintreten ihr fröhliches Gespräch unterbrochen, denn sie lachten noch dröhnend, als wir auf der Schwelle stehenblieben, verstummten aber bald und hörten sich schweigend die Meldung an: »Ausländer ohne Ausweis. Kein Wort Deutsch«.

Sie betrachteten uns. Der mit dem Vogelkopf kniff die Augen zusammen.

»Versuch mal, vielleicht ist der Raum offen«, sagt B. Die Klinke gab nach, wir blieben unter der Tür stehen. »Na, siehst du...« sage ich vorwurfsvoll.

Ein helles, geräumiges Zimmer, in der Mitte ein langer, schmaler, mit grünem Tuch bespannter Tisch, rundherum Stühle.

»Na, schau mal, schau mal – ein Lehrerzimmer...«

Sogleich erblickte ich uns. Wir saßen hinten im Zimmer, an der Wand, und schon stand vor uns die schnell herbeigeholte Dolmetscherin, die, kaum hatte sie begonnen zu dolmetschen, rief: »Unerhört, sie lügt« (und hatte damit recht). »Unmöglich!« rief sie, »so lange Strecken fahren ohne deutsche Sprache, ohne Passierschein... Wie ihr seid gefahren, wie ihr habt gekauft die Fahrkarten? »Und wieder entschieden: »Sie lügt!«

Der Gendarm mit dem Vogelgesicht betrachtete uns mit zusammengekniffenen Augen, bis am Ende auch er rief: »Die Gestapo wird sie schon singen lassen!«, den Telefonhörer abhob und eine Nummer wählte.

In diesem Augenblick machte sich etwas wie Schwäche in mir bemerkbar, das ferne Echo derjenigen, die ich empfunden hatte, als ich die Worte des Gendarmen hörte.

»Du rauchst zuviel«, sagt B.

Aber gerade als der Gendarm mit dem Vogelgesicht die Nummer der Gestapo wählte, öffnete sich wieder die Tür, auf deren Schwelle wir jetzt, an den Rahmen gelehnt, stehen (ich mit einer Zigarette in der Hand), gerade da öffnete sich wieder die Tür, und ins Zimmer trat noch ein Gendarm, ein untersetzter mit großem Bauch. Das Schicksal hielt plötzlich inne in seinem Lauf, es schwebte in der Leere und war schon auf den Abgrund zugeeilt, es hing dort für wenige Minuten – fünf? sechs? – und machte dann ebenso plötzlich kehrt...

Deswegen bin ich hier. Wegen dieses Moments der Wende, dieser Zirkusnummer unseres Schicksals. Eine Weggabelung, ein effektvoller Kulminationspunkt.

*

Warum ich schweige, fragt B.

»Du weißt doch, wie es war«, antwortete ich. Plötzlich mag ich nicht reden.

Der rechteckige Platz liegt im vollen Licht. Vor dem Tor geht der Mann im dunklen Anzug hin und her. Er wartet auf uns, er ist neugierig. Er fragt, ob wir mit der Besichtigung zufrieden seien.

»Ja, ja«, antworten wir höflich, aber gleichgültig.

»Ich spreche auch polnisch«, sagt er plötzlich, fast ein bißchen verschämt. »Ich war hier zur Arbeit und bin geblieben, ich habe geheiratet. Meine Frau ist Deutsche. Ich bin in der Schule als Hausmeister tätig... Ich habe gehört, daß Sie polnisch sprechen, darum... Und wie sieht's jetzt aus in Polen?«

Wir erklären ihm, daß wir Polen vor vielen Jahren verlassen haben, in Israel leben und Juden sind.

»Darf man fragen, warum Sie gerade hier ...« Sein Kopf weist auf das Schulgebäude.

»Meine Frau wurde hier festgenommen«, sagt B. »Sie wollte sehen ...«

»Und man hat Sie rausgelassen?«

»Rausgelassen, so kann man es auch nennen ...«

»Nun, dann hatten Sie großes Glück.« Er nickt und schaut mit neugierigem Blick, fragt aber nicht direkt, sondern fährt fort: »Denn ich habe hier beim Bauern gearbeitet. Viele Polen haben hier gearbeitet und viele andere Ausländer ...«

Auf dem rechteckigen Platz die struppigen Bäumchen, Mütter sitzen auf den Bänken, Kinder laufen herum. Gleich wird sich herausstellen, daß er auch die Oleks kannte, mit ihnen Karten spielte und die patriotischen Verse mit anhörte, die Oleks Frau aufsagte.

»Nein, nein, ich bin hier nicht gewesen.«

Zum Abschied drückten wir uns die Hand. Er war durch die Begegnung gerührt.

»Warum wolltest du es ihm nicht sagen?« fragt B. »Sicher hättet ihr gemeinsame Bekannte gefunden.«

»Ich habe genug.«

Auf der anderen Seite des Platzes blieb ich an der Straßenbahnhaltestelle stehen und blickte nach rechts. Auf der Bank saß die ältere Frau mit der Handarbeit, zu ihren Füßen spielte das Kind. Gleich hinter ihr, im Schatten der kuppelförmigen Bäume, verschwamm der Umriß des massiven Gebäudes aus grauem Stein.

Inhalt